A BOOK
OF NOISES

A BOOK OF NOISES:
NOTES ON THE AURACULOUS

Originally published in English by Granta Books
under the title A BOOK OF NOISES: NOTES ON THE AURACULOUS,
Caspar Henderson, 2023
Caspar Henderson assert the moral right to be identified as the author
of this work.
Korean translation copyright©2024 by DELTATIME
Korean translation right arranged with Granta Publication
through EYA Co.,Ltd.

이 책의 한국어판 저작권은 EYE Co.,Ltd를 통해 Granta Publication과
독점 계약한 시간의흐름이 소유합니다.
저작권법에 의하여 한국 내에서 보호를 받는 저작물이므로
무단 전재 및 복제를 금합니다.

소리에 관한 책

눈에 보이지 않지만
세계를 구성하는 다양한 소리들

캐스파 헨더슨 지음
김성훈 옮김

시간의흐름.

음악이 바람 따라 흐른다.
파도 따라 떠다니는 나무처럼

저 깊은 바다 속
반짝이는 진주는 아름다움을 뽐내고 있지만
수면 위로 올라오지는 못하는구나.

진주의 찬란한 메아리를 듣는다.

— 페르시아의 시인 루미

일러두기
- 단행본은 『 』, 시와 신문은 「 」, 영화 제목과 곡명은 〈 〉, 잡지와 음반은 《 》로 표시했다. 인명과 지명을 비롯한 고유명사의 외래어 표기는 국립국어원 외래어표기법에 따랐으며, 관례로 굳어진 것은 예외로 두었다.
- 각주는 모두 옮긴이가 썼다.

최초의 호흡
파라과이 과라니족의 창조 이야기

과라니족 최초의 아버지 투파가 어둠의 한가운데서 일어나 자기 마음에 비친 모습에 영감을 받아 불꽃과 옅은 안개를 창조했다. 이것이 노래의 시작이었다.

여전히 영감으로 충만했던 그는 사랑을 창조했으나 그 사랑을 줄 대상이 없었다. 그는 언어를 창조했으나 그의 말을 들을 자가 없었다.

그리하여 투파는 신들에게 세상을 건설하여 불, 안개, 비, 바람을 돌보아줄 것을 권했다. 그리고 그는 여자와 남자에게 생명을 불어넣을 수 있도록 그들에게 신성한 찬가를 담은 음악을 건네주었다. 마침내 세상은 더 이상 침묵에 잠기지 않았다.

그리하여 사랑은 영적 교감으로 자리 잡았고, 언어는 생명을 계승했고, 최초의 아버지는 남자와 여자와 더불어 자신의 고독을 달랬다. 그리고 남자와 여자는 이렇게 노래했다. "우리는 이 땅 위를 걷고 있네. 우리는 반짝이는 아름다운 땅 위를 걷고 있네."

차례

서문 ··· 13

I. 코스모포니: 우주의 소리

1 최초의 소리 ································· 22
2 공명 (1) ······································ 24
3 우주의 소리 ································· 28
4 천구의 음악 (1) ······························ 34
5 천구의 음악 (2) ······························ 42
6 골든 레코드 ································· 52

II. 지오포니: 지구의 소리

7 리듬 (1) : 행성 파동 ························· 60
8 가장 큰 소리 ································ 66
9 북극광 ·· 70
10 화산 ·· 76
11 천둥소리 ···································· 82
12 무지개 소리 듣기 ··························· 88

III. 바이오포니: 생명의 소리

13	리듬 (2) : 몸	94
14	청각	98
15	고대 동물의 소리	110
16	식물	116
17	곤충	122
18	벌	130
19	개구리	136
20	박쥐	140
21	코끼리	146
22	멀리멀리 퍼져나가는 고래의 노래	150
23	리바이어던, 향유고래	164
24	대륙검은지빠귀	172
25	올빼미	178
26	나이팅게일	184

IV. 앤스로포포니: 인류의 소리

27	리듬 (3) : 음악과 춤	198
28	의성어	208
29	언어의 시작	214
30	마술피리	222
31	음악의 본질	232
32	화성	238
33	이상한 악기	248
34	슬픈 노래	260
35	바쇼	272
36	보이는 소리	278
37	플라톤의 동굴	284
38	귀벌레	290
39	소음 공해	294
40	기후변화의 소리	304
41	지옥	310
42	음악으로 치유하기	320
43	소리로 치유하기	332
44	종소리	338
45	공명 (2)	358
46	새 영역	364
47	고요와 침묵	374
48	몇몇 좋은 소리들	386

서문

이 책은 경이로움에서 시작됐다. 나는 붉은가슴도요를 보기 위해 노퍽 해안의 자연보호구역에 머무는 중이었다. 붉은가슴도요는 매년 겨울을 나기 위해 큰 무리를 이루어 북극 지역의 번식지에서 영국으로 찾아오는 작고 다부진 새다. 붉은가슴도요는 맹렬히 돌진하고 방향을 틀 때마다 몸의 밝은 쪽과 어두운 쪽에 빛이 닿으면서 마치 나타났다가 사라지는 것처럼 보였다. 정말 아름다운 모습이었지만 그날 내게 깊은 인상을 남긴 것은 수천 마리의 붉은가슴도요가 내 머리 위로 날아갈 때 들려온 소리였다. 아주 큰 소리였지만 그 소리가 그보다 작은 수많은 소음으로 이루어졌음을 알 수 있었다. 저마다 두 날개를 퍼덕이는 소리들이 내 귀에 찰나의 시간 차이로 도달하고 있었다. 개체마다 아주 미묘하게 다른 음색을 지니고 있었고, 반음보다 더 작은 음정인 미분음으로 이루어진 소리였다.

그 후로 『경이로움의 새 지도』라는 책을 쓰다가 나는 이런 종류의 경험을 지칭하는 새로운 단어를 만들었다. 나는 붉은가슴도요의 소리를 '미라큘러스(기적적인)'가 아니라 '오라큘러스(청각적aural+miraculous)'의 한 사례, 즉 '귀를 위한 경이로움'이라 칭했다. 작가 로버트 맥팔레인은 여기에 '귀가 경탄할'이라는 의미라고 유용한 해설을 달아주었다. 그리고 글을 쓰면서 내가 전반적인 소리에 대해, 소리가 우리 삶에 미치는 다양한 방식에 대해 정말 아는 것이 없음을 깨닫게 됐다. 그래서 소리에 대해 더 공부해봐야겠다고 결심했고, 이 책은 그러한 노력의 결과물이다. 물론 이 책이 마지막이란 뜻은 아니다.

『소리에 관한 책』에 실린 마흔여덟 편의 글은 네 개의 범주로 나뉜다. 그중 셋은 음악가 겸 소리풍경 생태학자 버니 크라우스가 생각해낸 것이고, 거기에 내가 하나를 더 보탰다. 크라우스의 범주 중 첫 번째인 '지오포니'는 화산, 천둥, 북극광, 행성의 주기 운동 등 그 자체로는 우리가 일반적으로 생명이라고 부르지는 않지만 그 생명을 가능케 한 지구의 소리를 말한다. 두 번째, '바이오포니'는 살아 있는 세계가 만들어내는 생명의 소리를 말한다. 여기서는 몸의 리듬, 듣기의 본질, 식물(그렇다, 식물도 소리를 낸다)과 동물의 소리 세계 등에 대해 탐색한다. 마지막 범주는 '앤스로포니'다. 이것은 사람의 소리, 즉 인간과 관련된 소리를 의미하는 다소 어색한 명칭이다. 이 제목 아래서는 언어의 기원과 본질, 음악, 화성, 바쇼의 하이쿠, 이상한 악기들, 지옥의 소리, 기후변화의 소리, 소음 공해, 치유의 소리 등등에 대해 이것저것 눈길 가는 대로 알아보려 한다.

나는 크라우스의 범주들에 '코스모포니', 즉 우주의 소리를 추가했다. 이상하게 들릴 것이다. 우주는 진공이라 소리가 존재하지 않으니 말이다. 하지만 공명과 소리는 모든 것의 형성에서 근본적인 역할을 담당한다. 이 범주에서는 지구 밖에서 발생하는 소리를 비롯해 천구의 음악, 그리고 청자들이 우주 저 너머에 있는 무언가에 대해 이해하거나 상상하는 데 도움이 될 최근의 음향자료화[1] 실험에 이르기까지 사람들이 우주에 상상으로 불어넣거나 투영한 소리에 대해서도 다루었다.

나는 우주적 관점에서 시작해 그다음에는 이 행성 지구에

---

[1] Sonification. 소리를 이용해서 과학 데이터를 전달하거나 분석하는 과정.

대해, 이어서 살아 있는 생명의 세계, 그리고 인간의 경험으로 초점이 이동하도록 범주를 열거했다. 하지만 제일 먼저 시선을 끄는 범주로 미리 넘어가도 잃을 것은 없다. 오히려 무언가 얻을 수도 있겠다. 편한 대로 즐기시기 바란다. 원한다면 범주 하나를 통째로 건너뛰어도 상관없다. 각각의 범주 안에 들어 있는 항목들은 그저 더 긴 여정을 위한 입구일 뿐이다. 내가 거의 다루지 못한 것들도 많다. 수피 철학자 아인 알쿠다가 그의 책 『실재의 본질』 결론에서 한 말을 인용하자면, "더 자세하게 다룰 시간이 없고 피곤하기도 하다. 내가 주제를 제대로 다루지 못한 장이 있다면 이것으로 그 변명을 갈음한다". 소리에 대해 더 배우고 싶은 사람들에게 내가 추천하고 싶은 책들도 소개한다. 데이비드 헨디의 『소음』, 데이비드 조지 해스컬의 『부서진 거친 소리』, 에드 용의 『이토록 굉장한 세계』, 캐런 배커의 『생명의 소리』, 마이클 스피처의 『우리에겐 음악이 필요하다』. 주드 로저스의 『인간으로 존재하는 소리: 음악은 우리의 삶에 어떻게 영향을 미쳤나』도 무척 즐겁게 읽었다. 그리고 earth.fm에 매일 새로 올라오는 '야생의 소리'도 즐겁게 듣고 있다.

사람들에게 내가 소리와 소음에 대한 책을 쓰고 있다고 얘기하면 이런 질문을 자주 듣는다. "숲에서 나무가 쓰러질 때 그것을 들어줄 사람이 주변에 없어도 소리가 나나요?" 짧게 답하자면 '예'이다. 듣는 사람이 있든 없든 나무는 쓰러지면서 공기로 진동을 내보낸다. 하지만 '아니요'라고도 답할 수 있다. 우리가 보통 생각하는 소리라는 것은 의식을 가진 존재의 경험을 말하기 때문이다(우리는 나무나 바위에는 의식이 없다고 가정하곤 한다. 적어도 소리를 경험하는 의식은 존재하지 않는다). 대답을 들었으니 이제 됐다고 생각하는 사람은 여기서 책을 내려놓아도 상관없다. 이런 짧은 대답이 진실이기는 하겠지만 불만족스러운 것도 사실이다. 내가 생각하기에 나무 이야기를 앞세워서 듣는 자와 우주의 관계에 대해 던지는 질문 뒤에는 다른 무언가가 도사리고 있는 경우가 많기 때문이다. 말로 표현되지 않은(아마도 무의식적인) 생각은 이런 게 아닐까 싶다. 내가 없어도 세상은 정말로 계속 존재할까? 우리가 집착하는 의식이 없이도 세상이 계속 존재하리라는 개념을 이해하기 어려울 수 있다. 알렉산더 폰 훔볼트는 1800년에 이렇게 적었다. "살아 움직이는 자연 속에서 인간은 아무것도 아니며, 자연의 이런 면에는 무언가 이상하고 슬픈 것이 있다."

어떤 소리는 듣는 이에게 일종의 계시가 되어줄 수도 있고, 어떤 소리는 대단히 불편한 경험이 될 수도 있다. 돈 드릴로의 소설 『화이트 노이즈』에서는 10년 넘게 침묵하고 있던 한 주택가의 공습경보 사이렌이 마치 음향 괴물처럼 되살아나 "DC-9 여객기처럼 거대한 날개를 가진 육식 앵무새가 중생대에서 튀어나와 자신의 영토를 주장하듯 꽥꽥거리며" 악다구니를 쓴다. 그리고 작가 마크 오코넬은 세상의 종말을 준비하는 사람들의 세계를 탐사하면서 전에 미 공군에서 사용하던 벙커를 방문해보았다. 그 벙커는 세상의 종말을 준비하는 자들이 용도를 변경해서 사용하고 있었는데, 거대한 문이 닫힐 때 나는 소리는 그가 한 번도 들어본 적이 없는 것이었다. "그 자신을 제외한 나머지 소리는 그 가능성마저 모두 소멸시켜버리는 압도적으로 크고 깊은 폭발음이었다." W. S. 머윈이 쓴 어느 시에서는 한 뱃고동 소리가 "인간의 것이 아니라 안개 밑에서 요동치는, 인간이 잊고 있었던 그 무언가에게 외치는 목구멍"으로 변한다. 태국의 영화감독 아피찻퐁 위라세타쿤의 영화 〈메모리아〉에서는 주인공에게만 들리는 엄청나게 큰 소음이 존재 혹은 소멸, 이상한 차원으로의 하강 혹은 상승을 예언(어쩌면 초래)한다.

하지만 소리의 계시는 위로와 삶의 확장을 가져다주어

넓어진 시야에서 오는 안도와 아름다움을 선사할 수도 있다. 이것이 로알드 달의 『내 친구 꼬마 거인』에서 만화의 형식으로 표현되어 있다. "꼬마 거인이 흙 속의 작은 개미들이 웅성거리고 모여 앉아 재잘대는 소리, 때로는 저 멀리 하늘의 별에서 오는 음악 소리에 귀를 기울이고 있어." 보르헤스의 단편소설 「알레프」에서는 이것이 신비롭고 초월적인 형식을 띠고 있다. 이 소설에서 카이로의 아므르 모스크에 모인 신도들은 마당 중앙의 돌기둥 하나에 귀를 갖다 대면 온 우주가 웅웅거리는 소리를 들을 수 있음을 안다. 의사이자 수필가인 루이스 토머스는 사람이 만들어내지 않은 지구의 소리를 모두 함께 상상하는 데서 즐거움을 찾았다. 그는 「이 천구의 음악」에서 이렇게 적었다. "만약 우리가 완벽하게 조화된 거대한 앙상블로 이 모든 것을 동시에 들을 수 있다면 대위법과 음조, 음색, 배음의 균형, 낭랑함 등을 알아차리게 될지도 모른다." 그리고 선종의 수도승 틱낫한은 『지구에게 보내는 연애편지』의 한 편에서 이렇게 적었다. "인류는 위대한 작곡가들을 배출했지만, 어떻게 우리의 음악을 태양 및 행성들과 이루는 당신의 천상의 조화, 혹은 차오르는 밀물의 소리에 비할 수 있겠습니까?"

우리는 창조보다 파괴가 많은 시대에 살고 있다. 멸종률은 수백만 년 전 대멸종이 일어났던 시기를 비롯해서 지구 역사상 그 어느 때보다도 높다. 사회학자 하르트무트 로자는 이렇게 적었다. "현대는 더 이상 세상의 소리를 듣지 못하고, 그래서 그 자아감마저 상실할 위험에 처해 있다." 전 세계적으로 소리의 다양성과 풍부함이 재앙처럼 큰 상실을 겪고 있음을 알린 생물학자 데이비드 조지 해스컬은 이렇게 덧붙였다. "우리는 살아 있는 지구의 소리에 귀 기울이는 법을 잊어버렸다는 사실을 가장 두려워해야 한다." 주의를 기울이는 것이 그 어느 때보다 중요해진 이유가 바로 이 때문이다. 한 세대 전 작곡가 R. 머리 셰이퍼 등의 선구적 연구를 바탕으로 오늘날의 생태학자들은 생태계의 활력과 건강을 평가하는 수단으로 사용하기 위해 계절마다, 해마다 땅과 바다의 '소리풍경'을 점점 더 많이 녹음하고 있다. 새로운 기술이 우리로 하여금 더 꼼꼼하고 깊게 귀를 기울일 수 있게 해준다면 이미 생긴 피해가 더 커지지 않게 막고, 더 나아가 그것을 복구하는 데 도움이 될 수 있을 것이다.

이 책은 더 깊이 귀 기울이며 살아 있음을 확인하려는 시도의 일환으로 썼다. 살아 있는 느낌 속에서는 매 순간이 지난 일에 대한 확인이며 다가올 일에 대한 준비다. 이 책을 읽는 일이 여러분에게도 그런 시도의 일환이기를 바란다. 블랙풋족 철학자 리로이 리틀 베어는 이렇게 말했다. "인간의 뇌는 라디오 방송과 비슷하다. 다이얼을 돌려 주파수를 한 채널에 고정하면, 다른 모든 라디오 방송에 대해서는 귀가 멀고 만다. 동물, 바위, 나무들이 지각의 스펙트럼 전체에 걸쳐 동시에 방송을 내보내고 있는데도 말이다." 윌리엄 블레이크도 이 말에 동의할 것이다. 그는 이렇게 적었다. "인간은 스스로를 닫아버리고 세상 모든 것을 자기 동굴의 좁은 틈새를 통해서만 바라본다. 하지만 그렇게 동굴에 갇혀서도 귀로는 멀리서 울려오는 메아리 소리를 들을 수 있다." 나와 함께 그 소리에 귀 기울여보자.

아, 한 가지 더 말해둘 것이 있다. 이 책에서는 소리(Sound)와 소음(Noise)이라는 단어를 서로 바꾸어 쓸 수 있는 의미로 사용한다. 이 두 단어의 어감을 다르게 느끼는 독자들에게는 이상하게 여겨질 수도 있다. '소음'이라고 하면 보통 원치 않는 혼란스러운 소리를 떠올린다. 예를 들어 우리는 소리 공해라고 하지 않고 소음 공해라고 말하곤 한다. 소음은 정보이론에서 사용하는 전문용어이기도 하다. 여기서 말하는 소음은 데이터에서 무작위로 발생해 신호 전달을 방해하는 요동을 의미한다. 그리고 심리학자 대니얼 카너먼 같은 사람들은 사람의 의사 결정에서 나타나는 우발 변동성을 묘사하기 위해 이 단어를 차용하기도 했다. 하지만 '소음'이 꼭 부정적인 것이어야 할 이유는 없다. 진화생물학과 발생생물학 분야에서 소음은 기술적인 의미에서 변이와 혁신을 가능하게 하는 존재다. 일상의 언어나 시적 상상력 모두에서 소음은 경이로움에 대한 표현일 수 있다. 『템페스트』에서 캘리번은 이렇게 말하며 크게 기뻐한다. "섬이 소음으로 가득하구나. 소리와 달콤한 공기는 기쁨을 줄 뿐 아픔은 주지 않지." 더군다나 '소리'라는 단어가 항상 긍정적인 것만을 연상시키는 것도 아니다. 맥베스는 무너지기 시작하면서 인생이 '아무 의미 없는 소리와 분노로 가득한' 것임을 이해하게 된다. 셰익스피어가 이 두 단어를 기꺼이 바꾸어 사용했으니, 우리 또한 그리해도 문제없을 것이다.

I. Cosmophony

코스모포니: 우주의 소리

최초의 소리

23 최초의 소리

빅뱅이 있고 첫 20~30만 년 동안은 급속하게 팽창하는 우주가 마치 무수히 많은 우주 종으로 가득 채워진 것처럼 울렸다.

소리는 매체 속에서 발생하는 압력파다. 매체의 밀도가 높을수록 소리의 이동 속도도 빠르다. 탄생한 지 얼마 안 됐을 당시의 우주는 밀도가 워낙 높았기 때문에 빛을 가두어놓을 정도였지만 소리는 오늘날의 지구에서보다 훨씬 더 빠른 속도로 자유롭게 퍼져나갈 수 있었다.

그러다 모든 것이 냉각되고 원자가 형성되면서 우주가 투명해져 빛도 움직일 수 있게 됐다. 소리는 파면을 따라 물질이 농축된다. 그리고 우주가 계속 팽창을 이어가면서 자갈 한 줌을 연못에 던졌을 때 수면에 퍼져나가는 잔물결처럼 공명이 동심원처럼 뻗어나갔다.

파동의 정점은 나중에 은하 형성의 초점이 된다. 오늘날 우리 눈에 보이는 우주는 우주의 초기 시절이 남긴 메아리이고, 파동은 우주의 크기를 측정할 수 있게 도와준다. 우주가 팽창하면서 빅뱅의 마지막 종소리는 점점 조용해지고 깊어진다.

하지만 일부 우주론 학자들이 주장하듯이 우리 우주가 무한히 많은 연속적 우주 중 하나에 불과하다면 우주 종은 우주가 시작되기 전에도 여러 번 울렸을 것이고, 우주가 끝나고 난 후에도 다시 울릴 것이다.

공명 (1)

25 공명 (1)

소리는 공명의 지배를 받는다. 공명은 모든 수준에서 실재에 영향을 미치는 현상이다. 아원자 입자의 존재를 결정하는 것도, 생명의 원자를 창조하는 과정도, 달의 궤도도, 밀물과 썰물의 운행도 모두 공명의 영향을 받는다.

물리학자 벤 브루베이커에 따르면 공명은 사물이 자신의 고유 진동수, 혹은 공명 주파수에 가까운 진동력 아래 놓였을 때 일어난다. 그네가 간단한 사례다. 그네를 적절한 시점에 밀어주면 더 높이 올라간다. 그리고 그네를 타는 아이는 즐거움의 함성을 지르게 될 것이다. 하지만 당신이 아무리 세게 밀어도 사실상 하나의 진자에 해당하는 그네는 고유의 진동수로부터 벗어나려 하지 않을 것이다.

공명을 우주의 필수 요소로 이해하게 된 데는 에르빈 슈뢰딩거의 덕이 컸다. 상자 안의 고양이가 살아 있으면서 동시에 죽어 있는 양자 중첩의 수수께끼를 보여주는 사고실험을 고안하기 10년 전이었던 1925년에 슈뢰딩거는 수소 원자의 행동을 기술하는 방정식을 유도해냈다. 그 해답은 일련의 고유 진동수에서 진동하는 파동이었다. 이 방정식은 악기의 음향을 기술하는 방정식과 아주 비슷하다.

그 후로 수십 년에 걸쳐 천체물리학자들은 연료가 떨어져 스스로 붕괴하는 항성의 매우 뜨겁고 밀도가 높은 핵에서 한 유형의 원자핵이 또 다른 유형의 원자핵으로 변화할 때도 공명 전이가 결정적인 역할을 한다는 것을 알아냈다. 이런 핵 공명에서 헬륨 원자핵 세 개가 탄소 원자핵 하나로 융합된다. 이런 음악적인 연금술이 없었다면 생명은 존재하지 않았을 것이다.

슈뢰딩거와 동시대 사람인 폴 디랙 등의 연구를 기반으로 탄생한 양자장론에서는 우주의 가장 기본적인 존재가 장(場, 자석 주위로 철가루를 뿌렸을 때 드러나는 그림을 상상하면

된다)이라 주장한다. 우리가 알고 있는 세상 만물을 구성하는 소립자는 사실 이런 장 안에서 국소적으로 공명하는 진동이다. 이런 공명의 흔적을 연구함으로써 힉스 보손과 톱 쿼크 같은 기본 입자의 존재가 확인됐다.

윌리엄 블레이크는 독자들에게 모래 알갱이 하나에서 세상을 볼 것을 주문했다. 그렇다면 바다의 파도 속에서, 혹은 메아리치는 풀밭 위에서[2] 그네를 타고 있는 아이 속에서 세상을 발견하는 것 역시 그에 못지않게 환상적이지 않을까 싶다.

---

[2] 윌리엄 블레이크의 시 「On an Echoing Green」의 한 구절.

27 공명 (1)

우주의 소리

29 우주의 소리

기구를 타면 위에서 내려다보이는 풍경만 놀라운 것이 아니다.
그 소리도 놀라울 수 있다. 바람이 없을 때는 소리가 수평적으로
그러하듯이 수직적으로도 쉽게 움직이기 때문에(어쩌면
아래 땅에서 반사되어 올라가기 때문에 더 그럴 수도 있다)
아주 선명하게 귀에 와 닿는다. 숲속의 새소리, 개 짖는 소리,
자동차 문 닫는 소리 등. 나는 사람들 머리 위 몇백 미터 위로
지나가면서 이 모든 소리들을 또렷하게 들을 수 있었다.
1836년에 런던에서 영국해협 너머로 대담하게 비행을 나선
선구적인 열기구 비행가 찰스 그린과 그의 동료들은 한밤중에
당시 유럽의 주요 산업 중심지 중 하나였던 리에주 상공 위로
날게 됐다. 그리고 아래서 우레와 같이 들려오는 기계 소음에
압도됐다. 역사학자 리처드 홈스는 이렇게 기록하고 있다.
"알 수 없는 곳에서 들려오는 고함 소리, 기침 소리, 욕 소리,
금속 부딪히는 소리, 그리고 때로는 기이하게도 날카롭게 울려
퍼지는 웃음소리가 있었다." 기구에서 바라본 아래 세상은
그저 파노라마가 아니라 세상 모든 소리가 귀에 들려오는
팬어쿠스티콘[3] 이었다.

하지만 몇백 미터보다 더 높이 떠오르면 땅 위의 소리가
대부분 사람의 귀로는 들을 수 없을 정도로 희미해진다. 현재
유인 기구가 세계에서 가장 높이 비행한 기록인 21킬로미터
상공에서 무슨 소리라도 들어보려면 정교한 마이크가
있어야 할 것이다. 바다처럼 넓은 공기에도 끝이 있다. 고도
80킬로미터 정도 상공에 도달하면 공기가 너무 희박해져서
지진 소리 같은 사람의 가청 주파수보다 낮은 주파수의 소리만

---

[3] 파노라마(Panorama)가 전체 풍경을 담은 시각적 이미지를 뜻하는 것처럼,
팬어쿠스티콘(Panacousticon)은 Acoustic(음향) 앞에 '전체'를 뜻하는 접두사
pan을 붙여 모든 소리를 담고 있는 청각적 이미지를 뜻한다.

통과할 수 있다. 100킬로미터 카르만 라인[4] 위에서는 소리가 거의 존재하지 않는 광활한 공간이 시작된다. 어쩌면 큰돈을 내고 그곳까지 민간 우주선을 타고 올라온 억만장자들의 '와!' 하는 함성 소리만 가끔 들릴 것이다.

물질이 충분히 농축된 곳에서는 어디로든 소리가 이동할 수 있다. 따라서 항성과 행성, 그리고 원자들이 농축되어 있는 우주 공간에는 지구라는 소리의 섬과 마찬가지로 소리가 존재한다. 태양 표면에서 일어나는 대류는 그곳의 공기 밀도가 지구의 하층 대기만큼 높았다면 지구의 잭 해머만큼 큰 소리를 냈을 것이다. 그럼 나이아가라폭포 옆에 서 있는 것처럼 둔탁한 굉음이 들리겠지만 그 소리는 두 배 정도 클 것이다. 음파는 태양 내부에서도 반사되며 움직인다. 천체지진학자들은 이 음파를 연구하여 태양 내부 깊숙한 곳에서 흐르는 거대한 물질의 강을 '본다'.

그보다 훨씬 큰 규모에서는 초거대 우주 거품 안에서도 음파가 울리고 있다. 초거대 우주 거품은 지름이 수백 광년이나 되는 빈 공간으로, 질량이 태양의 80~100배 정도 되는 항성의 항성풍과 초신성 폭발에 의해 만들어진다. 그 소리는 아주 낮지만, 페르세우스 은하단 중심에 자리 잡고 있는 블랙홀이 방출하는 소리만큼 저음은 아니다. 이 소리는 천만 년에 한 번 정도 진동한다. 2022년에 발표된 리믹스[5]에서 페르세우스 은하단의 음파를 57옥타브와 58옥타브 올려서 들어보았더니 한없이 깊은 우물 속 유령의 신음 소리와 비슷한 소리가 났다.

---

4 Kármán line. 지구 대기권과 우주 공간 사이의 경계
5 Remix. New NASA Black Hole Sonifications with a Remix. NASA에서 찬드라 X선 관측소, 허블망원경, 아타카마 전파망원경 등을 통해 수집한 블랙홀 관련 데이터를 사람이 들을 수 있는 음향 자료로 새로 해석해서 리믹스한 블랙홀의 소리.

31 우주의 소리

우리 태양계의 행성들과 위성들 내부에도 소리가 존재한다. 수성에는 대기라 할 만한 것이 존재하지 않기 때문에 땅 위로는 침묵이 흐르고 있지만 태양의 인력 때문에 지진 활동이 일어난다. 그 표면에 귀를 대보면(실제로는 지진 측정 장비를 갖다 대야겠지만) 그 소리를 분명하게 감지할 수 있을 것이다. 지진계를 지구의 달 위에 갖다놓으면 연구자들은 달이 떨면서 내는 신음 소리를 측정할 수 있을 것이다. 이 소리는 주로 유성의 충돌로, 그리고 지구의 조수 간만의 차이에 의해 달의 내부가 압축되거나 늘어나면서 나는 소리다. 행성이 냉각되어 수축하면서 만들어지는 것으로 보이는 화성의 진동 덕분에 연구자들은 행성의 내부를 지도로 제작할 수 있다. 어떤 연구자들은 언젠가 목성의 위성인 가니메데와 유로파, 그리고 토성의 위성인 엔셀라두스에 지진파의 전파를 측정하는 장치를 설치할 수 있기를 희망하고 있다.

수성과 달리 금성에는 소리를 꽤 잘 전달할 수 있는 대기가 있다. 지표면 위에서 이 공기는 지구의 대기보다 90배 이상 밀도가 높은 이산화탄소의 초임계유체를 이루고 있다. 번개가 금성의 하늘을 찢어놓을 때 천둥이 함께 친다면 그 소리는 귀에 더 빨리 도달하겠지만 더 높은 진동수로 조금 먹먹하게 들릴 가능성이 높다.

2012년에 연구자들은 금성, 화성, 토성의 위성 타이탄의 서로 다른 대기, 압력, 온도가 사람의 목소리나 다른 소리에 미칠 영향을 모형화해보았다. 인간이 실제로 금성에 간다면 거의 즉각적으로 찌그러지며 불에 타버릴 테지만, 그런 구체적인 고려 사항은 일단 제쳐두자. 그럼 기체로 만들어진 수프 같은 금성의 대기에서는 성대가 더 느리게 진동하기 때문에 당신의 목소리가 훨씬 저음이 될 것이다. 하지만 지구에서보다 소리의 이동 속도가 훨씬 빠르기 때문에 우리의 뇌는 말하는 사람이 더 멀리 떨어져 있다고 판단할 것이다. 연구자들은 사람의 목소리가 금성에서는 중저음의 스머프 목소리처럼 들릴 것이라 결론 내렸다.

화성 표면의 대기 밀도는 지구 해수면 높이 대기 밀도의 100분의 1 정도, 혹은 우리 머리 위 35킬로미터 상공의 대기 밀도와 비슷하다. 대부분 이산화탄소로 구성되어 있는 화성의 공기는 극단적으로 온도가 낮기 때문에 소리의 속도가 줄어들고, 음높이도 낮아진다. 반면 낮은 공기 밀도는 음높이를 높이는 역할을 하기 때문에 이 두 가지 요소가 대략 균형을 이루어서 전체적으로 보면 화성과 지구 위에서의 소리는 비슷할 것으로 여겨진다. 다만 우리의 목소리는 아주 희미하게 들릴 것이다.

화성의 공기는 밀도가 낮아서 가끔씩 불어닥치는 거대한 폭풍도 화성 위에 서 있는 사람에게는 산들바람처럼 느껴질 것이다. 거기서는 우주 헬멧의 안면 보호용 덮개에 모래와 먼지가 부딪히는 은은한 소리밖에 들을 수 없을 것이다. 하지만 훨씬 낮은 속도로 불어오는 화성의 실제 바람 소리를 원격으로 들을 수 있게 되었다. 화성 탐사 로봇 퍼서비어런스가 녹음한 소리가 2021년 3월에 화성에서 지구로 전송됐다. 녹음된 소리는 우리가 상상했던 것과 크게 다르지 않았다. 수십억 년 동안 물 한 방울 흐르지 않았던 가장 황량한 땅에서 들려올 만한 공허한 바람 소리였다. 그다음 달에 퍼서비어런스는 작은 헬리콥터형 드론인 인제뉴어티의 소리를 담아냈다. 그 소리는 살짝 더 낮기는 하지만 지구에서 날리는 드론 소리와 거의 비슷했다.

태양계에서 더 멀리 떨어진 다른 행성과 위성의 대기에서 어떤 소리가 날지에 대해서는 추측할 수 있을 뿐이다. 목성의 대기는 대부분 수소와 헬륨으로 이루어져 있다. 이는 사람 목소리의 음높이를 높여준다. 이 거대 행성의 구름층은 지구의 것보다 훨씬 강력한 번개가 뒤흔들어놓는 경우가 많다. 그리고 거기서 발생하는 천둥은 지구의 지름보다 몇 배나 먼 거리까지 울려 퍼질 수 있다. 두꺼운 대기를 가진 태양계 유일의 위성 타이탄의 표면에서는 액체 메탄이 비로 내린다. 어쩌면 이 비가 지구에서 흐르는 물처럼 바위투성이 표면을 가로질러 흐르고 있을 수도 있다. 나미비아사막의 모래언덕과 겉모습이 비슷한 모래언덕들이 가끔 바람 속에서 '노래'를 부를지도 모르겠다. 평균 온도가 영하 182.5°C인 이곳의 소리는 우리가 흔히 상상하는 것보다 아마도 더 깊으리라.

『은하수를 여행하는 히치하이커를 위한 안내서』의 설명에 따르면 우주는 거대하다. 그래서 '작다'라는 말로는 지구가 그에 비해 얼마나 작은지 설명할 엄두도 내기 어렵다. 하지만 소리로 출발했던 거대한 우주가 지금은 대부분 침묵에 휩싸여 있다. 상상할 수 없을 정도로 거대한 소리의 심연이 존재한다고 생각하면 실존을 뒤흔들어놓을 정도의 아찔한 현기증을 느낄 수도 있다. 하지만 그게 꼭 두려움일 필요는 없다. 음악가 조르디 사발은 새벽 두 시에서 네 시 사이에 녹음하기를 좋아한다고 한다. "그 시간에는 거대한 침묵 덕분에 우주의 깊이를 느낄 수 있죠." 따라서 공허에 대한 자각은 이 세상과 그 너머에 존재하는 모든 것을 통해 경험하고, 함께 창조하고, 공유하는 대상 속에서 더 큰 기쁨을 누리는 삶의 관문이 되어줄 수 있다.

천구의 음악 (1)

35 천구의 음악 (1)

달, 금성, 화성, 목성, 토성이 하늘에 등불처럼 매달려 있거나, 수없이 많은 별이 반짝이고 있는 온화한 여름밤이면 저 고요함 너머에 일종의 음악이 존재하지 않을까 하는 느낌을 지우기 힘들다. 이것을 실제 멜로디에 비교하기는 망설여지지만 막스 리히터의 앨범 《Sleep》에 〈Sublunar〉라는 곡이 그런 느낌을 준다.

내가 밤하늘을 바라보며 상상하는 음악이 진짜 음악이 아니란 것은 나도 안다. 별들과 나 사이를 흐르는 음악 같은 것은 존재하지 않는다. 그리고 내 느낌이 특정 문화적 전통에 큰 영향을 받는다는 사실 또한 알고 있다. 루미는 밤하늘의 황홀함을 "우리는 모든 것이 음악인 곳에 떨어졌다"고 노래했고, 단테는 '천국'을 "화음으로 가득 차서 그에 비하면 지상의 가장 달콤한 소리도 폭풍과 분노에 불과한 곳"이라고 묘사했다. 그리고 셰익스피어는 "당신 눈에 보이는 가장 작은 별일지라도 궤도를 움직일 때는 그 움직임 속에서 천사처럼 노래를 부르고 있소" 라고 썼다.

적어도 2,000년 동안 유럽인들은 물론 다른 지역의 사람들도 천체의 움직임이 우주적 화성을 만들어낸다고 믿었다. 이것은 화성적, 수학적 관계를 바탕으로 이해하고 감상할 수 있는 천구의 음악이며, 이 관계가 인간의 삶을 신성한 질서와 연결해주었다. 이런 개념은 기원전 6세기에 피타고라스에 의해 형식을 갖추었다고 전해진다. 확실히 알려진 바가 없는 이 철학자이자 신비주의자는 지상에서 조화롭게 들리는 음들 사이의 간격을 크기와 거리의 단순한 비율로 기술할 수 있음을 처음 알아차린 사람으로 보인다. 피타고라스는 동일한 원리를 바탕으로 하늘도 일종의 악기이며, 그 안에 들어 있는 각각의 천체들이 공통의 중심 주변으로 돌아가는 궤도에 비례해서 고유의 음을 만들어낸다고 주장했다.

피타고라스와 그 추종자들에게 사물의 본질은 수였다. 그들은 우주가 완벽하고 영원한 질서 속에서 조화로이 유지되며, 천구의 음악이 지상의 생명에 영향을 미친다고 믿었다. 하늘을 모방해서 음악을 만드는 것은 그들의 수행에서 본질적인 부분이었으며 영혼을 일깨우고, 진정시키고, 정화하는 것이 그 음악의 목적이었다.

피타고라스학파는 그리스와 그 주변 지역에 영향을 미쳤다. 이 학파에서 밝혀낸 물리적 차원과 소리 사이의 대응 관계는 최초의 물리 법칙 중 하나였다. 피타고라스로부터 세 세대 후에 살았던 플라톤은 천문학과 음악을 쌍둥이 과학으로 묘사하며 둘 다 감각을 통해 인간이 접근할 수 있는 것이라 여겼다. 그는 이렇게 적었다. "눈은 …… 천문학 연구를 위해 만들어진 것으로 보이고, 그와 마찬가지로 귀 또한 조화로운 움직임을 위해 만들어진 것으로 보인다." 모두가 여기에 동의한 것은 아니었다. 아리스토텔레스는 천구 음악의 존재에 의문을 제기하며 그런 음악이 실제로 존재했다면 소리가 너무 커서 지구를 산산조각 냈을 것이라 주장했다. 로마의 정치가 겸 철학자 키케로는 여기에 해결책을 제시했다(혹은 얼버무렸다). 그는 그 소리가 실제로 존재하지만 우리 눈이 태양을 직접 볼 수 없듯이 우리 귀도 그 소리나 다른 천체의 소리를 들을 수 없다고 말했다.

천구의 궤도에 음가(音價)를 부여하려는 시도 중 가장 오래된 것은 현재의 요르단 지역에서 서기 60년에 태어난 수학자 게라사의 니코마쿠스가 쓴 『화성학 설명서』였다. 피타고라스는 지구에서 달까지의 거리를 7,900만 걸음으로 계산하고, 이것을 천상에서 음악의 온음에 해당하는 것으로 삼았다. 니코마쿠스는 천체 중에서 가장 빨리 움직이는 달에

D를 할당하고, 거기서 시작해서 원음을 따라 태양과 행성들과 함께 내려가고, 반음을 낮춘 B만 예외로 하는 7음 진행을 제안했다. 이렇게 해서 D 자연단음계가 만들어졌다. 다른 철학자들과 음악가들은 고정된 음이 완전4도나 한 음 간격으로 떨어져 있는 2옥타브의 진행을 제안했다. 이렇게 하면 음들이 모두 함께 뭉치지 않아 더 조화로운 코드가 만들어졌다.

서기 510년경에 로마의 철학자 보에티우스는 모든 형태의 음악을 이해하기 위한 체계적 토대를 완성했다. 그는 음악에는 모두 세 종류가 존재한다고 말했다. 천구의 음악인 무지카 문다나(Musica mundana), 인간의 육신과 영혼의 음악인 무지카 후마나(Musica humana), 악기로 연주하거나 노래로 부르며 우리가 기꺼이 듣고 느낄 수 있는 음악인 무지카 인스트루멘탈리스(Musica instrumentalis)다. 우주의 소리 무지카 문다나는 실제로 존재하지만 들을 수는 없다. 하지만 자연은 천상의 노래와 공명하기 때문에 이것이 지구의 생명에 영향을 미치고, 계절의 변화를 일으킨다. 그보다 앞선 저자들 및 이론가들과 마찬가지로 보에티우스도 우리가 들을 수 있는 음악, 즉 무지카 인스트루멘탈리스가 강력한 감정을 일깨우는 힘을 갖고 있음에 경탄했다. "음악은 우리와 완전히 하나로 통합되어 있기 때문에 아무리 간절하게 원한들 그것으로부터 자유로워질 수 없다." 하지만 그는 음악은 취하는 형태에 따라 인간성을 고상하게 만들 수도, 타락시킬 수도 있음을 함께 경고했다.

천구의 음악은 르네상스 이탈리아에 와서 새로이 주목을 받았다. 1496년에 나온 책 『음악 실습』에서 프란치노 가푸리오는 점성술이 행성의 위치가 인간의 행동에 어떤 영향을 미치는지 설명해주듯이, 음악은 하늘을 영혼과 연결해준다고 주장했다. 이 책의 권두 삽화에는 지구를 머리에 두고 행성과 뮤즈들을 자신의 몸통과 엮어놓은 우주 뱀이 그려져 있다. 하지만 가푸리오는 각각의 행성에 음 하나를 할당하는 대신 음계 혹은 선법(Mode)을 통째로 할당했다. 그의 이러한 혁신은 음악 스타일의 변화, 특히 음악을 단일 멜로디 라인으로 구성하다가 여러 음이 함께 조화를 이루는 다성음악으로 구성하게 된 변화를 반영한 것이었다.

이런 방식에서 그의 친구인 레오나르도 다빈치와 조스캥 데프레 같은 동시대 사람들은 새로운 분위기와 느낌을 찾아냈다. 가푸리오에 따르면 각각의 행성은 자신의 선법에 따라 노래를 부르고 이들의 개별 멜로디가 지구에서 벌어지는 사건들을 반영하며 계속 변화하는 전체 속에서 어우러지고 있었다.

쓰인 지 거의 900년 만인 1491년에 처음으로 인쇄된 보에티우스의 책은 가푸리오와 동시대 사람들을 매료했지만 풀어야 할 숙제도 만들어냈다. 피타고라스의 뒤를 이어 고대의 음악 이론에서는 협화음정은 옥타브와 5도밖에 없다고 주장하고 있었고, 음계를 구성하는 12개 반음을 위한 음률은 5도 음정을 쌓아서 만들었다. 그런데 이런 식으로 음계를 구성하면 완벽한 옥타브가 만들어지지 않고 4분의 1음 정도 차이가 생기면서 피타고라스 콤마로 알려진 불협화음이 만들어졌다. 이것은 천상의 화성 메커니즘에 존재하는 작은 결함이었다.

15세기 말에 유럽의 음악에서는 3도와 6도 등의 음정을 이용해서 매력적인 효과를 만들어내며 5도와 4도만이 순수한 화성이라는 피타고라스의 이상에 도전했고, 특히 한 조에서 다른 조로 넘어갈 때 생기는 피타고라스 음률의 문제를 지적했다. 이에 대한 해법이 피타고라스의 음악 이론을 비판했던 고대 그리스인 아리스톡세누스의 글에서 발견됐다.

39 천구의 음악 (1)

1564년에 처음 라틴어로 번역된 그의 『화성의 요소』에서는 옥타브를 열두 개의 동일한 간격으로 나누어야 한다고 주장했다. 이는 음정에 대한 기존의 생각에 의문을 제기하면서 우주와 음악의 통일 이론에 결함이 존재한다는 것을 암시해주었다. 결국 수십 년 후에 아리스톡세누스의 주장은 이 통일 이론을 약화시키게 된다.

류트 연주자 겸 작곡가 빈첸초 갈릴레이는 아리스톡세누스의 체계를 옹호했다. 어쩌면 그는 그 안에서 코페르니쿠스가 제안한 새로운 태양 중심 태양계 모델의 필연성을 보았는지도 모르겠다(사실 태양 중심 태양계 모델은 기원전 3세기에 사모스의 아리스타르코스가 처음 제안한 아이디어를 되살려낸 것이었다). 1580년에 나온 『고대와 현대 음악에 대한 대화』에서 갈릴레이는 태양 중심설에 대해서 언급하지 않았다(이것은 1630년대에 그의 아들 갈릴레오 갈릴레이에게 수많은 고초를 안겨주게 될 이단 학설이었다). 하지만 옥타브에 들어가는 음을 밤하늘의 행성과 비교하면서 그는 태양중심설을 염두에 두고 있었던 것으로 보인다. "원의 중심에서 원의 둘레로 그려놓은 수많은 선들이 모두 중심을 뒤돌아보고 있는 것처럼, 옥타브 안에 들어 있는 모든 음정도 태양에서 행성이 그러하듯 거울을 보는 것처럼 자신을 바라본다."

역설적이게도 우주론과 음악의 중심에 몇 개의 기본 비율이 존재한다는 피타고라스의 비전은 오히려 그것을 입증하기 위해 수행된 연구에 의해 실패로 돌아갔다. 빈첸초의 아들 갈릴레오와 동시대 인물인 요하네스 케플러는 이른 시기부터 자신이 우주의 조화를 이해하게 될 운명이라 믿고 있었고, 1619년에 발표한 『세계의 조화』에서 자신이 우주 조화의 결정적인 형태라 믿고 있던 이론을 제시했다.

그에 앞서 케플러는 태양 주위를 도는 행성의 궤도가 코페르니쿠스가 제안했던 것처럼 원이 아니라 타원이며, 행성들은 태양으로부터의 거리에 따라 속도를 올리고 늦춘다는 것을 입증해 보였다. 데이터와 관찰에서 추측의 영역으로 넘어가면서 케플러는 각각의 행성에 음역을 할당해주었다. 수성은 소프라노, 지구와 금성은 알토, 화성은 테너, 목성과 토성은 베이스였다. 속도의 변동성 때문에 이들의 음은 궤도를 도는 과정에서 변하게 된다. 그래서 가장 납작한 타원 궤도를 갖고 있는 수성의 음이 변동도 제일 크다. 금성은 거의 원형 궤도를 갖고 있기 때문에 음이 거의 변하지 않지만, 지구는 반음 차이가 나는 두 음 사이를 오간다. 케플러는 이 두 음에 '미'와 '파'라는 이름을 붙여주고 이 단음정이 고통과 굶주림이 지배하는 행성 지구에 딱 어울리는 슬픈 소리라고 생각했다.

케플러는 이 앙상블이 끝없이 변화하는 복잡한 화성을 만들어주리라 희망했었다. 하지만 그는 여섯 개의 행성이 만들어내는 선율이 대부분의 시간에서 당시의 음악과는 도저히 어울리지 않는 방식으로 음정들 사이를 미끄러져 움직이며 충돌한다는 것을 깨달았다. 그는 또한 행성들이 한번 이루었던 배열을 절대로 반복하는 법이 없음을 깨달았다. 즉 행성들이 원래의 영광스러운 화성으로 돌아올 일은 없었다. 이런 발견으로 말미암아 그의 동시대 사람들과 후손들은 들리지 않는 소리가 영원히 변화하며 만들어낸다는 다성음악이 하늘을 이해하는 데 과연 쓸모가 있을지 의문을 품게 됐다. 그와는 대조적으로 음악에 대한 언급 없이 수학적으로 표현 가능한 케플러의 행성 운동 법칙은 과거와 미래의 행성 위치를 정확하게 예측해냈다. 그래서 음악이 우주를 지배하거나 설명해준다는 개념은 점점 설득력을 잃기 시작했다.

41 천구의 음악 (1)

하지만 천체의 음악이라는 개념이 죽지 않고 다른 형태들로 바뀌어 등장해서 음악가들과 그 외의 사람들에게 이 태양계와 그 너머에서 새로운 종류의 음악을 꿈꾸도록 해줄 방법이 있다.

천구의 음악 (2)

43 천구의 음악 (2)

요하네스 케플러가 태양계 행성들의 운동에 대한 자신의 데이터를 『세계의 조화』로 발표하고 3세기 반이 지난 1977년에 재즈 음악가 겸 지질학자가 그것을 앨범으로 만들었다. 윌리 러프와 존 로저스는 태양 둘레 궤도의 속도와 형태에 따라 각각의 행성에 서로 다른 음을 부여하고, 전자 신시사이저로 음을 하나씩 쌓아 올려서 하늘의 '소리그림'을 만들어냈다.

똑같이 《세계의 조화》라는 제목의 이 앨범은 멀리서 들려오는 자동차 경적이나 상자에 갇혀 신음하는 클랜저[6]의 소리처럼 가늘고 높은 음으로 시작한다. 이 소리는 피아노 건반의 제일 높은 음 바로 위에 있는 음인 $E8$에서 빠르게 $C8$로 3도 내려갔다가 다시 올라오는 수성의 소리다. 이 변동은 확연한 타원형의 궤도를 표현하고 있다. 그다음엔 금성이 수성보다 2옥타브 낮은 $E6$에서 소리를 낸다. 금성의 거의 원형에 가까운 궤도를 흉내 내어 3초 주기로 4분의 1 음의 변동만을 보여준다. 지구는 금성보다 6음에서 5음 낮은 어딘가에서 $G5$로 합류하여 5초 주기로 반음 정도 위아래로 흔들거린다. 금성과 지구는 함께 장조 비슷한 음에서 단조 비슷한 음으로 왔다 갔다 변화하는 다이어드[7]를 만들어낸다. 화성은 $C5$(가온 다에서 한 옥타브 위)로 들어와서 약 10초에 걸쳐 $F4^\sharp$까지 셋온음을 내려간다. 목성은 피아노 건반에서 가장 아래쪽에 있는 D음의 소리를 내며 B까지 흔들리며 내려갔다가 다시 올라온다. 토성은 그보다 한 옥타브 아래에서 낮은 소리로 으르렁거린다. 러프와 로저스는 해왕성, 천왕성, 명왕성 같은 외행성의 궤도는 드럼 비트로 나타냈다(케플러는 이들 외행성의 존재를 몰랐다).

[6] 영국의 스톱모션 애니메이션 〈클랜저스〉에 등장하는 작은 행성에 사는 쥐 비슷한 생물.
[7] Dyad. 두 개의 음이 동시에 울려서 만드는 음향.

여기서 욕이 나올 것 같은, 천구의 음악에 대한 진정한 깨달음이 찾아온다. 그것은 사랑스러운 음악이 아니었다. 이 음악은 처음 발표됐을 때 「뉴욕 타임스」에 "찢어지는 소리, 흐느끼는 소리, 둔탁한 소리, 웅웅거리는 소리들로 이루어진 불협화음"이라고 정확히 표현된다. 신문 기사에 한 여섯 살짜리 남자아이는 이 음악을 듣고 어지러운 기분이 든다고 했고, 한 성인 남성은 멀미가 날 것 같다고 했다. 공동 작곡가인 윌리 러프조차도 이 음악에 귀를 기울이고 있으면 몹시 지친다고 고백했다. 그래도 이것은 일종의 부활이며, 소리를 통해 천체의 역학을 더욱 잘 이해하기 위한 여정 중 하나의 이정표라 할 수 있다.

무언가를 이해하는 데 제대로 된 시각화만큼 좋은 것이 없다. 2015년에 나온 동영상 '축척: 태양계'를 생각해보자. 이 영상은 태양의 직경을 약 1.5미터, 지구는 구슬 크기로 잡고 태양계 모형을 만들려면 11킬로미터가 넘는 땅이 필요하다는 것을 보여준다. 하지만 눈으로 보는 것만으로 충분하지 않을 때도 있다. 그리고 요즘의 기준으로 보면 조잡한 것이 사실이지만 러프와 로저스가 작곡한 음악은 청자들이 더 깊숙이 초점을 맞추어 행성의 상대적 크기와 운동을 공간만이 아니라 시간 속에서도 느낄 수 있게 도와준다. 이들의 작품은 시작일 뿐이었다. 인간의 창조성과 나날이 발전하는 컴퓨터 성능 덕분에 데이터를 소리로 전환하는 음향자료화 분야가 지난 수십 년 동안 크게 꽃피었다.

이 새로운 시대의 뿌리는 우리은하가 전파를 방출한다는 것을 발견한 1930년대로 거슬러 올라간다. 이것이 전파천문학의 탄생이었다. 전파천문학은 항성과 우주의 다른 현상에서 전파 주파수로 방출되는 전자기파를 감시해 우주를 연구하는 학문 분야다. 지구에서 전파를 음악으로 손쉽게 바꾸듯이 이 전파도 쉽게 소리로 바꿀 수 있다. 하지만 오랫동안 과학자들은 이렇게 하는 것이 무슨 의미가 있나 싶어 수치나 그래프로 연구하는 쪽을 더 선호했다. 그러나 시간이 지나면서 상황이 변했다.

2000년대 초반에 완다 디아스메르세드라는 천문학과 학생이 당뇨망막병증 때문에 점진적으로 시력을 잃어 연구하기가 힘들어졌다. 어느 날 대학 친구가 그녀에게 태양으로부터 거대하게 분출되는 물질과 에너지를 묘사한 음악 파일을 들려주었다. 디아스메르세드는 나중에 왕립 학회에서 이렇게 말했다. "거기서 영감을 얻었습니다. 저는 태양의 소리를 실시간으로 들을 수 있었죠. 그리고 태양의 폭발이 멈추었을 때는 은하의 배경음을 들을 수 있었습니다." 그녀는 빛을 소리로 전환할 수 있을 뿐 아니라 음향자료화를 통해 자신의 연구를 계속 이어갈 수 있음을 깨달았다. 그리고 소리를 이용해 우주에서 가장 에너지 넘치는 사건인 감마선 폭발에서 방출되는 빛에 대한 연구를 이어갔다. 또한 시력이 정상인 천문학자라도 음향자료화를 이용하면 데이터를 시각적으로 조사할 때 놓쳤던, 블랙홀의 존재를 알려주는 미묘한 신호를 감지할 수 있음을 보여주었다.

2020년 천문학자들은 음악가들과의 공동 작업을 통해 음향자료화가 밤하늘을 정확하면서도 아름답게 표현할 수 있음을 보여주었다. 킴벌리 아칸드, 맷 루소, 앤드루 산타기다는 찬드라 X선 관측소, 허블 우주 망원경, 스피처 우주 망원경에서 얻은 데이터를 편집해 '우리은하 주변에서 들려오는 소리'를 만들어냈다. 약 1분 정도의 영상에서 세로 막대기 하나가 은하 중심부 사진을 훑으며 지나간다. 그리고 그 과정에서 다양한 형태의 전자기 복사에 대해 항성들과 다른 광원들의 밝기에 따라 다양한 소리가 만들어진다. X선은 부드러운 종소리를 만들어내고, 적외선은 하프 비슷한 소리를, 가시광선은 바이올린이나 첼로를 손으로 뜯는 것 같은 소리를 만들어낸다. 그 결과 천상의 물줄기에서 반복적으로 나타나는 거품, 소용돌이, 흐름을 악기로 연주한 듯한 부드럽고, 잔잔한 우연의 음악이 탄생한다.

'우리은하 주변에서 들려오는 소리' '찬드라 딥 필드 사우스' 등의 다른 작품에서 공동 작업팀은 은하 중심부를 가로지르는 것이든, 심우주 속 은하와 블랙홀의 분포에서 나온 것이든, 반쯤 카오스적인 에너지 분포로부터 경이로운 음향을 창조해냈다. 하지만 천체들이 서로에 대해 거의 완벽하게 규칙적으로 움직이는 상황도 존재한다. 궤도 공명이라는 현상에서는 공통의 중심 주위를 도는 두 개 이상의 천체가 서로에게 규칙적이고 주기적인 중력을 행사한다. 보통 천체들은 공명이 더 이상 존재하지 않을 때까지 운동량을 교환하며 궤도를 바꾼다. 희망에 대한 카프카의 글을 응용해보자면, "조화는 존재하지만 당신을 위한 조화는 아니다". 하지만 이따금씩 공명 시스템이 스스로를 수정하며 안정될 수 있다. 케플러는 몰랐지만 태양계에도 여기에 부합하는 사례들이 존재한다. 예를 들면 목성의 위성 이오, 유로파, 가니메데는 목성의 궤도를 완벽한 1:2:4의 비율로 돈다. 이는 목성 궤도를 도는 데 두 번째로 가까운 위성인 유로파가 가장 가까운 위성인 이오보다 두 배 더 걸리고, 세 번째로 가까운 위성인 가니메데는 이오보다 네 배 더 걸린다는 의미다.

궤도 공명에서 일어나는 '공명'은 음파가 아닌 중력의 공명이지만, 음파로 손쉽게 전환할 수 있다. 시스템 사운즈라는 과학-예술 봉사 단체는 목성의 위성 모델을 수천 배 정도 빨리 돌려서 궤도를 몇 시간이 아니라 몇 초 만에 한 바퀴 돌게 만들어 타이트하면서도 꽤 펑키한 드럼 비트 패턴을 만들어냈다. 모델의 속도를 한층 더 끌어 올려 실제보다 2억 5,000만 배 빠르게 돌려보니 리듬이 하나의 음으로 변했다. 이오가 유로파보다 두 배 빨리 움직이고, 유로파가 가니메데보다 두 배 빨리 움직이기 때문에 이 세 소리가 세 옥타브에 걸쳐 동일한 음을 냈다(파장이 두 배가 되면 사람의 귀에는 한 옥타브 차이로 들리기 때문이다).

궤도 공명은 이제 은하의 다른 곳에서도 감지되고 있다. 2015년과 2017년 사이에 천문학자들은 트라피스트-1 주위를 도는 지구 크기 행성 일곱 개의 공명 사슬을 발견했다. 트라피스트-1은 지구로부터 약 40광년 떨어진 적색 왜성이다. 항성계 전체가 촘촘하고 작게 구성되어 있다. 트라피스트-1 자체는 목성 정도의 크기이고, 주변 행성들은 모두 수성과 태양과의 거리보다도 짧은 거리에서 궤도를 돌고 있다. 가장 안쪽에서 제일 바깥으로 궤도가 각각 8:5, 5:3, 3:2, 3:2, 4:3, 3:2 정도의 비율을 가지고 있다. 이것은 단6도, 완전5도, 완전4도의 음정에 해당한다. 한 모델에서 제일 바깥쪽(따라서 제일 느리고 제일 낮은) 행성의 속도를 끌어 올려 C3(가온 다에서 한 옥타브 아래) 소리가 나게 하면 나머지 행성은 G3, C4, G4, D5, B5, G6의 소리가 난다. 우주의 C 장9화음이 만들어지는 것이다.

트라피스트-1 항성계의 화성이 완벽하지는 않다. C 장9화음은 살짝 불안하다. 하지만 적어도 5,000만 년 동안 각각의 궤도 비율이 안정적으로 유지될 수 있게 행성들이 서로를 적당한 수준으로 움직여주었던 것으로 보인다. 음악, 즉 화성이 전체를 유지해준 것이다.

2017년과 2018년에는 시민 과학자들이 완벽한 화성에 가까운 또 하나의 행성계를 찾아냈다. 지구로부터 거의 600광년 떨어진 주계열성인 K2-138의 5개 내행성은 모두가 이웃 행성에 대해 거의 정확하게 3:2의 비율로 궤도를 돈다.

이것을 소리로 전환해보면 5도권이 된다. 지금은 이들이 완벽하게 조율되어 있는 상태가 아니지만 모델을 만들어보면 20억 년 전에 이 행성들이 갓 태어난 항성 주위를 도는 먼지 원반으로부터 형성되었을 때는 완벽하게 조율되어 있었음을 알 수 있다. 태어났을 당시 K2-138 행성계는 피타고라스가 꿈꾸었던 완벽한 천구의 음악을 만들고 있었던 것이다.

이런 발견은 광활한 새로운 영역의 일부로 밝혀질지도 모른다. 지금으로부터 30년 전만 해도 외행성(태양이 아닌 다른 항성의 주위를 도는 행성)은 실제로는 목격된 적이 없는 이론적 가능성으로만 남아 있었다. 하지만 지금은 수천 개의 외행성이 확인되었고, 이것은 우리은하의 외행성들 중 극히 일부에 불과할 것이 분명하다. 관측 가능한 우주 속의 수십 억 개의 다른 은하는 말할 것도 없다. 이 단순한 테마의 변주곡은 끝이 없을지도 모른다.

고대에 구상되어 중세와 르네상스 유럽에서 찬양받았던 천구의 음악이라는 개념은 변함없는 매력으로 사람들의 마음을 유혹하고 있다. 요하나 바이어는 1938년에 선구적인 전자음악 작품의 제목을 〈The Music of the Spheres〉라 붙였다. 콜드플레이가 2021년 앨범에 이 이름을 붙인 것도 그리 놀랍지 않다. 1977년에 개봉한 영화 〈스타워즈〉에서 존 윌리엄스가 작곡한 메인 테마곡은 대형 오케스트라 영화음악과 그보다 앞선 19세기 교향곡의 전통에서 당당히 한자리를 차지하고 있는데, 이 음악은 피타고라스가 당장 알아보았을 법한 5도 음정으로 구성되어 있다. 마찬가지로 1977년에 나온, 조지 크럼의 훨씬 더 복잡하고 까다로운 〈Star Child〉도 마찬가지다. 1999년에 시작되었고 반복 없이 천 년 동안 연주될 젬 피너의 〈Long Player〉는 결국 한 음악 속에서 일련의 종소리를 반복해서 연주하게 될 것이다. 작곡가는 이 음악이 모든 운동이 미리 결정되어 있는 행성계와 비슷하다고 묘사했다. 마이클 해리슨의 작품 〈Just Ancient Loops II〉에서는 첼로가 고대의 조율 체계를 따라서 목성의 위성의 궤도를 기준으로 음정을 연주한다.

　음악가들과 다른 사람들도 케플러와 갈릴레오 이후로 우주에 대한 인간의 이해가 심오하게 바뀐 것에 반응했다. '슈퍼노바'에서 트레버 위샤트는 거대한 항성 폭발의 빛스펙트럼과 거기서 만들어진 새로운 원소의 스펙트럼을 소리로 전환했다. 윌리엄 배신스키의 〈On Time Out of Time〉은 13억 년 전에 두 블랙홀이 합쳐지면서 방출된 중력파에서 뽑아낸 데이터로 작곡되었다. 2020년에 녹음된 막스 리히터의 〈CP1919〉에서는 1967년에 이루어진 펄서의 첫 발견에 대한 존경의 표시로 "고대의 천문학자들이 행성의 궤도를 기술하기 위해 가정한 것과 동일한 비율에 지배되는" 맥동과 리듬을 채용했다. 펄서는 규칙적으로 폭발적인 복사를 방출하는 소형의 천체다. (이에 앞서서 이 발견에 대한 헌정 작품이 조이 디비전의 1979년 앨범 《Unknown Pleasures》 커버에 등장하기도 했다.) 이 작품들을 비롯해서 존 콜트레인의 《Stellar Regions》, 카이야 사리아호의 《Asteroid 4179: Toutatis》, 파로아 샌더스의 《Promises》, 니나 시네프로의 《Space 1.8》 등의 작품들은 우주의 본질과 어울리는 음악은 대체 어떤 소리일까, 라는 질문을 탐구하고 있다.

　400년 전에 케플러는 밤하늘에 보이는 행성들이 오래전에 확립된 완벽이라는 개념에 따라 움직이지 않으며, 하늘에 불협화음이 존재한다는 사실을 발견하고 실망에 빠졌다. 하지만 케플러에게는 나쁜 소식이었던 것이 사실 우리에게는 좋은 소식으로 밝혀졌다. 초기 우주의 에너지 분포에 약간의 불규칙성이 없었더라면 물질이 뭉쳐서 항성과 은하를 형성하지 못했을 것이다. 그리고 한 가설에 따르면 태양계 역사

초기에 목성이 태양을 향해 안쪽으로 수백만 킬로미터 나선을 그리다가 다시 현재의 궤도로 경로를 틀지 않았다면 지구에는 생명이 존재하지 않았을지도 모른다. 이 한바탕 사건이 물을 풍부하게 담고 있는 소행성들을 지구로 밀어 넣어 바다를 만들어냈다고 한다. 만약 고대 우주에 덩어리들이 없었다면 에드 시런의 노래 제목인 'Shape of You'도 없었을 것이고, 목성의 요동이 없었다면 〈주피터 교향곡〉[8]도 없었을 것이다.

완전히 규칙적이고 예측 가능한 음악은 너무 비인간적이다. 아름다움은 불완전함에 있다. 에러(Error)를 '실수'라는 의미가 아니라, '방황하다', '길을 잃다'라는 의미의 라틴어 어원인 *errare*, 혹은 '흐르다'라는 의미의 산스크리트어 사촌인 *arsati*와 연결 짓는다면 생산적일 수 있다. 귀가 처리하고 마음이 이해하는 데는 한계가 있다. 하지만 존재하지 않는 무(無)와 존재하는 무 사이에서 새로운 천구의 음악들이 우리가 상상도 못 할 놀라움과 가능성을 쏟아낼지 모른다.

---

[8] 모차르트가 작곡한 마지막 교향곡 제41번 C장조, K.551. 웅장하고 위엄 있는 분위기가 로마 신화에 나오는 신들의 아버지 주피터를 연상시킨다고 하여 이름 붙여졌다.

51 천구의 음악 (2)

골든 레코드

53 골든 레코드

태양계 가장자리 너머 두 대의 우주선이 초속 16킬로미터가 넘는 속도로 태양에서 멀어지고 있다. 그 우주선은 금도금 구리로 만들어 10억 년 이상 보존이 가능한 구식 LP 레코드 음반에 새긴 지구의 소리를 싣고 있다.

NASA에서는 목성과 토성을 연구하기 위해 1977년에 보이저 1호와 보이저 2호를 발사했다. 외행성이 유리하게 정렬된 때를 활용해 보이저 2호는 천왕성과 해왕성 가까이로 날아가서 추가적인 이미지와 데이터를 지구로 보냈다. 지금까지 이런 일을 해낸 우주선은 보이저 2호밖에 없다. 한편 이미 해왕성의 궤도 너머로 날아간 보이저 1호는 카메라를 거꾸로 돌려서 1990년에는 지구가 하나의 점으로 보이는 사진을 촬영했다. 천문학자 칼 세이건이 이것을 두고 '창백한 파란 점'이라 묘사한 것이 유명하다.

두 우주선은 자기들이 지나쳐 가는 행성들의 중력장에 의해 새총처럼 밖으로 내던져지며 항성들을 향해 무한히 계속 나아갈 것이다. 29만 6,000년 후면 보이저 2호는 밤하늘에서 가장 밝은 별인 시리우스를 4.6광년 이내의 거리로 지나치게 될 것이다. 이 글을 쓰는 시점에서 두 보이저호는 계속해서 지구로 데이터를 보내고 있지만 2020년대 중반이면 이들은 마침내 동력이 바닥나서 침묵에 빠질 것이다. 그 후로 어떤 지적 존재가 나타나 둘 중 하나나 둘 모두를 발견해서 그 안에 들어 있는 레코드 음반을 재생해보지 않는 한, 이 두 우주선이 다시 말을 하게 될 가능성은 희박하다. 나머지 것들은 모두 변하겠지만 하늘의 변화가 제 갈 길을 가고, 시간이 그 이름을 잃는 날까지 이 두 우주선은 그대로 남을 것이다.

세이건이 소집한 작은 집단에 의해 선택된 레코드 음반 소리에는 해변에 부딪히는 파도 소리, 바람과 천둥의 소리, 새와 고래의 노랫소리, 25개 언어로 된 인사말, 사랑에 빠진 여성의 뇌에서 나오는 전기신호 소리 등이 들어 있다. 그 안에는 로리 시걸이 케플러의 『세계의 조화』를 바탕으로 작곡한 전자음악도 들어 있다. 그리고 음반에 새겨놓은 메시지와 이미지도 있다. 미국 대통령 카터와 UN 사무총장 발트하임의 메시지가 인쇄되어 있고, 풍경, 식물, 동물, 인체의 이미지도 새겨져 있다. 하지만 NASA에서는 임신한 여성의 성기와 배를 자세하게 묘사하는 것은 적절치 않다고 판단했다. 음반 커버에는 근처 14개 펄서의 서로 다른 리드미컬한 비트에 대한 태양의 상대적 위치가 기록되어 있다. 펄서는 회전하는 전자기복사 빔을 방출하는 항성이다. 이 빔이 등대에서 내보내는 신호처럼 우주 곳곳으로 퍼져나간다.

음반에 넣은 가장 중요한 보물 중 하나는 손으로 직접 새긴, '음악의 창조자인 모든 세계와 모든 시간에 바칩니다'라는 문구다. 바흐에서 척 베리에 이르는 27개의 음악 트랙은 그 기원과 종류가 너무 다양해서 여기서 간단하게 요약하기 어렵다. 하지만 그 음악들에는 한 가지 두드러지는 측면이 있다. 노래하는 사람의 탁월한 목소리와 직접성이다. 특히 남성이 조지아어 3부 화음으로 나누어 부르는 〈차크룰로〉 그리고 파이프 연주와 함께 달콤하면서도 놀라울 정도로 강력한 여성의 목소리가 울려 나오는 불가리아 민요 〈델요 하그두틴이 나오다〉가 그러하다.

마지막 네 개의 트랙 중에는 인간 정신에서 가장 본질적인 것은 말이 없는 음악을 통해 더 잘 표현할 수 있음을 암시하는 세 트랙이 있다. 그중 첫 번째는 2,000년 전에 작곡된 중국의 고전음악 〈흐르는 강〉이다. 관핑후가 칠현 거문고로 독주한 이 음악은 명상적이며 어떤 면에서는 대단히 단순하다. 〈흐르는 강〉은 고대인들이 세상의 피라 믿었던 강을 묘사하고 있을 뿐만 아니라, 작곡가인 백아와 종자기라는 나무꾼 사이의 위대한 우정에 대해서도 얘기하고 있다. 종자기가 죽자 백아는 거문고의 줄을 끊으며 다시는 이 곡을 연주하지 않겠다고 맹세했다고 전해진다. 이후 세대들은 계속해서 이 음악을 삶의 아름다움뿐만 아니라 우정에 대한 기념비로 여겨왔다.

《골든 레코드》의 크리에이티브 디렉터였던 앤 드리앤은 제작 및 발송 마감 기일이 얼마 남지 않은 상황에서 한 음악학 연구자의 도움을 받아 〈흐르는 강〉을 알게 됐다. 이 음악을 발견하고 들뜬 그녀는 세이건의 자동 응답기에 발견에 대한 메시지를 남겼다. 두 사람은 연애를 하고 있었고, 세이건은 회신 전화에서 그녀에게 청혼했다. 그리고 그녀는 청혼을 받아들였다. 두 사람의 이 로맨스는 열정적인 사랑에 빠진 한 젊은 여성의 녹음에 등장한 드리앤의 뇌에서 나온 전기신호로 《골든 레코드》에 실리게 됐다. 2017년에 포크 가수 짐 머리는 이 이야기를 자신의 노래 〈Sounds of Earth〉에 담았다.

《골든 레코드》 마지막에서 두 번째 트랙은 블라인드 윌리 존슨의 〈Dark Was the Night, Cold Was the Ground〉이다. 1927년에 녹음된 이 곡은 치직거리는 긁힌 소리가 많이 난다. 오래된 영화나 색 바랜 사진의 청각적 버전이라 할 수 있다. 기타 소리가 먼저 들려온다. 곡조를 연주하기 전 도입부에서 금속으로 현을 문지르는 가운데 블루 노트들이 흘러나온다. 그리고 존슨이 30초 정도 노래를 하기 시작한다. 그는 흥얼거리기도 하고 탄성을 내뱉기도 하지만 노래의 황량한 가사를 정확한 발음으로 내뱉지는 않는다('밤은 어둡고, 땅은 추웠네. / 주님이 누워 계신 땅 / 땀이 핏방울처럼 흘러내리고 / 그가 고통 속에서 기도하시니……'). 하지만 3분이 조금 넘는 이 곡은 그 후로 여러 세대에 걸쳐 블루스와 슬라이드 기타를 정의하는 데 도움을 주었다. 피에르 파올로 파솔리니는 1964년 영화 〈마태복음〉에서 이 곡을 사용했고, 1984년에 라이 쿠더는

'모든 미국 음악 중에서 가장 영혼이 충만하고 초월적인 작품'이라 부르며 이것을 바탕으로 〈파리 텍사스〉의 타이틀 곡을 만들었다.

《골든 레코드》의 마지막 트랙은 베토벤 현악 사중주 13번 중 '카바티나'다. 카바티나는 짧고 단순한 곡이고, 베토벤도 그렇게 작곡했다. 그는 2부로 작곡된 이 부드러운 테마 곡을 아다지오 몰토 에스프레시보, 즉 느리고 아주 표현력 있게 연주할 것을 요청하고 있다. 맥락을 고려하면 이 곡의 단순함이 더욱 두드러진다. 13번 사중주는 후기 사중주 중 가장 길고 야심 찬 것 중 하나이다. 베토벤은 이 카바니타를 사악할 정도로 복잡하고 정신없는 대푸가 앞에 연주되도록 할 생각이었기 때문이다. 이는 험한 산맥을 오르기 전에 햇빛이 점점이 드리운 숲속의 빈터를 통과하는 것과 비슷한 느낌이다.

음악학자 필립 래드클리프는 사람들이 카바티나에서 듣는 것이 서로 다르다고 말한다. "어떤 사람은 대단히 비극적인 음악이라 느끼는 반면 어떤 사람은 그 안에 담긴 평온함이나 종교적 열정을 강조합니다." 앤 드리앤은 카바티나를 처음 들었을 때 일종의 '인간적 그리움, 심지어 거대한 슬픔과 공포 앞에서 느끼는 인간적 희망'을 담아냈다는 느낌을 받았다고 한다. 《골든 레코드》가 그녀에게는 '베토벤에게 빚을 갚을 크나큰 기회'가 됐다. 나중에 드리앤은 그녀를 깜짝 놀라게 한 것 두 가지를 발견했다. 첫째, 작곡가 베토벤이 실제로 자신의 음악이 우주로 나가게 될 가능성에 대해 생각했었다는 점이다. 그는 한 작품의 여백에 이렇게 적었다. "그리스 신화에 나오는 천문을 관장하는 여신 우라니아의 별에서는 사람들이 내 음악에 대해 어떻게 생각할까?"(이것은 베토벤이 소년이었을 때 발견된 행성인 천왕성에 대한 이야기다.) 둘째, 카바티나가 들어 있는 사중주 악보에 베토벤이 'Sehnsucht'라고 적어놓았다는 것이다. 이것은 '동경'을 의미하는 독일어다. 드리앤은 말한다. "이것이 제게 깊은 감명을 주었습니다. 평화를 동경하고, 우주와의 접촉을 동경하는 것, 이것이 바로 보이저호 레코드 음반의 핵심이었으니까요."

거의 50년 전에 두 벌의 《골든 레코드》 음반이 우주로 쏘아 올려졌다. 오늘날에는 오래 보존될 가능성은 낮지만 전자장치에 훨씬 더 많은 정보를 저장할 수 있다. 새로운 우주 임무에 어떤 음악과 이미지를 실을 것이냐에 대한 이야기는 끊이지 않고 있다. 코미디언 스티브 마틴은 외계인들이 이미 인류와 접촉해서 "척 베리 음악을 좀 더 보내주세요"라는 말을 남겼다는 농담도 했다. 작곡가 필립 글래스는 바흐의 첼로 모음곡을 제안했다. 바흐의 음악은 이미 《골든 레코드》에 수록된 모든 음악 중 10분의 1 이상을 차지하지만, 글래스는 이렇게 말한다. "바흐의 음악은 당신의 손을 잡고 당신이 존재하는지도 몰랐던 존재의 상태로 당신을 안내해줄 것입니다." 그는 또한 아프리카 음악, 배음 창법[9], 남부 인디아의 플루트 연주도 제안했다. 하지만 작가 미레일 주차우는 아무리 고민해도 만족스러운 조합을 찾기가 불가능하다고 주장했다. "생각하고 또 생각할수록 우리의 현재 순간에 펼쳐지고 있는 아름다움과 파멸을 동시에 담아낼 가능성은 점점 더 낮아지는 듯 보인다."

---

[9] 배음(倍音)을 이용해서 낮은 음과 높은 음을 동시에 내는 창법.

II. Geophony

지오포니: 지구의 소리

리듬 (1) : 행성 파동

61   리듬 (1) : 행성 파동

시바에 관해 지금까지 알려진 가장 오래된 묘사는 기원전 6세기로 거슬러 올라간다. 이것은 우리가 아는 시간을 초월하는 비전을 표현하고 있다. 춤의 신으로 묘사된 이 신은 우주의 지속적인 창조와 파괴를 표상하는 불의 원 안에서 움직인다. 그는 한 손에는 창조의 행위와 시간의 흐름을 알리기 위해 두드리는 북인 다마루를 들고 있다. 다른 한 손에는 다마루가 창조한 모든 것을 소멸시키는 파괴의 불꽃인 아그니를 들고 있다. 과학적 이해로 보나 이 비전에서 보나 많은 현상이 리듬의 영향을 받는다. 리듬이란 시간과 공간에 걸쳐 규칙적으로 되풀이되는 패턴이다. 언어학자 빈센트 바를레타는 이렇게 적고 있다. "우리의 지각이라는 관점에서 말하자면 이것은 물 밖으로 드러난 거대한 해저 화산의 꼭대기에 불과하다."

사람에게는 수면과 각성의 주기만큼 근본적인 리듬이 없다. 이것은 우리가 매일 아침 빛 속으로 깨어나는 일상의 기적이다. 그리고 이 리듬은 지구보다 먼저 존재했던 주기에 기원을 두고 있다. 약 46억 년 전 거대한 분자 구름의 일부가 내부로 붕괴하면서 중력, 압력, 자기장이 함께 작용해 가스, 먼지, 바위로 이루어진 회전 원반을 만들어냈다. 시간이 지나면서 그중 99.8퍼센트는 중심부에 모여 태양이 된 반면, 나머지 대부분은 팽이처럼 돌아가는 행성이 됐다. 스케이트 선수나 발레리나가 팔을 안쪽으로 모으면 회전 속도가 더 빨라지는 것처럼, 이 각각의 행성도 자신의 중심부로 밀집될수록 회전 속도가 더 빨라지는 작은 소용돌이였다.

지구는 형성될 당시에 워낙 빠른 속도로 회전하고 있었기에 밤낮의 한 주기가 네 시간에서 여섯 시간밖에 안 되었을 수도 있다. 그 후로 우리 행성의 자전 속도는 계속 느려졌지만 요즘에도 여전히 무서운 속도로 돌고 있기 때문에 적도 지역에서는 바위, 바다, 대기가 초속 약 460미터의 속도로 회전하고 있다. 이는 음속보다도 약 30퍼센트 빠른 것이다. 현재 지구의 자전 속도는 100년에 대략 0.0017초씩 느려지고 있지만 이런 변화 속도는 생명체가 감지할 수 없는 것이라서 지구 위 생명체들은 거의 완벽하게 규칙적인 명암의 리듬을 타는 행성에서 살고 있는 셈이다.

30억 년 전 광합성을 통해 햇빛을 처음으로 활용한 생명체인 남세균은 자신의 대사를 태양시와 동조시키기 위해 일종의 생화학적 진동자인 일주기(日週期) 시계를 진화시켰다. 남세균이 지구 전체로 퍼져나가 막대한 양의 산소가 바다와 대기로 분출되면서 우리가 아는 형태의 생명체가 진화할 수 있게 되었다. 이 작은 생명체는 시간이 흐르며 점점 더 길어지는 하루 주기에 적응하면서 여전히 지구 위 생명의 근간을 이루고 있다.

바다 깊은 곳이나 바위 속에 살지 않는 대부분의 생명체처럼 인간도 남세균처럼 밤과 낮을 추적하는 분자 메커니즘을 갖고 있다. 우리의 체온, 혈압, 호르몬에는 강력한 하루의 리듬이 존재한다. 일주기 리듬은 각성, 기분, 면역 세포의 활성, 음식에 대한 몸의 반응을 조절하는 화학물질의 분비를 지배한다. 이런 리듬 진폭의 감소나 붕괴는 수면 장애 및 여러 질병과 관련되어 있다.

선조의 몸속에 자리 잡고 있던 최초의 시간 기록 메커니즘 중 일부는 빛에 반응하는 일주기 시계가 아니라 바다의 움직임에 반응하는 조수 주기 시계로 진화했을 가능성이 있다. 조수 역시 리듬을 만들어낸다. 조수는 달과 태양의 인력에 반응해서 대양 분지 둘레로 소용돌이치는 길고, 빠르고, 얕은 파도의 일부로 바닷가에서는 밀물과 썰물로 그 존재를 드러낸다. 그리고 이런 리듬에 의해 해초와 그 위에 사는 동물

같은 생명체들은 복잡한 형태로 진화시키고 서로 연결된
준정렬 구역을 조직했다. 예술가 싱네 리덴과 생물학자 아르옌
뮐더르는 수십억 년에 걸친 행동의 산물인 이런 생명체들을
조수의 '생각'으로 볼 수 있다고 제안했다. 그녀의 프로젝트인
'조수의 감각'에서 리덴은 노르웨이 북부 로포텐제도의
바닷가에 28미터짜리 캔버스를 설치했다. 이 캔버스는
마이크에 들어 있는 진동 감지막의 대형 버전이라 할 수 있다.
그리고 이 캔버스로 물속과 물 위의 소음들을 녹음했다. 특히
그녀는 다른 모든 소리 사이에서 공명하는 깊은 원거리의
원형맥동을 들었다.

　음향생태학자 고든 헴프턴은 밝아오는 새벽이 동에서
서로 휩쓸고 지나며 각각의 대륙과 섬에서 차례로 새들의
새벽 합창이 시작될 때 지구를 돌고 있는 노래의 파동에 우리
상상의 귀를 기울여보자고 제안한다. 여기에 두 종류의 파동을
더할 수도 있겠다. 첫 번째는 남조류와 다른 플랑크톤이
해가 뜰 때마다 광합성을 시작하면서 만들어내는 작은 산소
방울들이 해수면으로 올라와 뽀글뽀글 터지며 내는 거의 감지
불가능한 작은 소리다. 두 번째는 조류가 밀려오고 밀려가며
만들어내는 수많은 소리의 파동이다. 물이 바위투성이 수로를
밀어내거나 빨아들인다. 동물이 모이고 흩어진다. 영국제도
주변처럼 썰물이 강한 북부 해역에서는 물러나는 물살에 쓸려
나온 생명체들을 먹고 사는 사냥감들을 다시 돌고래, 해달,
북양가마우지, 기타 포식 동물들이 사냥한다.

　육지라는 장벽의 방해를 받아 전체적인 위상과 어긋나는
바람에 조류가 국소적으로 복잡해질 수 있다. 영국 주변에서는
조류가 시계 방향으로 움직이면서 말 그대로 조수 시계를
만들어낸다. 그래서 남서부 해안의 콘월이 만조가 된 뒤 약
다섯 시간 후에 스코틀랜드 북동부 해안의 오크니가, 열두

시간 후에 잉글랜드 북동부 해안의 험버강이 만조를 맞는다. 역사가 데이비드 갠지같이 숙련된 카약 선수는 한밤중에도 서부 해안의 거대한 바위, 바다 절벽, 바다 동굴에서 철썩이는 조류의 소리를 듣고도 길을 찾을 수 있다.

매일 이어지는 밤낮과 조수보다 시간 간격이 훨씬 긴 행성 리듬도 존재한다. 지구의 자전축은 공전 궤도에 대해 기울어져 있기 때문에(이는 원시 지구가 생겨난 초기에 화성 크기의 행성과 충돌하면서 일어난 결과일 수 있다) 1년 중 절반은 북반구가 태양을 향해 기울어져 따듯해지고, 남반구는 태양에서 멀어지는 쪽으로 기울어지게 된다. 북반구에서는 매년 눈이 찾아왔다가 물러나며 곳곳에서 식물이 싹을 틔우는 것을 통해 계절의 변화를 눈으로 확인할 수 있다. 우주에서 저속 촬영한 이미지를 보면 거대한 심장이 맥동하거나, 행성의 허파가 움직이는 것처럼 보인다.『북극을 꿈꾸다』에 배리 로페즈는 이렇게 적었다. "나는 땅의 호흡을 생각한다. 땅은 봄이면 빛과 동물을 크게 들이마신다. 그리고 여름에는 길게 숨을 죽이고 있다가 가을이면 숨을 내쉬어 그 모든 것을 남쪽으로 몰아낸다."

시인 루이즈 글릭은 "계절은 우리의 가장 오래된 비유이고, 기분이며, 느낌의 구조이기도 하다"고 말했다. 매년 돌아오는 계절에서 안도감을 찾을 수도 있다. 안도감이 아니면 토머스 하디의 시「자랑스러운 가수들」을 배경으로 제럴드 핀지가 표현한 것처럼 적어도 지나치는 것에 대한 경이로움은 느낄 수 있다. 이 음악에는 생명의 변화에 대한 경이로움이 담겨 있다. 서정적이고 과장된 피아노 음악이 사라지며 우리를 침묵 속에 남겨, 생겨나고 사라져가는 것들을 흡수할 수 있게 해준다.

그리고 훨씬 더 큰 리듬도 있다. 계절을 만들어내는 공전 궤도에 대한 지구의 자전축 기울기는 약 4만 1,000년에 걸쳐 22.1°와 24.5° 사이를 오간다. 이것이 목성과 토성의 중력장 때문에 생기는 지구 궤도와 태양 사이의 거리 변동 같은 다른 주기의 영향력과 합쳐져 수만 년에서 수십만 년의 기간에 걸쳐 지역 기후가 더 따뜻해지고 추워지는 반복적인 진행이 만들어진다. 이렇게 해서 생긴 결과물을 윤회층이라는 바위 층의 반복 진행에서 눈으로 확인할 수 있다. 윤회층은 다층 케이크처럼 생긴 석판을 형성할 수 있다. 작가 애덤 니컬슨은 스코틀랜드 사운드 오브 멀 북부 해안 바위에서 이 '상존하는 시간의 도서관'을 본다. 사운드 오브 멀에는 '지구의 수많은 노래 중에서도 제일 느린 노래' 속에서 청회색 석회석과 석회가 풍부한 진흙, 그리고 검은 이판암 층이 쥐라기 초기 바다에 수백만 년에 걸쳐 쌓이고, 또 쌓여 있다.

시인 겸 소설가 짐 해리슨은 "지질학적 시간에서 보면 우리는 존재하지 않는 것이나 마찬가지다"라고 말했다. 하지만 그것은 우리 안에 존재한다. 밤과 낮, 계절, 조수, 그리고 장기적인 변화의 리듬들이 우리 자신의 리듬에 영향을 미치고, 우리가 지각하고 살아가는 방식에도 영향을 미친다. 생태학자 알도 레오폴드의 말처럼 맥동하는 거대한 화성이 존재한다. 그 악보는 천 개의 언덕 위에 새겨져 있고, 그 음표는 식물과 동물의 삶과 죽음이며, 그 리듬은 몇 초에서 몇백 년에 걸쳐져 있다.

가장 큰 소리

67 가장 큰 소리

지구의 최근 역사에서(지구의 모든 역사를 1년으로 압축한다면 크리스마스 다음 날) 가장 큰 소리 중 하나는 6,600만 년 전에 멕시코 유카탄반도의 칙술루브 근처에 소행성이 충돌하며 난 소리였다. 이 사건으로 공룡을 포함해서 알려진 생물 종의 약 4분의 3이 멸종했다(아마도 거대한 화산활동이 함께 작용했을 것이다).

직경이 10킬로미터가 넘고 질량은 10조 톤이 넘었던 이 소행성은 초속 20킬로미터의 속도로 움직이고 있었다. 이는 에베레스트산보다 더 큰 바위가 총알보다 20배나 빠른 속도로 지구와 충돌한 것과 같다. 소행성이 땅과 충돌하기 직전에 그 밑에 있는 대기를 엄청나게 압축했기 때문에 그곳의 공기 온도가 태양 표면보다 뜨거워졌다.

충돌 자체의 에너지는 TNT 1억 메가톤 혹은 역사상 가장 큰 열핵무기 실험의 200만 배에 맞먹었다. 이 충돌은 즉각적으로 깊이 30킬로미터, 폭 100킬로미터의 구멍을 만들었다. 그 후로 몇 초에 걸쳐 지구의 지각이 돌멩이를 집어던진 뒤의 연못처럼 출렁거렸고 충돌 부위 둘레로 잔물결 모양으로 봉우리들과 땅이 솟아올라 히말라야만큼 높은 산맥이 됐다.

폭발에서 발생한 압력파가 동심원을 그리며 지구 전체로 퍼져나갔다. 이 충돌을 연구하는 과학자 제이 멜로시는 이때 무슨 일이 벌어졌는지를 축소판으로 보여준다. 그는 1킬로미터 떨어진 곳에서 불과 수백 톤의 고성능 폭탄이 폭발하며 만들어낸 충격파를 목격한 적이 있다. 그는 기자 피터 브래넌에게 이렇게 말했다. "공중에서 충격파가 보입니다. 마치 완전한 침묵 속에서 커지는 빛나는 비누 거품처럼 보여요. …… 그 거품이 아주, 아주 빨리 커지다가 쾅 하는 소리가 들리죠. 하지만 그 소리가 들리기 전에 먼저 발이 흔들리는 것을 느낄 수 있습니다. 지진에너지가 소리보다 빨리 전파되니까요."

칙술루브 소행성 충돌의 규모를 가늠해볼 수 있는 또 다른 방법은 실제로 들어본 사람이 있는 가장 큰 소리와 비교해보는 것이다. 1883년 8월 27일에 크라카타우 화산이 분출하면서 30킬로미터 정도 떨어진 자바섬과 수마트라섬의 해변에 45미터 높이의 쓰나미가 일어나 3만 6,000명에서 12만 명이 목숨을 잃었다. 당시 크라카타우 화산에서 64킬로미터 떨어져 있던 선박 노럼 캐슬의 선장이 적기를, 그 폭발이 어찌나 격렬했던지 자신의 승무원 중 절반 이상이 고막이 터졌다고 했다.

160킬로미터 이상 떨어진 곳에서 크라카타우 화산 폭발의 소리가 172데시벨로 측정됐다. 이는 사람이 귀에 통증을 느끼는 역치보다 여덟 배나 큰 소리다. 그리고 바로 옆에 서서 듣는 제트엔진 소리보다 네 배나 큰 소리다. 크라카타우 화산 소리는 2,100킬로미터 떨어진 안다만 니코바르제도에서도 들렸고('포를 쏘는 것 같은 이상한 소리가') 3,200킬로미터 떨어진 뉴기니와 호주 서부에서도 들렸고('대포 소리와 비슷한 큰 폭발음이 연속적으로······') 4,800킬로미터 떨어진 인도양의 모리셔스 근처 로드리게스섬에서도 들렸다('멀리서 대포 소리 같은'). 폭발 소리가 들리는 범위를 벗어난 지구 반대편의 기상관측소에서도 폭발 몇 시간 후에 음파가 퍼져나가면서 기압이 치솟는 스파이크가 측정됐다. 폭발의 속삭임인 이 압력파는 약 5일에 걸쳐 각각의 방향으로 지구를 서너 바퀴 돌았다. 지구를 한 바퀴 돌 때마다 서른네 시간 정도가 걸린 것이다.

칙술루브 소행성 충돌은 크라카나우 화산 폭발보다 50만 배 정도 강력했고, 그에 따른 소리와 대혼란도 그만큼 어마어마했다. 하지만 그 여파와 잔해 속에서도 생명은 결국 번성할 새로운 방법을 찾아냈다.

69 가장 큰 소리

북극광

71 북극광

북극광 혹은 오로라에 대한 옛이야기들은 하늘에 대해 마음껏 펼친 인간의 상상력을 보여준다. 그린란드에서는 이 빛이 태어날 때 죽었지만 지금은 하늘에서 춤을 추고 있는 아이들의 영혼이라 말한다. 어떤 이는 이 빛이 바다코끼리의 머리뼈를 가지고 공놀이를 하는 정령들이(혹은 사람의 머리뼈를 가지고 공놀이를 하는 바다코끼리의 정령들이) 만들어내는 것이라 말한다. 캐나다 동부의 앨곤퀸족에게 이 빛은 자신들의 창조자인 나나보조가 사람들에게 자신이 그들을 생각하고 있음을 상기시키기 위해 켜놓은 불이 반사된 것이다. 핀란드에서는 여전히 이것을 '여우 불'이라고 부른다. 여우가 눈 덮인 풍경을 뛰어다니며 꼬리로 하늘에 다채로운 불꽃을 일으킨다는 신화에서 나온 말이다.

오로라에 대한 과학적 설명은 우리의 상상력을 우주의 광활함, 그리고 물질의 환원 불가능한 기묘함과 연결해준다. 오로라는 태양에서 출발해 수천만 킬로미터의 텅 빈 공간을 가로질러 온 태양풍 속 전하를 띤 플라즈마 입자들 일부가 지구 자기장과 상호작용하면서 생긴다. 극지방에서는 지구 자기장이 지면에 대해 거의 수직으로 서 있는데, 지상에서 100킬로미터 부근의 높이에서 플라즈마 입자와 만난 공기 분자들은 플라즈마 입자로부터 받은 에너지를 빛의 형태로 방출한다. 산소는 초록색이나 빨간색, 질소는 파란색이나 보라색의 빛을 방출한다.

오로라가 소리를 낸다는 당혹스러운 보고도 있다. 탐험가 크누드 라스무센은 20세기 초에 이누이트족이 가끔 하늘을 가로지르며 펼쳐지는 휘파람 소리, 바스락 소리 등을 듣는다는 글을 썼다. 그는 그들의 전설에 따르면 휘파람 소리에 휘파람 소리로 대답을 하면 빛이 더 가까이 다가오고 심지어 자기를 위해 춤도 춰준다고 했다. 일부 유럽인도 그런 잡음을 들었다고 보고한 적이 있다. 1827년에 출판된 『라플란드와 스웨덴의 겨울』에 나오는 여행 이야기에서 박물학자 아서 드 카펠 브룩 경이 그런 경우를 설명한다. "불빛이 대단히 밝고 그 움직임도 유달리 빨랐다. …… 밤은 완전히 고요하고 조용했고, 탁탁거리는 소리가 빛이 있는 방향에서 들려오는 것 같았다." 수년에 걸쳐 등장한 다른 설명들을 보면 이 소음을 휙 소리, 비단 치마에서 나는 바스락 소리, 뜨거운 냄비에서 베이컨이 지글거리는 소리, 새 떼 소리, 심지어 소총을 발사할 때 나는 소리에 비유하기도 했다.

오랫동안 많은 연구자들은 이런 보고들을 무시했다. 오로라는 아주 높은 곳에서 발생하기 때문에 설사 어떤 소리가 나더라도 땅 위에서 들릴 리가 없기 때문이다. 하지만 1990년에 한 젊은 음향 과학자가 그런 상황을 바꾸는 데 도움이 될 경험을 한다. 핀란드 북쪽 지역에서 열린 재즈 페스티벌을 즐기다가 쉬려고 운토 라이네와 한 친구가 찬 밤공기 속으로 나섰다. 워낙 외딴 지역이고 바람도 없어서 거의 완벽한 고요를 기대하고 나갔지만 대신 두 사람은 머리 위에서 들려오는 소음을 들었다. 그 소음은 오로라의 움직임에 맞추어 요동치는 것으로 보였다.

라이네는 그 경험을 반쯤 잊고 있었지만 1999년 그 페스티벌에 다시 와서 똑같은 소리를 다시 듣게 되자 조사를 해봐야겠다고 마음먹었다. 수십 번에 걸쳐 추가적으로 관찰을 하고, 2012년에는 정체를 알 수 없는 이 소리를 처음으로 녹음해보고 나서 대체 무슨 일이 벌어지고 있는지 설명할 수 있을 것 같았다. 그는 지상에서 들을 수 있는 소리는 코로나 방전에 의한 것이라고 말했다. 코로나 방전은 송전선 같은 고전압 전기장치 주변에서 은은한 파란 불빛을 만들어내는 것과 동일한 현상을 말한다. 이때 웅웅거리는 소리가 동반되는

경우가 있다. 여기에 필요한 전압이 만들어지려면 높은
양전하와 음전하가 서로 가까운 곳에서 축적되어야 한다.
라이네는 아주 추운 저녁에 우리 머리 위에서 이런 일이
일어날 수 있다고 생각했다. 그런 저녁에는 땅이 꽁꽁 얼면서
바로 위 공기가 냉각된다. 차가운 공기는 몇백 미터 위 역전층
바닥에서 따뜻한 공기층 아래 갇힌다. 땅과 가까운 음이온들이
이 층까지 솟아오르지만 그 층을 넘어 위로 올라가지는 않는다.
한편 양이온들은 그 위쪽 면에 자리를 잡는다. 이미 현저하게
높아진 이 전위가 오로라에 의해 훨씬 더 높아지면 갑작스러운
방전이 일어나면서 자외선 복사와 자기장 펄스, 그리고 소리를
만들어낸다고 라이네는 설명한다. 이 모든 일이 우리 머리 위
불과 몇십 미터나 몇백 미터에서 일어난다. 보통 100킬로미터
이상의 높은 고도에서 일어나는 오로라보다는 훨씬 낮은
곳에서 일어나는 현상이다.

 라이네가 탁탁거리는 소리, 숨죽인 쿵 소리 등으로
묘사하는 이 소리는 몇 분의 1초 정도만 지속되고 보통 20에서
40데시벨 사이의 크기다. 사람이 속삭이는 소리 정도라 보면
된다. 하지만 가끔 60데시벨 정도로 커질 수 있다. 평소에
사람이 몇 미터 거리에서 말할 때의 소리 정도다. 이런 일은
지자기 폭풍이 특히 강하고 지면과 가까운 공기가 움직임 없이
아주 차가울 때 제일 많이 일어난다. 하지만 사람들은 이야기를
나누거나 사진을 찍느라 이 소리를 놓치는 경우가 많다고
한다. 그는 이렇게 말했다. "이 소리를 듣고 주변 다른 소음과
구분하려면 아주 신경 써서 귀를 기울여야 해요."

 작곡가 샘 퍼킨은 라이네의 탐구와 발견을 그린 작품을
썼다. 〈두 현악 삼중주와 전자악기를 위한 알타〉에서는
현악기의 어른거리는 화성이 천천히 쌓이다가 어느 시점에
가서는 오로라를 녹음한 소리가 천상의 타악기처럼 표면을

찢고 올라온다. 이 작품은 2020년 초에 노르웨이 알타에 있는 북극광 대성당에서 처음 연주되었다. 북극광 대성당은 불규칙하게 자리 잡은 가늘고 키 큰 창문들이 오로라와 비슷한 방식으로 재단 뒤쪽 벽에 빛을 드리우는 구조이다. 그래서 '지구에 쏟아지는 태양 폭풍의 북소리' 북극광이 건축물과 음악 모두에서 울려 퍼졌다.

한편 어떤 이들은 소리가 없는 오로라의 전자기파 자체를 신시사이저를 통해 우리가 들을 수 있는 유사 소리로 전환했을 때 만들어지는 소리의 세계를 탐구한다. 거기서 나오는 결과물은 고래 울음소리, 개구리 우는 소리, 이상한 새의 지저귐처럼 들린다. 이 소리를 이용해 〈오로라〉라는 작품을 만든 소리 예술가 매슈 버트너는 말한다. "정말 태양계와 접촉하고 있는 느낌이 들어요."

75 북극광

화산

당신이 있을 법하다 생각했던 것보다도 훨씬 더 큰 괴물
한 마리가 거대한 동굴 속에서 혼자 흥얼거리고 있다. 바다
밑바닥에 있는 가믈란[10]에 전자 피콜로를 연주하는 외계의
존재가 합류한다. 하와이 대학교의 초저음 연구소에서 감지한
휴화산의 소리가 이런 식이다. 이 연구소의 주요 임무는 포괄적
핵 실험 금지 조약을 위반하는 인간의 활동을 귀 기울여
감시하는 것이지만, 하와이의 가장 큰 섬에 있는 킬라우에아
화산이 지하에서 우르릉거리는 소리를 비롯해서 지구 그
자체에서 만들어내는 소음을 편집하는 작업도 겸하고 있다.
이 소리는 따로 가공하지 않으면 너무 낮아서 인간의 귀로는
들을 수 없다. 하지만 100배나 200배 정도 속도를 높이면 음향
파일로 저장이 가능하다. 그래서 우리 행성이 만들어내는 소리
도서관의 규모가 점점 커지고 있다.

지각판과 화산활동에서 나오는 소리와 진동은 지구
표면과 내면에서 가장 강력하고 멀리 퍼져나가는 소리 중
하나다. 라몬트 도허티 지구 관측소의 지진음 연구소에서
이 소리를 시각화해 만든 사이스모돔은 대부분의 지진이
동심원을 이루어 잔물결처럼 퍼져나가며 지구를 종처럼
울린다는 것을 보여준다. 남대서양 어센션섬 근처에 있는
수중청음기는 지구 반대편 해저화산의 소리를 감지할 수
있다. 화산 분출은 지구에서 인간이 들을 법한 가장 큰 소리를
만들어낼 수 있지만, 가장 강렬한 진동은 보통 가청 범위보다
한참 아래인 초저음이다. 보통 1헤르츠의 주파수에 길이가
수백 미터에 이르는 이 파장은 화산 분화구의 크기에 의해
대체적으로 결정된다. 트럼펫 같은 악기에서 혼의 크기와

---

10 인도네시아의 전통음악 연주. 목제, 죽제, 금속제 따위의 타악기를 사용한 기악 합주를 말한다.

모양이 악기의 음높이와 음색을 결정하는 데 도움을 주듯이 화산 분화구의 크기도 그와 비슷한 방식으로 소리를 조절한다.

수십 년 동안 화산학자들은 화산 폭발의 횟수를 세고 화산 분출의 강도를 추적하기 위해 초저음을 감시해왔다. 근래에는 다음에 일어날 일을 더 정확히 예측할 목적으로 소음에서 나타나는 변화의 특성을 감시하며 화산이 분출하기 전에 나는 소리에도 귀를 기울이기 시작했다. 일반적으로 주어진 임의의 시점에서 전 세계적으로 50개 정도의 화산이 '분화 지속 상태'에 있고, 이 중에서 남극에서 아이슬란드까지, 일본에서 페루까지 어디서든 20개 정도는 어느 날에든 활발하게 분화할 가능성이 있다. 이들은 수많은 소음을 만들어내지만 음파 말고 다른 종류의 파동도 만들어낸다. 2022년 1월 통가 화산 분출은 견고한 암반에 초속 수백 킬로미터의 속도로 지구 둘레를 몇 바퀴 도는 파문을 일으켰다. 적어도 대기권 최상층의 우주 가장자리까지 뻗어나가는 중력파도 만들어냈다.

화산 분출은 가청주파수에 속하는 다양한 소리도 만들어낸다. 수천 년 동안 사람들은 화산 분출과 거기서 나오는 소리에 대해 이야기할 방법들을 찾아냈다. 호주 남동부의 군디츠마라족 사람들은 '버지 빔'이라는, 화산으로 몸이 바뀌어 자신의 이빨을 용암으로 뱉어낸 거인의 이야기를 전한다. 이는 그들의 조상들이 3만 7,000년 전에 관찰했던 실제 사건을 암시하는 이야기다. 18세기 초에 과테말라 푸에고 화산의 극적인 폭발을 목격한 사람들은 론로네오(고양이의 가르릉 소리), 리툼보(우르릉 소리), 브라미도(포효 소리), 에스트루엔도(굉음/폭발음) 등의 다양한 소리에 대해 얘기했다. 화산학자 데이비드 파일은 탄자니아 외딴곳에 있는 기이한 화산인 올도이뇨 렝가이에서 들은 소리가 현장에서 수십 년 동안 연구하면서 들었던 가장 이상한 소리 중 하나였다고 말해주었다. 이 화산은 1988년 어느 안개 낀 아침에 빅토리아 시대의 기차처럼 '칙칙폭폭' 하는 소리를 냈다고 한다. 2021년 봄부터 가을까지 아이슬란드 파그라달스퍄들 화산에서도 용암이 분출하는 동안에 그와 비슷한 부드러운 소리가 들렸다. 이는 폭발이라기보다는 유출에 가까운 아주 아기자기한 화산 분출이다. 대부분 천천히 솟아나는 용암에서 불과 몇십 미터 떨어진 곳에서도 사람이 안전하게 걸을 수 있을 정도다. 이런 화산은 해당 지역의 사람들이나 전 세계 관광객을 끌어들이는 명소가 된다. 사람들은 이곳에서 소풍도 즐기고 그 옆에서 결혼식을 치르기도 한다. 작가 겸 영화제작자 안드리 스나이르 망나손은 개울처럼 흐르는 용암 줄기가 만들어내는 소리풍경을 두고 마치 화산이 사람의 마음을 달래듯 더 가까이 다가오라고 유혹하며 속삭이는 것 같다고 묘사했다. 그가 트위터에 게시한 클립을 보면 밝은 주황색 용암에서 불과 몇 미터 떨어진 곳에서 낮은 산과 황야에서 자라는 야생화 헤더가 멀쩡하게 꽃을 피우고 있었다. 그는 파괴에 관여하면서 동시에 자연을 보호하고 보존하는 역할도 함께 하는 힌두교의 여신을 "칼리가 제 할 일을 하고 있다"고 적었다.

    내가 파그라달스퍄들 화산에서의 경험에 대해 망나손과 대화를 나누었을 때 그는 그 소리가 마치 우퍼 스피커나 일종의 심호흡처럼 정말 부드럽고 온화한 느낌이었음을 강조했다. 그는 "마치 『어린 왕자』에서 왕자가 사용하는 작은 화산 같았습니다"라고 말했다. 또한 일반적인 경험을 뛰어넘는 힘과 연결되는 느낌을 받았다고 적었다. "그것은 행성, 생명의 기원, 만물의 창조, 물질과 대륙의 재활용, 지구를 지금의 모습으로 만든 원소 등에 관한 느낌이었다. 결국 그 현장은 공포나 지옥과는 아무런 관련이 없었다. 그것은 파괴와 창조가 동시에 일어나는 현장이었다."

작가 하이디 줄라비츠도 그해 봄에 파그라달스퍄들 화산에 방문해보고 비슷한 결론에 도달했다. 하지만 그녀가 설명한 용암 소리는 위에서 꾸르륵하고 소화가 되면서 나는 소리에서 바다의 포효 소리까지 다양했다. 그녀가 남편한테 연기가 피어오르는 용암 현장의 동영상을 보냈더니 남편이 이렇게 답장을 보내왔다. "마치 한 도시가 폭격당하는 모습을 보는 것 같아." 줄라비츠는 이 현장에서 소멸과 정반대되는 느낌을 받는다고 답장을 보냈다. 하지만 그녀는 곰곰이 생각해본 후에 두 반응 모두 정확하다는 결론을 내렸다. "화산 분출은 파멸과 진보 사이의 구분을 무너뜨린다."

파그라달스퍄들 화산은 아주 오래된 큰 그림을 바늘구멍으로 들여다보는 것과 비슷했다. 화산활동이 없었다면 지구의 물은 대부분 수십억 년 전에 지각과 맨틀에 갇혔을 것이고, 바다 위로 솟아오른 육지도 없었을 것이고, 호흡할 수 있는 대기도 없었을 것이다. 따라서 당신이 귀 기울여 듣는 화산 소리는 애초 지구에 생명의 존재를 가능하게 해준 과정이 내는 소리인 것이다. 그리고 이 소리는 지구에서 가장 파괴적인 내재적 힘이 내는 소리이기도 하다. 2억 5,100만 년 전 페름기의 마지막에는 화산활동이 급격히 증가해서 화산에서 방출되는 이산화탄소 때문에 지구의 온도가 급속히 상승했다. 그 결과 육상 생물 종의 70퍼센트, 해양 생물 종의 80퍼센트가 멸종했다. (인간 활동에 의한 온실가스 배출이 현재의 속도로 계속 이어질 경우 그 파괴적 영향력은 이를 뛰어넘을 수 있다. 현재 온실가스 배출은 페름기 화산활동의 약 열 배 규모다.)

소리 예술가 제즈 라일리 프렌치는 오랫동안 가만히 앉아서 소리에 주의를 기울이는 '지속적 귀 기울임'을 진행하면 그 장소가 정상적 주의력의 한계를 뛰어넘어 우리 안으로 파고 들어올 수 있다고 주장한다. 나는 파그라달스퍄들 화산이 분출하는 동안 그곳을 방문할 기회가 없었지만 이런 이유 때문에 '화산 옆에 앉아 있기'라는 아이디어가 매력적으로 느껴진다(물론 안전이 확보되어야겠지만). 용암이 흘러나오면서 새로운 형태로 펼쳐지는 것처럼 열린 지각 틈새에서 새어 나오는 우르릉 소리, 호흡 소리, 꾸르륵 소리에 귀를 기울이는 것 역시 나의 주의를 확대하는 방법이 되어주었으면 좋겠다.

천둥소리

욥기에서는 야훼 신에 대해 이렇게 말하고 있다. "들으라, 그분의 성난 목소리를 들으라. 그분께서 위엄의 목소리로 천둥을 치시니." 이에 관해서는 여섯 대륙과 그 바깥쪽 섬들의 신과 정령에 대한 이야기에서도 등장한다. 이들은 하늘에 울려 퍼지는 우레와 함께 파괴와 생명의 비를 내리는 존재다. 이들의 이름은 이러하다. 테슙, 하다드, 세트, 타르훈나, 제우스, 타라니스, 호라갈레스, 오르코, 페렌디, 페룬, 토르, 레이공, 라이진, 타케미가즈치, 인드라, 와킨얀, 크운크와(천둥새), 헤노, 요파트, 솔로틀, 치브차쿰, 투파, 샹고, 아마디오하, 제비오소, 수디카 음밤비, 카네헤킬리, 마마가란, 이필자이필자, 화이티리, 타히리마테아 등.

    천둥을 통해 말을 하는 폭풍 같은 존재에 대한 인간의 상상력이 어디서나 보편적으로 등장하는 것은 놀랄 일이 아니다. 뇌우는 초당 45회에서 100회, 혹은 하루에 300만 회에서 800만 회에 걸쳐 지구 위 어딘가에 떨어지고 있다. 뇌우는 극지방을 제외한 어디서나 일어난다. 극지방의 경우는 너무 추워서 대기에 뇌우를 일으킬 수 있는 충분한 양의 대류열이 축적되지 못한다. 하지만 지구가 뜨거워지면 이런 상황에 변화가 찾아올 수도 있다. 2021년 여름 기상학자들은 한 주 동안 시베리아에서 알래스카 북부로 세 개의 뇌우가 휩쓸고 지나가는 것을 보고 놀랐다.

    뇌우 속에서는 폭풍의 위쪽에서 떨어지는 우박이나 얼음이 아래쪽에서 상승하는 물방울과 충돌하면서 표면이 살짝 가열되어 싸락눈이라는 부드러운 우박이 된다. 이 싸락눈이 상승하는 더 많은 물방울과 충돌하면서 전자(음전하를 띤다)를 떼어내어 아래로 끌고 내려온다. 시간이 지나면서 폭풍의 아랫부분, 혹은 지면 높이에는 음전하가 축적되는 반면 위쪽에는 양전하가 축적된다. 공기는 뛰어난 전기 절연체이기 때문에 이 불균형이 번개로 방출되려면 두 부분 사이에서 전하가 수백만 볼트의 극단적인 차이로 벌어져야 한다.

영국 기상청에 따르면 번개는 엄지손가락 너비이고, 온도는 태양보다도 뜨겁다고 한다. 번개가 통과하는 좁은 공기 통로는 순식간에 30,000℃까지 가열된다. 이는 태양 온도의 거의 다섯 배에 해당한다. 이 과정에서 공기가 극단적으로 빨리 팽창하며 음향 충격파가 만들어진다. 천둥은 결국 공기가 폭발하면서 나는 소리다. 하지만 아무리 큰 소리라도 이 방전 에너지에서 소리가 차지하는 비율은 1퍼센트에 불과하고, 9퍼센트는 빛, 90퍼센트는 열이다.

가까이서 들으면 천둥은 날카롭게 찢어지는 소리나 커다란 폭발음을 낸다. 더 멀리서 나는 천둥소리는 더 오래, 더 저음으로 울리는데 이는 듣는 사람이 번개의 선을 따라 나오는 더 많은 소리를 듣고 있고, 원래의 소리에 들어 있는 높은 주파수가 중간에 끼어 있는 공기에 의해 신속하게 흡수되기 때문이다. 천둥소리는 폭넓은 주파수에 걸쳐져 있다. 찢어지는 소리는 보통 2,000헤르츠 범위에서 발생하고, 뒤이어 600에서 800헤르츠의 낮은 배음, 몸통을 울리는 70에서 80헤르츠의 공명음, 그리고 제일 낮은 40에서 50헤르츠의 소리가 뒤따른다. 대기층에서 일어나는 잔향과 온도 차이가 메아리를 추가하거나 소리를 지연시켜 소리를 더 크고 깊게 만든다.

정말 가까이서 들으면 천둥소리는 120데시벨까지 나올 수도 있다. 이것은 공기착암기 소리나 록 콘서트의 제일 큰 스피커 바로 앞에 서서 듣는 음악 소리 정도의 크기다. 나는 보통 이런 소리를 피하려고 노력하지만 천둥이 거의 머리 위에서 칠 때 어떤 소리가 나는지는 알고 있다. 어느 날 밤 네팔의 한 고산지대에서 길을 잃어 큰 바위 아래 틈새에서 폭풍우를 피하고 있었다(알고 보니 이곳은 가장 위험한 장소나 다름없었다. 나는 멍청한 짓을 저질렀던 것이다). 눈을 질끈 감고 머리를 가린 채 바위를 향하고 있는데 순식간에 모든 것이 눈이 멀 정도로 밝아지면서 거대한 폭발음에 온몸이 흔들렸다. 욥기에서는 천둥을 언급하며 이렇게 말한다. "내 심장이 전율하며 제 있을 자리에서 뛰어내리나니." 25년 넘게 지난 지금도 나는 그 굉음을 생생하게 느낄 수 있다.

　욥기에는 이렇게 나와 있다. "하나님은 그의 음성으로 천둥을 내리며 우리가 헤아릴 수 없는 위대한 일을 행하나니." 하지만 청동기시대 이후로 그 위대한 일 중의 일부가 밝혀졌다. 식물은 성장을 위해 대기 중의 질소가 필요하다. 그중 상당 부분은 세균과 균류가 고정해주지만 뇌우의 도움도 있다. 번개에서 발생하는 극단적인 열이 평소에는 반응하지 않는 질소를 산소와 결합시켜 질산염을 만들어주면, 이것이 비와 뒤섞여 영양분으로 땅에 내려온다.

　천둥은 화산활동과 함께 애초에 생명의 탄생을 가능하게 한 과정에서 나오는 목소리였는지도 모른다. 지구 위의 모든 생명은 인(P, 원자번호 15번)이 필요하다. 인은 DNA, 그리고 그와 관련된 분자인 RNA의 이중나선 구조를 형성하는 데 핵심적인 원소다. 약 40억 년 전 젊은 지구에는 인이 널리 퍼져 있었지만 대부분 반응성이 없는 불용성 미네랄에 갇혀 있었다. 운석을 통해 일부 인이 활성화된 형태로 지구에 떨어지기는 했지만, 번개 역시 지구에 이미 존재하던 상당량의 인 원소를 바위에서 방출하는 데 핵심적인 역할을 한 것으로 보인다.

　요즘에 일어나는 여러 화산 분출에 동반되는 천둥과 번개는 화산 연기가 주변 대기에 전기적 불균형을 만들어낼 때 생긴다. 이런 천둥, 번개는 초기 지구가 40억 년 전 명왕대와 시생대에 적어도 한 번 바다를 잃었다가 다시 얻었을 때도 아주 흔했을 것이다. 그리고 앞으로 10억 년 후의 미래를 내다보면 우리가 지금 알고 있는 형태의 생명체가 지구에 존재할 가능성은 낮아 보이지만 천둥은 그 웅장한 위용을 뽐내며 여전히 존재하고 있을 것이다.

87 천둥소리

무지개 소리 듣기

더글러스 던은 한 시에서, 그가 젊은 시절에 사용했던 노트와 스케치를 우연히 발견하고 그중에서 '그것은 무지개 소리를 듣는 것과 같다'라는 한 줄짜리 문장을 찾아낸 이야기를 한다. 그 뒤로 글은 이어지지 않았다. 놀라운 직유지만 아름다우면서도 동시에 말이 안 된다.

    이 한 줄의 아름다움은 누가 봐도 분명하다. 음악과 색채는 떼려야 뗄 수 없는 불가분의 관계라고 말한 화가 칸딘스키처럼, 특출난 공감각 능력이 없더라도 어떤 장면이나 소리의 자극으로 생겨난 강력한 감정이 내부에서 다른 감각을 불러일으키는 경험은 누구나 한다. 이런 일은 심지어 나처럼 비협조적인 사람에게도 일어날 수 있다. 내가 징 명상을 갔을 때 이런 일이 일어났다. 징 명상에서는 징 앞에 앉거나 누워서 징 소리에 자신을 완전히 내맡긴다. 나는 선입견도 많고 마음이 암페타민에 취한 원숭이처럼 날뛰는 사람이지만 내 몸을 잔물결처럼 부드럽게 훑어가는 진동이 행복감을 만들어냈고, 내 마음의 눈에 밝은 햇살 아래 바위 너머로 흘러내리는 거대한 물줄기가 보이기 시작했다.

    하지만 또 한 가지 의미에서도 던의 글은 전혀 말이 안 된다. 아이작 뉴턴과 다른 자연철학자들은 빛의 색을 소리와 연결해보려고 했지만 실패했다. 이 두 가지는 완전히 다른 물리적 현상이기 때문이다. 소리는 물질을 관통해서 흘러가는 압력의 파동이다. 원자들이 흔들리고 서로 부딪히면서 진동을 이웃 원자에 전달해주는 과정인 것이다. 반면 빛은 전자기파다. 그래서 진공도 통과할 수 있다. 소리는 꿈도 못 꾸는 일이다. 결국 무지개 속 빛은 소리를 내지 않는다.

    하지만 비유와 은유는 우리를 진리에 눈멀게 만들지 않으면서도 시적 이해와 과학적 이해를 풍부하고 깊게 만들어줄 수 있다. 예를 들어 빛의 일부 행동은 '파동'으로 기술하면 설명이 가능하다. 빛의 두 파동을 잘 배치하면 서로 간섭을 일으켜 어둠을 만들어낼 수 있다. 그와 유사하게 두 음파를 잘 배치하면 침묵을 만들어낼 수 있다.

동일한 파워 스펙트럼[11]을 갖는, 즉 파동의 주파수와 강도 사이의 관계가 동일한 빛은 그 색으로 보이게 된다는 점을 근거로 소리의 '색'을 얘기할 수도 있다. 가장 잘 알려진 사례는 라디오나 구식 텔레비전에서 들을 수 있는 '잡음'인 백색 소음이다. 이것은 동일한 강도로 모든 파장을 포함하고 있다는 점에서 백색광과 유사하다. 음향 엔지니어는 파랑, 보라, 빨강, 초록 등 소음의 전체 스펙트럼에 대한 이야기를 잔뜩 늘어놓을 것이다. 이런 것들은 대부분 전자 음향 시스템이나 컴퓨터에만 존재하는 인간의 창조물이다. 하지만 적어도 한 가지 큰 예외가 존재한다. 그리고 이것이 우리를 다시 무지개의 이야기로 돌려보낸다.

분홍색 소음으로 알려진 소리는 소리의 강도와 주파수가 반비례하기 때문에 음높이가 높아질수록 점점 조용해진다. 분홍색 소음은 퀘이사 빛 방출에서 조수와 강물의 높이 변화에 이르기까지, 그리고 심장박동에서 뉴런의 발화 패턴에 이르기까지 여러 가지 자연현상과 동일한 통계적 패턴을 따른다. 그리고 많은 자연 현상처럼 이것 역시 프랙탈 구조다. 프랙탈 구조는 부분의 모양이 전체의 모양을 닮는 자기유사성을 가지는 구조를 뜻한다. 그래서 확대하거나 축소해도 동일한 패턴이 반복적으로 드러난다. 분홍색 소음은 음악과도 어느 정도는 이런 속성을 공유한다(음악은 거의 항상

---

[11] Power spectrum. 신호의 세기가 주파수에 따라 분포되어 있는 양상을 말한다. 파워 스펙트럼은 소리의 음색을 결정한다. 피아노와 바이올린으로 같은 음을 연주하더라도 독특한 음색의 차이로 둘을 구분할 수 있는 이유다.

전체적인 구조, 화성, 리듬에서 변동을 포함하고 있지만). 그리고 음악처럼(백색 소음의 거친 정전기 잡음과는 달리) 분홍색 소음은 귀로 듣기에 즐겁다. 이것은 폭포의 소리, 깨지는 파도 소리, 잔잔한 빗소리와 아주 비슷하다. 일부 연구에서는 분홍색 소음(그리고 그 가까운 사촌인 갈색 소음) 노출과 편안한 잠 사이에서 양의 상관관계를 발견했다고 주장한다.

더글러스 던은 「경이로운 기이함」이라는 또 다른 시에서 이렇게 말한다. "이제는 들린다." 하지만 즉각적으로 그는 이렇게 바로잡는다. 존재하는 듯 보이는 소리는 모두 "'거의'보다는 여전히 '거의'의 저편에 있다". 그래서 나는 무지개의 소리를 떠올리는 것이 좋다. 저 멀리 무지개가 보이면 아직 비가 내리는 동안에 서둘러 그 무지개가 나타난 것으로 보이는 장소에 가서 서보자. 물론 거기서 무지개를 볼 수는 없다. 물방울 속 빛이 반사와 굴절을 통해 무지개를 만들어내려면 거리가 필요하기 때문이다. 하지만 당신은 부드럽게 휘날리며 무지개를 함께 만들어내고 있는 수많은 미세한 물방울들 한가운데 서 있게 될 것이다. 그리고 조심스럽게 귀를 기울인다면 그 물방울 소리를 듣고, 다른 곳의 누군가에게는 당신 역시 무지개의 일부임을 알릴 수도 있을 것이다.

III. Biophony

바이오포니: 생명의 소리

리듬 (2) : 몸

심장박동: 시인 체스와프 미워시는 이렇게 적었다. "리듬은, 다른 무엇보다 먼저 심장박동과 피의 순환이 지배하는 생명체의 리듬이다." 완전히 맞는 말은 아니었다. 우리의 몸은 5억 2,000만 년 전 즈음에 처음으로 진화해 나온 동물의 심장보다 더 빨리 진화한 일주기 리듬, 즉 밤과 낮의 행성 파동을 따른다. 하지만 심장의 규칙적인 박동은 우리 삶의 클릭 트랙[12]이며, 심장은 우리가 80년을 사는 동안 30억 번 넘게 박동한다. 안정 상태에서는 심박 수가 분당 50회 미만으로 떨어질 수 있다. 운동을 하거나 열이 있을 때는 200회를 넘을 수 있다. 이것은 음악이나 춤의 템포 범위와 아주 비슷한 범위다. 연구자들은 자신의 심장박동을 잘 인식하는 사람은 주변 사람들의 감정도 더 잘 인식한다는 것을 발견했다.

    호흡: 시인 라이너 마리아 릴케에게 호흡의 의미는 이러했다. "보이지 않는 시이자, 순수한 대화다. 나는 그 안에서 리듬이 된다." 기자 제임스 네스터는 여러 문화권에서 기도 및 명상과 함께 시행되는 리드미컬한 호흡 수련이 건강을 크게 향상시킬 수 있으며 들숨과 날숨을 각각 5초, 6초 정도 지속하는 것이 이상적이라는 기사를 내보냈다. 하지만 리드미컬한 호흡은 가장 일상적인 활동에서도 핵심적인 역할을 하고 있다. 신경과학자 소피 스콧의 말에 따르면 사람이 친근한 대화를 나눌 때는 즉각적으로 호흡이 동조화되기 시작하면서 서로의 리듬과 높낮이를 맞추게 된다고 한다.

---

12 Click track. 일정한 곡 템포를 유지하기 위해 메트로놈을 녹음해서 지휘자와 연주자에게 들려주는 트랙.

발걸음: 캥거루는 두 발로 통통 점프하면서 움직이고 푸른발부비새도 두 발로 으스대듯 걷지만 두 다리로 장거리를 걷거나 뛰는 동물은 인간밖에 없다. 걷고 뛰는 운동 모두 일종의 통제된 낙하운동이다. 각각의 다리는 차례로 앞으로 흔들리며 낙하하다 땅에 닿아서 멈추면 힘을 주어 우리를 앞으로 내보낸다(로리 앤더슨은 이렇게 노래한다. '우리는 다시 또다시 넘어지지만 그때마다 넘어지지 말라고 스스로를 붙잡지.'). 두 발로 걷고 달리려면 정교한 균형 감각이 필요하고, 심리학자 아니루드 파텔은 그런 행동을 학습하는 것이 단순한 신체 운동을 넘어 그 이상의 것을 측정하고 예측하는 능력을 키우고 시간과 리듬에 대한 인식을 가다듬어줄지도 모른다고 한다. 춤, 노래, 그리고 여정의 길이에 대한 감각 등은 발걸음의 규칙적인 박자에서 시작되는지도 모른다.

뇌: 뇌에는 몇 초에서 몇 시간 단위까지 지속 시간을 인지하는 뉴런 네트워크인 인터벌 타이머부터 밤낮의 흐름에 신체 과정을 동기화시키는 뇌의 작은 영역인 시교차상핵에 이르기까지 시간을 재는 몇 가지 방법이 있다. 여러 세포에 걸쳐서 발생하는 약 0.02~600헤르츠의 뇌파가 이것을 비롯해서 다른 많은 기능을 뒷받침하고 있다. 뇌파란 진동 혹은 뉴런에서 발생하는 활동전위 흥분의 반복적 패턴을 말한다. 신경과학자 죄르지 부즈샤키는 말한다. "뇌는 예언을 하는 장치이고, 그 예측 능력은 뇌가 지속적으로 발생시키는 다양한 리듬으로부터 나온다." 그의 말에 따르면 이들의 주파수 간의 관계는 정수 비율이 아니기 때문에 그 진동들이 서로 완벽하게 동조될 수는 없다. 대신 이들이 만들어내는 간섭이 "바다의 파도처럼 불안정 상태와 일시적 안정 상태

사이의 지속적 요동인 준안정성을 만들어낸다."
부즈샤키는 뇌 리듬의 다중 시간 척도 조직을 인도의
전통음악에 비유한다. 이 음악에서는 "탈라라는
개념으로 설명되는 다단계 중첩 리듬 구조가 작곡을
특징짓는다".

청각

우리 집 채소밭에서 작은 달팽이들을 가끔 본다. 보통은 보이는 족족 없애버리지만 가끔은 그 전에 가까이 들여다보면서 접을 수도 있는 작은 자루눈과 완벽한 형태의 껍데기, 그리고 무게가 거의 느껴지지 않는 가벼움에 경이로워할 때가 있다. 완두콩만 한 크기의 달팽이는 껍데기의 모양과 크기가 달팽이관과 대략 비슷하다. 달팽이관은 속귀에 들어 있는 뼈로 이루어진 미로의 일부로서 주변 공기의 진동을 우리가 경험하는 소리로 바꿔주는 역할을 한다. 이 두 구조물을 통해 세상의 온갖 혼란스러운 윙윙거림, 그 안의 모든 목소리와 음악이 딱딱한 머리뼈 속에서 젤리처럼 출렁거리는 1.5킬로그램짜리 뇌 속으로 들어간다. 뇌는 무한한 공간이 펼쳐진 우리의 왕국이다.

들여다보면 볼수록 청각은 초능력처럼 보인다. 벨라 배서스트는 청각을 잃었다가 되찾은 내용을 담은 회고록에서 청각이 정상인 사람들이 사람의 목소리에 주의를 기울일 때 발휘되는 미묘한 분별력에 대해 언급한다. "당신 남편이 '훌륭해!' 혹은 '오케스트라'라고 말하는 방식이 다르고 …… 아들의 첫 울음소리는 딸의 첫 울음소리와 달랐고 …… 상사가 긴장했을 때의 목소리가 다르고 …… 배우자의 '아니'라는 말도 수천 가지 서로 다른 색조를 띤다." 이런 능력 덕분에 인간은 협동하고, 서로 공감하고, 마음을 조작할 수도 있다. 고래, 앵무새, 다른 일부 동물 종의 능력도 과소평가해서는 안 되겠지만 이런 능력에서 사람과 견줄 수 있는 종은 거의 없다. 그 덕분에 어떤 사람은 비인간 세계의 여러 측면들도 놀라울 정도로 정확하게 읽어낼 수 있다. 새소리에 관심이 많은 사람과 숲에서 시간을 함께 보내보면 당신이 예전에는 짐작도 못 했던 다양하고 구체적인 내용들을 접할 수 있다. 기술 분야에서도 그에 못지않은 능력이 발휘된다. 기자 조지 몬비오트는 전화로 들어보기만 해도 자동차 엔진의 결함을 전문가들도 놀랄 정도로 정확하게 알아맞히는 친구에 대해 얘기한 바 있다.

가장 원시적인 감각으로 촉각을 꼽는 경우가 많다. 작가 니키타 아로라는 이렇게 말한다. "촉각은 존재의 근본적 조건, 즉 인간과 인간이 아닌 모든 타자의 필연성을 가리킨다." 하지만 청각은 우리가 주변 세상과 접촉하기 전부터, 따라서 자아와 타자 간의 구분이 형성되기 전부터 시작된다. 속귀는 태아 속에서 빠른 속도로 발달하고 임신 5개월이 되면 성인 크기에 도달해 소리를 처리하는 뇌의 관자엽(측두엽)으로 정보를 전달한다. 저주파수의 소리가 자궁으로 제일 잘 전달되며 아기는 엄마 배 속에 있을 때부터 소리에 대한 기억을 형성하기 시작한다.

청각은 성인이 되어서도 가장 빠르고 민첩한 감각인 경우가 많다. 달리기 선수들은 깃발 같은 시각적 단서보다 출발 총소리에 더 빠르게 반응한다. 빛이 소리보다 거의 90만 배 더 빨리 이동하기 때문에 소리가 귀에 닿기도 전에 빛이 눈에 먼저 도달하는데도 말이다. 청각은 종종 삶의 마지막 순간까지 남아 있는 감각이기도 하다. 죽어가는 뇌는 무의식 상태일망정 마지막 순간까지 소리를 알아차릴 수 있다.

청각은 수억 년 전 단세포 생명체의 바깥쪽에 작은 머리카락 비슷한 구조물, 즉 '섬모'(눈썹을 의미하는 라틴어에서 유래)가 진화하면서 기원했다. 세포는 섬모를 옆에서 옆으로 움직이면서 거기서 나온 추진력을 이용해 헤엄도 쳤고, 어떤 섬모는 물속의 진동이나 움직임, 혹은 다른 물체와의 접촉을 감지하는 데 사용했다. 그리고 운동성과 비운동성 섬모 양쪽 유형을 모두 자신의 후손들에게 물려주었다. 운동성 섬모는 오늘날의 우리에게도 여전히 존재한다. 폐와 기도를 덮고 있는 세포에 난 섬모는 점액과 거기에 포획된 먼지를 몸 밖으로 밀어내는 역할을 한다. 비운동성 섬모는 어류의 고대

조상과 오늘날 대부분의 어류의 측선에 자리를 잡았다. 측선은 어류의 몸 바깥쪽을 따라 작은 컵들이 줄줄이 나 있는 것이다. 이 컵에는 수천 개의 섬모가 들어 있어서 작은 운동이나 진동에 대단히 민감하다. 과학철학자 피터 고드프리스미스는 "어류의 몸통은 압력을 감지하는 하나의 거대한 귀로 보아도 무방하다"고 적었다.

하지만 역동적이고 위험할 때도 많은 환경에 살고 있는 자존심 센 어류에게 한 종류의 귀만으로는 충분하지 않다. 이들의 선조, 그리고 물속에 살았던 우리의 선조들도 속귀를 진화시켰다. 이 경우 섬모는 물속에서 자기 몸에 와 부딪히는 움직임만 감지하는 것이 아니라 이석도 감지한다. 이석은 머릿속에 들어 있는 작은 탄산칼슘 덩어리다. 어류는 물과 거의 비슷한 밀도를 갖고 있지만 이석은 밀도가 더 높기 때문에 어류의 몸통을 통과하는 진동에 다른 진폭과 위상으로 움직인다. 섬모는 이것을 감지하고, 어류는 이것을 소리로 해석한다. 일부 어류는 기체로 채워져 부력을 주로 담당하는 주머니인 부레를 증폭기나 보청기로 이용해서 청각을 추가적으로 강화하는 방법도 진화시켰다. 이런 부레 덕분에 청어 같은 종은 사람보다 아홉 배나 높은 18만 헤르츠의 소리까지 들을 수 있고, 자기를 잡아먹으려는 돌고래가 내는 초음파 발성을 감지할 수 있다. 어떤 종은 인간의 가장 낮은 역치보다도 한참 낮은 초저음을 들을 수 있다. 그 덕에 이런 종은 조수에서 발생하는 우르릉 소리와 바위 해변을 따라 흐르며 부서지는 물의 움직임을 감지할 수 있어서 길을 찾을 때 도움을 받는다. 수심 8,000미터의 깊은 바다에 사는 꼼치는 턱 속에 든, 액체로 차 있는 방들의 미세한 진동을 통해 단각류의 움직임을 감지할 수 있다.

육상에서 듣기 위해서는 새로운 도전 과제를 해결해야

한다. 어류의 몸통을 따라 나 있는, 섬모로 가득 채워진 측선은 공기처럼 훨씬 희박한 매체에서는 제대로 작동하기 어렵고, 공기를 통해 전달된 음파는 밀도가 훨씬 높은 동물의 몸속으로 들어가면 약해진다. 그럼에도 네 다리와 발가락을 처음으로 갖춘 척추동물인 일부 초기 네발 동물은 후손에게서 진화한 복잡한 장치가 없어도 물 밖에서 들을 수 있었는지 모른다. 육지로 처음 모험을 떠났던 조상들과 닮은 현대의 폐어는 일부 어류가 수중에서 부레를 사용했던 것처럼 자신의 폐를 증폭기로 사용해서 듣는다. 아주 기초적인 것이었지만 이를 시작으로 완전한 육상 생명체는 3억 8,000만 년이 넘는 시간에 걸쳐 청각 기능을 개선하게 된다.

이야기의 일부는 기공에서 시작한다. 기공은 공기로 숨을 쉬는 어류의 머리 꼭대기에 있는 작은 관이다. 이 어류는 기공을 이용해서 탁한 물 위의 공기로부터 산소를 빨아들인다. 초기 양서류는 이 기공을 고막으로 발전시켰다. 고막은 꼭대기 위로 막이 펼쳐져 있는 관으로, 아직도 개구리 눈 바로 뒤쪽의 동그란 구조물에서 찾아볼 수 있다. 개구리의 경우는 단순한 형태의 고막이 콜루멜라라는 작은 뼈를 통해 민감한 섬모가 자리 잡고 있는 속귀와 연결된다. 또한 고막은 열린 관을 통해 폐와 연결되어 있기 때문에 개구리는 이것을 통해 고막 양쪽의 압력을 균등하게 조절하고, 친구들의 울음소리에 귀가 멀지 않을 수 있다. 푸에르토리코의 코키개구리 같은 경우 울음소리가 100데시벨을 넘길 수 있다. 이 정도면 바로 옆에 서서 듣는 전동 잔디깎이 소리나 300미터 떨어져서 듣는 이륙하는 제트기 소리에 버금갈 정도로 큰 소리다. 포유류의 경우 이 기공이 유스타키오관으로 진화해 가운데귀를 코, 목구멍과 연결해준다. 다음에 귀가 먹먹해서 코를 막고, 입을 닫고 바람을 불어넣어 귀의 압력을 맞출 때는 당신의 내면에 살고 있는 사지형 어류인 틱타알릭[13]에게 감사하자.

또 다른 이야기가 오비디우스의 『변신 이야기』의 어떤 것만큼이나 이상한 한 변화에서 시작된다. 시간이 지나면서 이 변화를 통해 우리 선조들의 턱뼈 일부가 종이접기를 한 것처럼 믿기 어려울 정도로 작고 정교한 기어 장치로 바뀌게 된다. 초기 어류의 경우 아래턱뼈를 보강하는 긴 뼈로 시작했던 설악골이 지금의 등자뼈로 변했고, 어류에서 아래턱과 위턱을 받쳐주던 방형골과 관절골이 망치뼈와 모루뼈로 변했다. 이 세 가지 이소골(사람의 경우 미니 레고 크기만 한 작은 뼈)의 라틴어 이름도 각각 등자, 망치, 모루라는 의미를 담고 있다. 이들은 지렛대 세트처럼 함께 관절을 이루고 있다. 망치뼈의 바깥쪽 끝은 고막 안쪽 중심부와 연결되어 있다. 그래서 외부에서 온 진동이 고막을 두드리면 망치뼈가 움직이고, 망치뼈의 안쪽 끝이 다시 모루뼈를 움직이고, 이것이 다시 등자뼈를 건드린다. 등자뼈의 안쪽 끝을 얼굴판이라고 하는데 이것이 안들창을 통해서 달팽이관과 맞닿아 있다. 고막의 면적은 약 55제곱밀리미터인 반면 등자뼈의 얼굴창은 약 3.2제곱밀리미터밖에 안 되기 때문에 공기 중의 진동이 더 작은 면적에서 더 큰 움직임으로 집중된다. 그 덕분에 공기 중의 상대적으로 약한 진동이 액체로 채워져 밀도가 더 높은 달팽이관 내부로 전달될 수 있다. 피터 고드프리스미스의 재미있는 표현을 빌리면, 턱이 얼굴의 엄지손가락이라면 이소골로 진화한 턱뼈 부위는 귀의 카잭[14]이라 할 수 있다. 사람에게서는 이 장치가 굉장히 예민하기 때문에 우리는

---

13 Tiktaalik. 데본기 후기인 3억 7,500만 년 전 아열대 기후 얕은 늪지에 살았던 동물.
14 Car jack. 자동차의 타이어를 갈아 끼울 때 차체를 들어 올리기 위해 사용하는 기구.

대기압을 순간적으로 불과 수십억분의 1 정도만 변화시키는 일반적인 대화 목소리의 진동도 감지할 수 있다. 일부 계산에 따르면 사람이 들을 수 있는 가장 조용한 소리는 고막을 1피코미터(1조분의 1미터)도 안 움직인다고 한다. 이는 수소 원자 직경의 약 60분의 1에 불과한 길이다.

하지만 꼭 이렇게 정교한 구조물이 없어도 뛰어난 청각을 누릴 수 있다. 겉귀가 납작한 구멍으로 공중에 열려 있고 깃털로 가려져 있는 조류의 경우 가운데귀에 뼈가 하나밖에 없다는 점에서 양서류, 파충류를 닮았고, 달팽이관도 상대적으로 단순한 직선의 관으로 되어 있다. 그럼에도 많은 새가 대략 비슷한 음역대에서 적어도 인간만큼, 혹은 인간보다 더 잘 들을 수 있다. 다만 감도가 제일 높은 구간은 1,000~4,000헤르츠 정도다. 그리고 어떤 새는 훨씬 낮은 음역대의 소리도 들을 수 있다. 비둘기는 0.05헤르츠 정도로 낮은 초저음에서도 들을 수 있을지 모르는데, 어쩌면 이 덕분에 심해의 파도나 지진이 만들어내는 진동을 듣고 먼 거리를 찾아갈 수 있는지도 모른다. 인간은 보통 소리가 정말로 큰 경우가 아니고는 20헤르츠보다 낮은 소리는 듣지 못한다. 더군다나 모든 새는 인간에게는 없는 한 가지 능력을 갖고 있다. 이들은 속귀의 섬모를 재생할 수 있다. 반면 우리의 섬모는 한번 손상을 입으면 영구적으로 상실된다. 그리고 명금류의 뇌는 우리보다 무려 열 배나 빠른 속도로 소리를 처리할 수 있기 때문에 우리 귀에는 흐릿하게만 들리는 소리에서도 복잡하게 이어지는 서로 다른 음조를 쫓아갈 수 있다. 이들이 영어를 듣고 이해할 수만 있었다면 유전학자 스티브 존스의 훌륭한 제자가 될 수 있었을 것이다. 그는 자기가 말을 너무 빨리 해서 문제가 아니라 학생들이 너무 천천히 들어서 문제라고 농담하고는 했다.

가장 작은 개체(2그램짜리 키티돼지코박쥐)부터 가장 큰 개체(170톤까지 나가는 대왕고래)까지 거의 모든 포유류는 달팽이 껍데기 모양의 달팽이관을 가지고 있다. 오리너구리처럼(오그던 내시는 오리너구리를 일부는 새, 일부는 포유류라고 했다. 절묘하게 어울리는 표현이기는 해도 신빙성은 없는 얘기다) 알을 낳는 포유류인 단공류는 예외다. 이들은 바나나 모양의 달팽이관을 가지고 있다. 사람의 달팽이관은 중심축을 둘레로 소용돌이치듯 세 바퀴 말려 있고 총 길이는 약 32밀리미터다. 이것을 풀어놓으면 엄지손가락 마지막 관절 길이쯤 된다.

이 소용돌이 달팽이관 안쪽을 따라 기저막이 있다. 기저막이라는 이름이 붙은 이유는 그 바닥 부분이 달팽이관의 열린 끝부분에 부착되어 있기 때문이다. 진동이 도달하면 이 막은 시간에 맞춰 진동하기 시작한다. 그 막의 꼭대기에는 스포츠형으로 짧게 친 머리카락 비슷한 돌기가 난 특화된 뉴런이 자리 잡고 있다. 그 위쪽으로는 좀 더 뻣뻣한 또 다른 막이 있다. 기저막과 유모 세포가 진동에 반응해서 위아래로 까딱거리면 돌기가 이 '지붕'을 긁는다. 돌기가 지붕을 긁는 방식을 신경과학자 제니퍼 그로는 '카약 선수가 바다 동굴 천정에 머리를 찧는 것과 비슷하지만 좀 더 유용한 결과를 낳는 방식'이라고 묘사했다. 앞뒤로 빗질을 하는 스트레스를 받으며 세포에 난 구멍들이 늘어나 열리고, 밀려서 닫히기를 교대로 반복한다. 섬모 세포를 둘러싸고 있는 체액의 바다에는 전하를 띤 분자인 이온이 들어 있다. 섬모가 한 방향으로 휘어지면 분자가 통과하는 작은 문을 통해 이온이 흘러 들어가고, 섬모가 반대 방향으로 휘어지면 구멍이 닫히면서 이온의 움직임이 멈춘다. 이 과정에서 소리를 추적하는 전기신호가 만들어진다. 이렇게 해서 몸 밖에서 나타나는 공기

분자들의 움직임이 전기신호로 전환되어 청각 신경 속 뉴런에 의해 시상으로, 이어서 관자엽에 있는 청각겉질로 전달된다. 청각겉질은 머리뼈 안에서 귀 바로 옆에 자리 잡고 있다.

기저막이 길이에 따라 서로 다른 물리적 속성을 가진 덕분에 사람의 귀는 다양한 범위의 주파수를 감지할 수 있다. 안뜰창 바로 옆에 있는 기저막의 바닥 부분은 직경이 1밀리미터의 5분의 1정도로 좁고 상대적으로 뻣뻣하지만, 달팽이관을 따라 올라갈수록 1970년대에 유행하던 색상이 화려하고 폭이 넓은 키퍼 타이처럼 넓어지고 100배 정도 느슨해진다. 뻣뻣한 부분은 사람의 경우 2만 헤르츠 이상의 주파수가 더 높은 소리에 반응해서 진동한다. 그리고 느슨한 쪽 끝은 낮은 주파수에 반응한다. 피아노 건반을 속귀 속에 말아 넣었거나, 아니면 소리가 곧 장소가 되는 음위상 지도를 갖고 있는 셈이다. 우리는 보통 여러 주파수의 소리를 동시에 듣는다. 이런 경우 막을 따라 몇몇 파동이 형성된다. 나이가 들면서 우리는 정상적인 가청 범위에서 위쪽 부분(귀뚜라미 소리나 새의 높은 울음소리)을 잃는 경향이 있다. 이곳은 진동이 제일 적게 약화되는 곳이기도 하고, 좁은 곳이어서 유모 세포가 얼마 없다보니 몇 개만 잃어버려도 영향을 받기 때문이다.

큰 소리는 막을 진동시켜 안쪽 유모 세포를 자극하고 신경 충동을 만들어내기가 더 쉽다. 건강한 귀에서는 조용한 소리라도 달팽이관에 의해 무려 1,000배나 증폭된다. 기저막 반대편에 더 많이 자리 잡고 있는 유모 세포들 덕분이다. 희미한 소리가 이 바깥쪽 유모 세포를 움직일 때는 살아 있는 세포 안에서는 가장 빠른 힘 발생기로 알려진 프레스틴이라는 단백질이 반응해서 파동을 증폭하고, 이 파동이 다시 대기 중이던 안쪽 유모 세포를 자극한다. 이런 배열 덕분에 사람의 귀는 눈송이 떨어지는 소리에서 천둥소리까지 에너지 수준이

100만 배나 차이 나는 소리도 인지할 수 있다.

사람의 바깥귀(머리 양쪽으로 튀어나와 있는 주름진 피부와 연골의 판을 말한다. 우리는 그냥 '귀'라고 부르지만 엄밀하게는 귓바퀴라 불러야 맞다)는 생긴 것도 이상하고, 솔직히 크기도 크고 움직일 수도 있는 페넥여우의 귀에 비하면 보잘것없어 보이지만 과소평가해서는 안 된다. 우리의 귓바퀴는 소리를 15에서 20데시벨 정도 증폭해준다. 이는 소리 크기를 사실상 두 배로 키워주는 것으로, 사람의 말을 큰 방 건너편에서 듣다가 그 사람 바로 옆으로 가서 듣는 것과 동일한 효과를 나타낸다. 여기서 끝이 아니다. 우리 주변에서 나는 세상의 소리 대부분은 폭넓은 주파수를 포함하고 있는데, 이 중 일부는 귓바퀴의 소용돌이치는 봉우리와 계곡 사이에서 반사되는 동안에 줄어드는 반면, 어떤 음파는 서로를 강화해서 더 강해진다. 그로는 이렇게 말한다. "귓바퀴의 주름은 스테레오 시스템의 이퀄라이저처럼 행동해서, 소리가 어디서 오고 있느냐에 따라 베이스 음이나 트레블 음을 강화해줍니다." 그리고 그것은 사람의 말소리 주파수 범위에 들어가는 소리를 우선적으로 선별해주는 역할도 한다. 귓바퀴는 또한 소리가 앞에서 오는지 뒤에서 오는지, 혹은 위에서 오는지 아래서 오는지 구분하는 데도 도움을 준다. 예를 들어 귀구슬이라는 귓구멍 바로 앞에 있는 작은 피부판은 뒤쪽에서 오는 소리를 반사하고 거르는 역할을 한다.

양쪽 귀 사이에는 머리가 있기 때문에(적어도 내 경우는 그렇다) 각각의 귀에 소리가 인식되는 시간에 작은 차이가 생긴다. 이것이 소리가 어디서 오고 있는지 알아내는 데 도움을 준다. 소리의 속도는 초속 344미터로, 소리가 각각의 귀에 도착하는 데 걸리는 시간의 차이를 감지할 수 있을 정도로 충분히 느리다. 바로 왼쪽이나 오른쪽에서 들린 소리가 머리 반대편에 있는 귀에 도달하려면 약 0.5밀리초, 즉 1,000분의 1초의 절반 정도가 필요하고, 도달한 소리의 크기도 살짝 줄어든다. 뇌는 이런 차이를 손쉽게 알아낼 수 있다. 하지만 뇌에서 일어나는 청각 처리 과정은 이것보다 더 뛰어나서 10에서 30마이크로초(1마이크로초는 100만분의 1초)밖에 안 나는 시간 차이도 감지할 수 있다. 이것은 수백 배 빠른 처리 속도고, 소리가 겨우 3 내지 9밀리미터 이동할 수 있는 시간이다. 이런 능력 덕분에 우리는 우리로부터 2미터 떨어진 거리에서 서로 겨우 7센티미터 떨어진 음원에서 발생한 두 소리를 구분할 수 있다. 탁자 맞은편에 누군가를 앉혀놓고, 나는 눈을 감은 상태에서 그 사람에게 점점 더 손을 가까이 가져가면서 왼쪽과 오른쪽 손가락을 튕겨보라고 하자. 그리고 어느 거리까지 양쪽을 구분할 수 있는지 확인해보자.

우리는 초당 2만 주기까지의 음파를 감지할 수 있다. 이는 시각 정보를 해상하는 속도보다 1,000배 정도 빠른 속도다. 청각은 인간의 초능력이라 할 수 있다. 하지만 어떤 동물은 초초능력을 갖고 있다. 개는 인간보다 두 배 높은 4만 헤르츠까지 들을 수 있고, 고양이는 8만 헤르츠까지 들을 수 있다. 생쥐와 일반 쥐는 서로 9만 헤르츠까지의 소리로 찍찍거린다. 돌고래는 14만 헤르츠까지 들을 수 있고, 박쥐는 20만 헤르츠까지 들을 수 있다. 이런 동물들과 비교하면 우리 인간은 바다 폭풍의 깊은 울림에서 지구의 진동과 화산 활동에 이르기까지 거대한 음향 스펙트럼에 대해 무지몽매한 상태에서 살아가는, 소리에 관한 한 2차원적인 존재라 할 수 있다. 자케타 호크스는 우리가 인지하지 못하는 이런 소리들을 '식물이 자라는 소리와 이파리와 꽃이 움직이는 소리 등 성장과 쇠퇴의 온갖 요동에서 나오는 감지 불가능한 미세한 소리의 조직들'이라 불렀다. 여기에 곤충이 노래하는 고음의 소리,

박쥐의 울음소리, 물에서 거품이 일고 터지는 소리, 식물의 잎맥을 타고 수액이 흐르는 소리 등도 추가할 수 있겠다. 데이비드 조지 해스컬은 이렇게 적었다. "이것은 참으로 가슴이 아픈 한계다. 세상이 우리에게 말을 걸고 있는데 우리 몸은 우리 주변에서 들려오는 수많은 소리를 들을 수 없으니 말이다."

하지만 "우리 중 가장 빠른 자는 어리석음으로 뭉쳐져 걸어 다닌다"라고 적은 조지 엘리엇의 말처럼 우리가 자신의 한계를 인식한다면, 우리가 할 수 있는 얼마 안 되는 것에도 감사의 마음을 느끼고 어떻게 하면 더 많이 이해할 수 있는지 성찰을 시작할 수 있을 것이다. 헤르만 헤세는 이렇게 적었다. "나무의 소리에 귀 기울이는 법을 배웠을 때 간결하고, 신속하고, 어린아이처럼 조급한 우리의 생각은 더할 나위 없는 기쁨을 얻게 된다."

고대 동물의 소리

111 고대 동물의 소리

5년 예정으로 시작한 세계 일주 항해에서 두 달이 지난 1832년 2월 29일, 찰스 다윈은 물가에 내려 브라질 해안의 열대우림으로 들어갔다. 그는 이렇게 적었다. "소리와 침묵의 더할 나위 없이 역설적인 혼합이 숲의 그늘에 만연해 있었다. 곤충의 소리가 어찌나 큰지 물가에서 몇백 미터 떨어진 곳에 정박한 배에서도 들릴 정도였지만, 후미진 숲속으로 들어오면 보편적인 침묵이 지배하고 있는 듯 보였다."

이런 효과에 경이로움을 느꼈던 다윈이 약 3억 6,000만 년 전에서 3억 년 전 사이에 초대륙 판게아를 뒤덮고 있던 석탄기 숲을 보았다면 어땠을까? 이곳에서는 거대한 늪지에 거대한 양치식물을 닮은 나무와 거대한 쇠뜨기가 하늘 높이 자라고 있었다. 악어만 한 양서류와 리트리버만 한 전갈이 균류와 세균이 아직 분해할 방법을 찾아내지 못한 쓰러진 통나무를 조심히 헤치며 걷고 있었다. 그리고 갈매기만 한 잠자리가 머리 위를 날아다녔다. 어떤 자잘하고 육중한 소리들이, 또 어떤 침묵이 허공을 채우고 있었을까?

수억 년 동안 생명은 시간의 심연에 영원히 갇혀 있었지만 약간의 증거와 오늘날 동물들이 내는 소리를 바탕으로 추론해보면 선사시대 동물들이 냈던 소리를 새로 상상해서 재현할 수 있다.

육상에서의 청각적 의사소통은 약 4억 700만 년 전에 육상동물과 폐어의 공통 선조에서 딱 한 번 진화한 것으로 추정된다. 지금까지 정확하게 알려진 것 중 최초의 음은 1억 6,500만 년 전 여칫과 곤충이 낸 것이다. 일종의 귀뚜라미인 이 곤충은 날개에 나 있는 톱니 모양의 시맥[15]을 반대쪽 날개의 피크에 비벼서 그 마찰음으로 노래를 불렀다. 정확한 음높이는

---

15 곤충의 날개에서 정맥 무늬처럼 갈라진 맥.

6,400헤르츠 정도로, G8 음보다 살짝 높은 음, 혹은 피아노 건반에서 제일 높은 음보다 5도 정도 높은 음에 해당한다. 이것은 호박 속에 남은 곤충 유해의 해부를 바탕으로 추론한 값이다. 2012년에 이 소리를 재현해보았는데 작은 전자음악 비슷한 소리가 났다. 마치 배터리가 나간 아주 작은 화재 경보 소리 같았다.

공룡이 소리를 이용해서 서로 소통하고 소리를 들어서 포식자나 먹잇감을 찾은 것은 거의 분명하다. 열 살짜리 아이만 한 크기에 두 다리로 민첩하게 움직였던 2억 500만 년 전 공룡 테코돈토사우루스 화석의 속귀를 보면 이 공룡이 다른 동물이 내는 다양한 소리를 알아들었으리라 추측할 수 있다. 그리고 약 7,000만 년 전에 몽고사막에서 살았던, 몸집 작은 깃털 난 공룡인 모노니쿠스는 현대의 원숭이올빼미의 것과 아주 비슷한, 깃털로 된 안면판을 갖고 있었다. 이것은 요즘 올빼미의 것처럼 소리를 증폭해서 귀로 모아주는 역할을 했을 것이다.

하지만 공룡이 발성을 했다는 직접적인 증거는 희박하다. 고생물학자들이 발성을 할 수 있었다고 확신하는 사례 중 하나는 파라사우롤로푸스다. 이 공룡은 식물을 먹는 '오리부리' 공룡, 혹은 하드로사우루스이고, 북미 대륙 서부에서 7,500만 년 전쯤에 살았다. 키는 4미터, 몸길이는 9미터까지 자라서 대략 버스만 한 이 동물은 아마도 머리 위에 있는, 뼈로 된 속이 빈 관을 통해 소리를 냈을 것이다. 이 관은 콧구멍과 연결되어 있고 머리뼈 위쪽을 타고 둥글게 이어지다가 다시 그만큼 뒤쪽으로 뻗어 있다. 마치 뒤집어놓은 디저리두[16]가 살짝 처져 있는 모습이다. 1990년대에 뉴멕시코 산디아

---

[16] Didgeridoo. 긴 피리처럼 생긴 호주 원주민의 목관악기.

국립 연구소(원래는 핵무기의 부품을 만드는 곳이지만 한가했나보다)의 과학자들은 이 부속기관의 실제 크기 복제 모형을 만들었는데, 여기서 아주 인상적인 소리가 났다. 피아노의 제일 낮은 음 바로 아래에 해당하는 30헤르츠 정도의 이 음색은 트롬본에 비유되어왔고, 이 때문에 파라사우롤로푸스를 트롬본 공룡이라고도 부른다. 내가 듣기에는 프렌치호른이나 수자폰 소리도 살짝 나는 것 같고, 금속 문이 삐걱거리는 소리도 살짝 나는 것 같다. 아마도 『닥터 수스의 잠 안 자는 아이를 위한 수면 동화』의 인물들처럼 이 생명체도 매일 뿌앙 소리를 내어 울지만, 다음 날 아침이면 또랑또랑하게 깨서 다시 뿌앙 소리를 내기 시작했을 것 같다.

티라노사우루스 렉스 같은 대형 육식 공룡은 사실 영화 〈쥬라기 공원〉에서처럼 포효하지 않았다. 영화에서 등장했던 소리는 아기 코끼리의 울음소리, 호랑이 포효 소리, 고래의 노랫소리, 악어의 쉬익 소리, 공학자의 반려견 소리(부엌 싱크대 소리는 아니었나보다)를 섞어서 만들어낸 소리다. 오히려 고생물학자들은 악어나 현대의 조류 공룡(우리 대부분이 새라고 부르는 동물) 등 티라노사우루스와 제일 가까운 현존 동물을 연구해서 그들이 악어처럼 입을 다문 상태에서 인간이 들을 수 있는 제일 낮은 음에서 초저음 영역의 소리를 내면서 가끔씩 낮게 그르렁거렸을 것이라 결론 내렸다. 아마도 당신은 이제 곧 씹어 먹힐 자신의 뼈를 통해 그 진동을 느끼고 난 다음에야 진동을 만들어낸 짐승의 소리를 듣거나 모습을 볼 수 있었을 것이다.

칙술루브에 소행성이 떨어져서 비조류 공룡을 쓸어버리기 몇백만 년 전에 요즘 새들의 선조가 새로운 종류의 발성기관을 진화시켰다. 지금까지 발견된 가장 오래된 발성기관 화석은 베가비스 이아이의 것이다. 이 동물은 약 6,700만 년 전에 남극대륙에 살았던 조류다. 폐 바로 위쪽 기도에 자리 잡은 울대 덕분에 베가비스는 꽥꽥 우는 소리나 경적 같은 소리를 낼 수 있었다. 살아 있는 사촌인 오리, 거위, 백조의 소리와 비슷한 소리였을 것이다. 일부 생물학자는 인간이나 다른 포유류의 후두에 해당하는 울대가 진화한 덕분에 개체 간의 소통이 가능해지고 더 복잡한 행동에 참여할 수 있게 되어 조류가 살아남아 다양화하는 데 도움이 되었을지도 모른다고 생각한다.

조류의 이 새로운 발성기관은 그 능력이 상당히 제한적이었을 테지만 시간이 지나면서 오라큘러스한 소리를 낼 수 있게 해주었다. 약 3,000만 년 전에 호주의 기후가 더 건조해짐에 따라 그에 대한 반응으로 식물이 스스로 생산한 당분을 이파리, 씨앗, 목질로 전환하는 대신 배설을 더 많이 하게 되었는데 이것이 결정적 요인이었던 것 같다. 이 때문에 생겨난 현상이 아직 완전히 마르거나 인간에 의해 태워지지 않은 일부 호주 대륙에서 여전히 관찰된다. 생물학자 팀 로는 "호주에는 에너지가 줄줄 흐르는 숲이 있다"고 말했다. 꿀이 놀라울 정도로 풍부한 꽃도 많고, 유칼립투스 나무는 껍질에서 달콤한 '만나'가 흘러나온다. 곤충들은 식물의 수액을 자기가 소화할 수 있는 양보다 더 많이 빨아 먹기 때문에 그중 상당 부분을 다시 '단물'로 배출한다. 호주의 조류들은 단맛을 느낄 수 있는 능력을 신속하게 진화시켜 이 새로이 등장한 에너지원을 활용했다. 그리고 이 새로운 당분 급증에 조류의 변화가 뒤따랐다. 오늘날 섬 대륙에 살고 있는 특이할 정도로 크고 공격적이고 똑똑하고 발성이 풍부한 조류가 그 결과물 중 하나지만, 나머지 전 세계에 퍼져 있는 모든 명금류 역시 여기서 생겨난 결과물이다. 과학 저널리스트 에드 용은 이렇게 말한다. "이 명금류들은 모두 호주의 나무들 사이에서 아름다운 목소리로 노래를 부르고 달콤한 꿀로 맛봉오리를 간질이던 한 선조에서 나온 후손입니다." 나이팅게일, 대륙검은지빠귀, 찌르레기, 얼룩무늬백정새, 울새, 홍관조, 개똥지빠귀, 되새, 그리고 오늘날 살아 있는 많은 새들은 말 그대로 고대 호주의 햇빛이 우리에게 안겨준 선물이다. 물론 단물을 먹는 꿀빨기새류의 경우는 그 음악을 두고 벌레의 똥이라 말하고 싶은 사람이 있겠지만 말이다.

200만 년 전쯤 인류가 진화한 곳인 동아프리카의 그레이트 리프트 밸리는 곤충, 개구리, 명금류, 그리고 다른 동물들이 만들어내는 소음과 울음, 노랫소리로 채워졌을 것이다. 생태학자 피터 워셜은 매미가 인류 최초의 조음기였을지도 모른다고 주장한다. 매미 소리를 이용하면 그들이 만든 첫 노래의 음높이를 신뢰성 있고 일관되게 측정해볼 수 있었기 때문이다. 조류의 화성음정과 복잡한 발성 신호 역시 우리의 첫 음악과 언어에 영향을 미쳤을 것이다. 우리는 이런 소리의 맥락에서 우리 자신에 대해 알게 됐다. W. S. 머윈은 이렇게 적었다. "음표 하나씩, 하나씩 위로 구르며 밤에서 빠져나오고 …… 노래는 아무런 의심도 없고 한계도 없으니."

식물

"목재를 만드는 것은 나무가 아니라 나무들 사이로 내려오는 남은 빛과 하늘의 모양과 배치다." 작가 J. A. 베이커는 이렇게 얘기했다. 소리에 대해서도 비슷한 얘기를 할 수 있을지 모르겠다. 숲 역시 나무들 사이 공간에서 일어나는 공명을 통해 여러 지각 있는 생명체 앞에 모습을 드러내기 때문이다. 잎 위에 떨어지는 빗방울 소리, 나뭇가지 부딪히는 소리, 초목이 바스락거리는 소리가 우리를 둘러싼 것들에 대한 감각에 영향을 미친다. 식물학자 다이애나 베리스퍼드크로거는 나무 안에서 생명의 수액을 운반하는 물관부와 체관부가 오래된 숲에서는 특히나 길어서 새들이 둥지를 틀고 싶게 만드는 공명을 일으킬지도 모른다고 한다.

식물은 비유적으로나 문자 그대로나 반향을 일으킨다. 문자 그대로, 쿠바 열대우림에 사는 한 덩굴식물은 소리 반사판 역할을 하는 그릇 모양의 이파리를 진화시켰다. 이 이파리는 반향정위를 사용하는 박쥐가 덩굴의 꽃을 두 배나 빨리 찾을 수 있게 도와주고, 꿀을 빨아 먹는 대가로 박쥐는 이 덩굴식물이 꽃가루받이를 하게 해준다. 시인 바쇼는 비유적인 표현으로 사원 종소리가 그친 후에도 꽃 속에서 종 울리는 소리가 계속 들린다고 상상했다.

「오르페우스를 이야기하는 나무」라는 시에서 데니즈 레버토프는 음악가의 노래에 감동을 받아 춤을 추는 나무를 상상한다. 하지만 식물이 정말 들을 수 있을까? 찰스 다윈은 미모사에 바순을 연주해주어 이것을 알아내려 했다. 부드럽게 건들면 이파리를 접는 미모사가 이 악기 소리에도 반응할지 궁금했다. 미모사는 움직이지 않았고 다윈은 자기가 바보 같은 실험을 했다고 결론 내렸다. 하지만 그의 실패도 도로시 리톨렉이라는 메조소프라노 가수를 단념시킬 수는 없었다. 그녀는 1960년대에 바흐의 음악을 들려주면 식물이 더 잘 자라지만 지미 헨드릭스와 레드 제플린의 음악 아래서는 시들어버린다는 것을 보여주었다. 적어도 그녀는 이 실험 결과에 만족했다.

리톨렉의 실험 방법은 심각한 결함을 갖고 있었지만 1970년대에 이것을 개선해서 실험을 진행해보니 처음에는 모차르트, 미트로프 등 어떤 음악을 틀어줘도 침묵에 노출시킨 경우보다 옥수수 싹이 더 빨리 트는 것 같았다. 하지만 이 역시 틀린 것으로 밝혀졌다. 이 차이는 사실 스피커에서 나오는 열기 때문에 생긴 것이었다.

21세기 초에 일부 연구자들이 식물계의 구성원들은 소리에 둔감하다고 자신 있게 주장하고 있었다. 실제로 많은 나무들과 기타 식물들은 흙 속에 들어 있는 균사망이나 다른 방법들 덕에 다른 식물로부터 전달되는 신호에는 대단히 민감하다. 하지만 식물이 소리를 감지해서 얻을 이익은 무엇이며, 뇌도 없고 신경계조차 없는 식물이 어떻게 들을 수 있겠는가? 그것으로 사건은 종결되나 싶었다.

하지만 끝이 아니었다. 해변달맞이꽃 같은 식물은 꽃가루받이 동물의 소리를 실제로 듣는 것으로 밝혀졌다. 해변달맞이꽃은 아주 옛날에 쓰던 나팔형 보청기처럼 자신의 꽃을 이용해 소리를 증폭하고 집중시킬 수 있어서 벌의 윙윙대는 날개 소리를 들으면 그에 반응해 꿀 속의 당분 농도를 증가시킨다. 이 과정은 3분 내로 일어난다. 근처에서 꽃을 찾아다니며 꽃에 내려앉을까 말까 고민하던 벌이 내리는 결정에 변화를 가져올 만큼 빠른 속도다. 벌이 너무 빨리 날아가버린다 해도 식물은 그다음 벌을 더욱 잘 유혹할 준비가 되어 있다.

일부 식물이 진동에 대단히 민감하고 그 진동을 일으키는 것이 무엇인지 구분할 수 있다는 것을 알아차리는 연구자들도 점점 많아지고 있다. 애기장대는 자기를 씹어 먹는 곤충이 자신의 이파리에 일으키는 0.00254밀리미터도 안 되는 진동을 감지하고 그에 반응해서 방충 화학물질을 분비할 수 있다. 하지만 이 식물을 바람이나 다른 곤충이 일으키는 진동에 노출시키면 화학물질을 더 많이 분비하지 않는다. 한편 콩의 뿌리는 파이프 내부를 흐르는 물이 내는 진동으로 물의 위치를 찾아낼 수 있다. 그 파이프 바로 곁에 있는 흙이 주변 흙보다 물기가 더 많은 것이 아닌데도 뿌리는 파이프를 향해 자라기 시작한다.

다윈의 실험은 실패로 끝났지만 다른 경우에서도 종종 보이듯이 그의 첫 직관이 진실에서 완전히 동떨어진 것은 아니었다. 마지막에서 두 번째 책인 『식물의 운동력』에서 다윈은 뿌리 끝이 단순한 동물의 뇌처럼 행동한다고 주장했는데 맞는 얘기였다. 어떻게 일부 식물이 소리를 처리하고, 그에 대한 반응을 조직하는지에 대해 우리는 아직도 이해하는 바가 거의 없다. 셰익스피어는 "나무 속의 언어, 흐르는 시냇물 속의 책"이라고 비유적으로 표현했지만, 여기에 꽃이 실제로 소리를 들을 수 있는 현실 세계도 추가할 수 있을 것 같다.

식물이 자라고 환경에 반응하면서 내는 소리를 인간이 듣기도 점점 쉬워지고 있다. 나무의 몸통에 마이크를 장착하면 물과 영양분이 세포를 통과하는 소리를 들을 수 있다. 말하자면 나무가 맛있게 물을 마시는 소리라고 할 수 있다. 제즈 라일리 프렌치는 이렇게 말했다. "식물의 소리는 훨씬 더 매력적이고, 식물에 대한 인식에 우리가 지금껏 알고 있던 것보다 훨씬 큰 도전을 제시하고 있다." 그는 식물의 소리에 귀를 기울이는 기술이 발전함에 따라 식물이 참여하고 있는 생태계를 존중하고 표현하는 법을 더 공평하게 학습할 기회가 생겨나고,

번성하는 생태계가 우리 눈에 보이는 이파리와 꽃만이 아니라 뿌리와 토양에도 의존한다는 사실을 배울 수 있을 것이라 주장한다.

식물

곤충

곤충은 당신이나 나와 다르다. 이들에게는 귀가 더 많다. 그리고 귀가 아주 이상한 곳에 달려 있다. 일부 나비와 나방은 입에 달려 있다. 어떤 것은 날개 기저부에 달려 있다. 우리로 치면 귀가 겨드랑이에 달려 있는 셈이다. 뱀눈나비아과라는 나비 집단은 날개에 부풀어 오른 시맥 덕분에 소리를 이 작은 귀로 모아줄 수 있다. 비행 수단이 우리의 귓바퀴와 동등한 역할을 하는 것이다. 귀뚜라미는 앞다리에 청각기관이 있다. 파리는 더듬이에 달린 감각기로 듣는다. 사마귀는 흉부 중심에 있는 귀 하나로 듣는다. 메뚜기는 복부에 있는 막을 통해 소리를 감지한다.

곤충의 해부학적 구조를 보면 거의 무한할 정도로 초현실적인 다양성이 나타난다. 그런 다양성이 청각에 국한되어 있지도 않다. 예를 들어 어떤 나비는 성기 위에 '눈'이 달려 있다. 엄밀히 말하면 눈이 아니라 '안구외광수용기'라 불러야겠지만 말이다. 하지만 서로 다른 수많은 종류의 귀가 진화했고, 서로 다른 곤충 집단에서 적어도 열아홉 번 독립적으로 진화했다는 사실만 봐도 생존과 번식을 위한 투쟁에서 전부는 아닐지언정 수많은 곤충에게 소리가 얼마나 중요했는지 알 수 있다.

절지동물은 외골격과 체절을 갖고 있는 무척추동물문으로, 곤충도 여기에 포함된다. 절지동물은 4억 5,000만 년 전에 바다에서 뭍으로 올라왔다. 일부는 오늘날의 투구게처럼 오르도비스기의 바닷가 모래에 알을 낳기 위해 뭍에 찾아왔다. 어떤 것은 조류, 단순 식물, 벌레, 다른 절지동물 같은 먹이를 찾기 위해 왔다. 최초의 곤충(다리가 여섯 개 달린 절지동물)은 이미 지네와 노래기뿐만 아니라 포식성 전갈과 거미(다리가 여덟 개 달린 절지동물)로 바글거리던 육상 환경 속에서 4억 년 전에 진화했다. 이 생명체들은 대부분, 혹은 전부 다리에 있는 감각기를 통해 토양이나 초목을 타고 오는 진동을 감지할 수 있었을 것이다. 따라서 최대한 조용히 하고 소리를 통해 위험에 귀를 기울여야 한다는 강력한 동기가 부여되었을 것이다.

하지만 경우에 따라서는 의도적으로 소리와 진동을 만들어낼 필요도 있었다. 갑자기 소리를 내면 포식자를 놀라게 만들어 도망갈 시간을 벌 수 있었을 것이다. 이런 능력은 아마도 일찍부터 진화했을 것이다. 이는 악수할 때 갑자기 소리를 내서 사람을 놀라게 하는 장난감과 원리는 똑같지만 목적은 진지한 것이었다. 이것은 거미, 노래기, 귀뚜라미, 딱정벌레, 쥐며느리 등에게서 여전히 발견된다. 더 나아가 소리를 통해 자신의 존재를 광고하면 짝을 찾거나 라이벌을 겁주는 데 도움이 된다.

곤충들은 아마도 육상에서 지구 최초로 노래를 만들어냈을 것이다. 전문용어로는 '고생대 성(性) 간 호출 상호작용'이라고 한다. 이들이 정확히 언제, 어떻게 이렇게 했는지는 알려져 있지 않다. 하지만 그 기원으로는 적어도 두 가지가 있다. 첫 번째는 진동 감각, 즉 식물이나 땅을 통해 전달되는 웅웅거림, 달가닥거림, 기타 운동을 느끼는 능력을 이용하기 위해서였다. 여기서 나온 결과물 중 일부를 오늘날에는 뿔매미에게서 들어볼 수 있다. 뿔매미는 등에 특징적으로 큰 구조물이 돋아 있는, 수액을 빨아 먹는 작은 곤충이다. 이 구조물은 뿔처럼 생긴 경우가 많지만 19, 20세기 독일군의 뿔 달린 화려한 철모인 피켈하우베, 헬기의 회전날개, 초승달처럼 환상적인 색깔과 모양을 취할 수도 있다. 뿔매미들은 복부에 있는 근육을 빠르게 수축해서 진동을 만들어낼 수 있다. 그럼 이 진동은 그 뿔매미가 서 있는 식물을 통해 전달되어 다른 뿔매미들의 다리를 타고 전달된다. 이 진동은 사람의 귀에는 들리지 않지만 전기장치를 이용하면 손쉽게 소리로 전환할 수 있다. 생물학자 레지널드 코크로프트가 편집한 녹음 자료집에는 서로 다른 뿔매미 종이 부른 노래들이 들어 있다. 이들은 긁힌 디저리두 소리, 원숭이 울음소리 더하기 기계가 딸깍거리는 소리, 트럭이 후진할 때 내는 경고 소리, 드럼 소리가 결합된 듯한 다양한 소리를 낸다. 이 작은 곤충들은 표면의 진동을 이용해 몸집이 더 큰 동물에게서 오는 것 같은 소음을 만들어낼 수 있다. 1939년 영화 〈오즈의 마법사〉의 절지동물 버전인 셈이다. 이 영화를 보면 이파리가 무성한 작은 공간에서 엄청난 소리를 만들어내는 장면이 나온다. 뿔매미는 자기보다 수백만 배는 무거운 악어 소리처럼 낮은 짝짓기 음성을 낼 수도 있다.

곤충 노래의 두 번째 기원은 비행이라는 놀라운 혁신을 위해 이미 진화해 나왔던 신체 부위를 응용한 것이었다. 이 진화 경로에서는 날개로부터 노래가 등장했다. 갈라져 나온 현존하는 종의 유전자에서 공통의 기원을 추적해보면 날개가 달린 최초의 곤충은 4억 년 전에서 3억 5,000만 년 전에 진화한 것으로 보인다. 반면 소리를 내기 위해 날개에 이런 변화가 생겼음을 보여주는 최초의 화석 증거는 약 3억 1,000만 년 전, 석탄기 후기로 거슬러 올라간다. 현대의 메뚜기와 친척 관계이고 대륙검은지빠귀 정도 크기인 곤충 티타노프테라의 날개에는 특수한 영역이 존재해서 둘을 접촉시키면 아마도 타닥거리는 소리를 냈을 것이다. 빛을 번쩍였을 수도 있다. 양쪽 모두 동물이 소통하는 데 도움을 주었을 것이다. 마찰음, 즉 날개나 다른 부속지를 서로 문질러서 긁힌 노랫소리를 냈다는 반박 불가능한 가장 오랜 증거는 수천만 년 후인 페름기의 화석에서 나왔다. 요즘 귀뚜라미의 먼 친척인 페르모스트리둘루스는 한쪽 날개에 두껍게 솟아오른 작은 시맥을 갖고 있었다. 날개를 함께 비비면 이 부위가 반대쪽 날개의 밑동을 긁었을 것이다. 여기서 나온 단순하고 거친 소리가 3억 년짜리 교향곡의 시발점이었다.

　현대의 귀뚜라미는 구조는 사실상 동일하지만 더 정교해진 버전을 갖고 있다. 귀뚜라미는 기타 피크로 빗살을 훑듯이 왼쪽 날개에 있는 혹을 오른쪽 날개 융선에 비빈다. 이들은 또한 날개에 막으로 된 드럼 같은 창을 갖고 있어서 그것으로 소리를 증폭한다. 이 줄(표면을 매끈하게 다듬는 공구)과 창의 형태는 귀뚜라미 종마다 다르다. 리듬도 마찬가지다. 그래서 이들은 부드러운 소리부터 높은 떨림음, 사람의 귀로는 들을 수 없는 끼익 소리까지 아주 다양한 노래를 만들어낸다. 어떤 귀뚜라미는 이파리를 씹어 구멍을 내고, 그 구멍으로 머리를 집어넣어 이파리의 나머지 부분을 메가폰처럼 사용해서 소리를 증폭한다. 다른 종류의 곤충들도 소리를 내는 아주 다른 방법들을 진화시켰다. 일례로 매미는 진동막을 갖고 있다. 매미의 복부에 있는 주름진 구조물로, 이것을 몸통 양쪽에 있는 공명실에 대고 빠르게 진동시키면 어느 곤충보다도 큰 소리를 낼 수 있다.

　페르모스트리둘루스와 페름기의 다른 곤충들은 동물들이 부수적으로 만들어내는 쩌억 소리, 풍덩 소리, 쉬익 소리, 쿵 하고 발 딛는 소리, 긁는 소리 말고는 다른 동물의 소리가 거의 없었던 세상에서 살았다. 당시에 살았던 우리의 머나먼 선조도 이 곤충들의 소리를 듣지 못했을 것이다. 움직임이 투박한 도마뱀처럼 생긴 수궁류는 저주파수의 소리만 들을 수 있었다. 하지만 시간이 지나면서 일부가 몸집이 작아지고, 털이 자라고, 하늘을 나는 법도 배우면서 곤충들을 두려움에 떨게 하는 가공할 포식자로 변모했다.

　박쥐는 5,200만 년 전쯤에 반향정위 능력, 즉 고음의 큰 소리를 방출하고 거기서 돌아오는 메아리를 읽어 공간 속 물체의 위치를 알아내는 능력을 진화시켰다. 이런 능력 덕분에

박쥐는 완전한 어둠 속에서도 날아다니는 곤충을 발견하고
추적할 수 있었다. 박쥐는 이 곤충들을 잡아먹고 번성했다.
오늘날 살아 있는 포유류 5종 중 1종은 박쥐다. 하지만
곤충들도 넋 놓고 있지 않고 그에 대한 대책을 진화시켰다.
사마귀는 흉부에 있는 귀로 박쥐 소리를 들으면 미사일
회피 기동을 위해 급강하하는 전투기처럼 아래로 떨어진다.
타이밍이 중요하지만 사마귀는 약 80퍼센트의 확률로
박쥐를 피하는 데 성공한다. 많은 나방 종은 박쥐의 초음파
소리가 고막에 들리면 비행용 근육들을 불규칙하게 수축해서
비행경로를 무작위로 흔들어놓는다. 그럼 박쥐도 곤충을
추격하기가 어려워진다. 어떤 나방은 훨씬 기발한 방어 전략을
진화시켰다. 불나방은 외골격 위에 나 있는 혹을 휘어서 초음파
음향을 만들어낸다. 그럼 이것이 박쥐의 반향정위를 방해하고
나방에 독이 있다는 신호도 보낸다. 멧누에나방은 꼬리처럼
생긴 부속지를 가지고 있어서 날아다닐 때 이것을 돌리고
퍼덕여서 박쥐를 혼란스럽게 만드는 음향 미끼를 만들어낸다.
심지어 날개에 최첨단 전투기의 방음 타일처럼 작동하는
비늘이 나 있어 박쥐의 초음파 음향을 80퍼센트 정도 흡수하는
'스텔스' 나방도 있다. 이렇게 되면 나방에 부딪혀 돌아가는
신호를 감지하기가 어려워진다.

    나비가 소리를 이용해서 다른 곤충을 착취하는 법을
학습한 경우가 적어도 하나는 나와 있다. 유럽과 아시아
북부에서 발견되는 날개에 점이 있는 알콘블루나비의
애벌레는 뿔개미를 유혹하는 달콤한 물질을 만들어낸 다음
여왕개미의 노랫소리를 흉내 낸다. 그럼 일개미들은 애벌레를
여왕으로 받아들여 자기네 둥지로 데려간다. 애벌레는 개미
둥지에 들어가서도 계속해서 노래를 부르고, 그럼 개미들은
자기네 유충보다 이 나비 애벌레를 먼저 먹이며 키운다.

그럼 나비 애벌레는 기존의 크기보다 100배나 크게 자란다. 무척추동물계의 괴물 뻐꾸기라 할 수 있을 것이다.

곤충과 다른 무척추동물의 소리 세계는 알면 알수록 놀랄 것들이 더 많이 나온다. 예를 들면 검정과부거미는 거미줄 위에서 자세를 바꾸어주면 서로 다른 주파수에 맞추어 다리의 진동을 조율할 수 있다는 것이 근래에 밝혀졌다. 에드 용은 이렇게 말한다. "이것은 마치 사람이 스쾃을 하면 빨간색에 초점을 맞출 수 있다거나, 요가의 견상자세를 하면 고음의 소리만 골라 들을 수 있다는 것과 비슷한 얘기다." 한편 뱀눈나비의 날개는 이상적인 마이크에 가까운 성능을 갖고 있어서 특정 음역대를 다른 음역대보다 선별적으로 증폭하는 일 없이 주변의 모든 소리를 정확하고 구체적으로 그려낼 수 있다. 사람은 최첨단 기술로도 이러기가 힘들다.

1962년에 레이철 카슨은 무분별한 살충제 사용으로 새들의 주요 먹이 공급원이 오염되어 새들이 대량으로 죽으면서 새소리가 사라지는 침묵의 봄을 경고했다. 생물학자 데이브 굴슨은 이렇게 적었다. "오늘날 그녀가 살아 있었다면 상황이 훨씬 더 나빠진 것을 보며 눈물을 흘렸을 것이다." 그녀가 경고했던 문제들이 더욱 심각해진 데는 이것 하나 때문만은 아니겠지만 새로운 살충제가 수십 년 전보다 수천 배 독해졌다는 점도 한몫하고 있다. 그렇다면 침묵에 빠지는 존재가 새뿐만은 아닐 것이다. 영국에서는 2004년과 2021년 사이에 날아다니는 곤충의 수가 거의 60퍼센트나 줄어들었다. 다른 국가들에서도 비슷하게 감소한 것으로 여겨진다. 굴슨은 이렇게 말한다. "이것이 얼마나 파괴적인 일인지 사람들이 거의 깨닫지 못하는 것 같다." 그의 말에 따르면 곤충의 사라짐은 인간의 복지에도 심각한 영향을 미칠 것이다. 작물을 꽃가루받이하고, 대변, 나뭇잎, 사체를 재순환하고, 토양을 건강하게 유지하고, 해충을 통제하는 등의 일을 하기 위해서는 곤충이 필요하기 때문이다. 그리고 이것은 새, 물고기, 개구리, 그리고 곤충을 먹이로 삼는 다른 동물, 곤충의 꽃가루받이가 필요한 야생화 등에도 영향을 미칠 것이다. 곤충이 계속 이렇게 줄어든다면 우리가 아는 살아 있는 세상도 천천히 멈추어갈 것이다. 이 세상은 곤충 없이는 기능하지 못하기 때문이다.

벌

벌은 메아리를 들으면 짜증이 날까? 이런 질문을 떠올릴 사람이 많지는 않을 것이다. 18세기의 목사 겸 박물학자 길버트 화이트는 로마의 시인 베르길리우스의 글에서 이 말도 안 되는 공상 같은 주장을 발견해 직접 조사해보기로 마음 먹었다. 그는 자기 정원에 있는 벌집 가까이에 커다란 확성기를 설치한 후 "약 1.6킬로미터 떨어진 배에도 신호를 보낼 수 있을 정도로 큰 목소리로" 말했다. "벌들은 아무런 방해도 받지 않고, 그 어떤 감정이나 원한도 표출하는 일 없이 다양한 일들을 묵묵히 수행했다."

벌이 여러 소리에 무관심하고 귀머거리일 가능성이 있다는 것은 화이트의 시대에는 새로운 이야깃거리가 아니었다. 베르길리우스보다 3세기 앞서 살았던 아리스토텔레스도 그런 얘기를 했었고, 화이트는 당대의 자연철학자들이 벌에게 그 어떤 청각기관도 없다고 주장하는 것을 알고 있었다. 하지만 평생 벌을 키워왔고, 자연을 예리하게 관찰해온 화이트는 철학자들이 무언가를 놓치고 있는 것이 아닐까 궁금했다. 벌이 소리를 들을 수는 없어도 소리의 영향력, 즉 진동은 느낄 수 있지 않을까? 때로는 귀로 듣는 것이 전부가 아니다.

인간은 오랫동안 벌을 이용해왔고, 지금도 마찬가지다. 우리는 그들을 키워 꿀을 얻을 뿐만 아니라 그들의 군집 사회에 우리가 사회를 꾸리는 방식에 대한 온갖 개념들을 투영해왔다. 하지만 그와 동시에 우리는 벌을 그 자체로 경이로운 존재로 바라보았다. 베르길리우스는 메아리에 대한 벌의 감수성에 대해 『목가집』에 이렇게 적었다. "벌에게 신성한 지능과 천국의 샘 한 모금이 있다고 주장하는 사람도 있다." 한 세기 후에 태어난 플리니우스는 자신의 책 『박물지』에서 꿀은 별의 타액이거나 하늘의 땀일지도 모른다고 말했다.

벌에 대한 과학도 사람들이 지어낸 이야기보다 더 놀라우면 놀라웠지 덜하지 않다. 우선 벌은 엄청나게 다양하다. 벌은 꿀벌 9종과 호박벌 250여 종 말고도 2만 종 정도가 더 있고, 장엄할 정도로 다양한 서식지에 살고 있다. 예를 들어 북미 대륙 소노란사막의 오르간파이프 기둥 선인장, 테디베어 촐라 선인장, 관봉옥에는 퍼디타 미니마가 살고 있다. 몸 길이가 2밀리미터도 안 되는 이 벌은 세계에서 제일 작은 벌로서, 자기보다 20배 이상 더 큰 어리호박벌 및 수십 종의 다른 벌과 함께 살아간다.

벌은 미리 프로그램된 대로 움직이는 로봇이 아니라 유연하고 적응력 뛰어난 학습자다. 그들은 익숙하지 않은 복잡한 지형에서도 길을 잘 찾아다니고, 잘 기억하고, 자기가 배운 내용을 다른 개체들과 공유한다. 이것도 시작에 불과하다. 예를 들면 꿀벌은 개별 사람의 얼굴을 알아볼 수 있다. 호박벌은 일부 식물의 이파리를 일부러 손상시킨다. 이렇게 하면 식물이 꽃을 피우고 꽃가루를 만들어내는 데 걸리는 시간을 줄일 수 있기 때문이다. 일부 벌은 줄을 당겨서 투명한 판 아래 보이는 가짜 꽃에 접근하는 법을 학습하는 등 자연환경에서는 절대 만날 일이 없는 퍼즐도 풀 수 있다. H. 사마디 갈파야게 도나의 최근 연구에서는 호박벌이 연구실에서 나무 공을 굴리는 등의 행동에 참여한다고 했다. 이것은 동물의 놀이에 대한 정의를 모두 충족하는 행동이었다. 이들은 이 모든 행동을 겨우 모래 알갱이 하나 크기의 뇌, 그리고 100만 개도 안 되는 뉴런으로 해낸다. 860억 개로 이루어진 인간의 뇌에 비하면 0.001퍼센트밖에 안 되는 숫자다. 벌의 뇌에 들어 있는 각각의 뉴런은 참나무만큼이나 가지를 많이 쳐 수천 개의 다른 뉴런들과 시냅스 연결을 이루고 있다.

이렇게나 재주 많은 생명체가 소리를 이용하지 않는다고?

길버트 화이트의 뒤를 이어 작가 모리스 마테를링크는 1901년 양봉을 하면서 벌집 근처에서 소음을 내도 벌들은 전혀 신경 쓰지 않았지만 이것은 들리지 않는 것이 아니라 그냥 무시하는 것일지도 모른다고 주장했다. 그는 "혹시 우리는 벌이 만들어내는 소리 중 극히 일부만을 들을 수 있는 것이 아닐까? 벌들은 우리 귀에는 들리지 않는 여러 화성을 갖고 있는 것이 아닐까?"라는 질문을 했다.

마테를링크의 추론은 선구적 생물학자 찰스 헨리 터너에 의해 확증됐다. 그는 벌이 음을 듣고 음높이를 구분할 수 있음을 입증해 보였다. 8자 춤의 관찰로 추가적인 증거가 나왔다. 1920년대 생태학자 카를 폰 프리슈에 의해 처음으로 자세히 연구가 이루어진 이 행동을 보면 먹이 채집에 성공한 벌은 벌집 안에서 8자 모양으로 춤을 춰서 먹이, 물이 있는 곳, 혹은 새로운 잠재적 보금자리에 대한 정보를 집단과 공유한다. 벌은 8자 춤을 추면서 알케인과 알켄이라는 화합물을 분비하고, 독특한 전기장을 만들어낸다. 이 두 가지 모두 소통의 일환일 수 있지만 현재 연구자들은 벌이 8자 춤을 추면서 생겨나는 표면과 공기 중의 진동도 역할을 담당하고 있다고 생각한다. 연구자 아이 히로유키와 그 동료들은 "8자 춤을 추는 단계에서 춤추는 개체의 날갯짓이 연속적인 진동 펄스를 만들어내고 이 펄스가 춤추는 개체의 꼬리에서 추종자 벌에게로 전달된다"고 적었다. 추종자 벌들은 더듬이에 있는 존스턴 기관이라는 것을 통해 공기 중의 진동이나 근처 현장에서 나는 소리를 감지하고, 1차 청각중추에서 정보를 처리한다. 이 1차 청각중추라는 신경계 부위는 21세기 신경과학자들은 볼 수 있지만 18세기 자연철학자들은 볼 수 없는 것이었다. 벌들이 서로 우연히 부딪칠 때 '이크!' 하고 소리를 지른다는 것도 발견됐다. 처음에 연구자들은 이것이

다른 벌에게 멈추라는 신호를 보내는 것이라 생각했지만, 지금은 그냥 놀랐다는 표시라 생각하고 있다.

　꿀벌이 벌집 밖에서는 더 먼 거리에 걸쳐 소리를 감지할 수 있다는 증거도 있다. 하이엔드 오디오 시스템 제조업체에서 벌집의 웅웅거리는 소리를 녹음해 몇 미터 떨어진 곳에서 틀어주었다. 그러자 벌집에서 상당한 숫자의 벌이 나타나 녹음한 소리를 재생하는 스피커로 다가왔다.

　또한 호박벌은 진동을 도구로 사용한다. 여름날에 꽃이 만개한 곳에서 시간을 보낸 적이 있다면 아마도 그 소리를 들어보았을 가능성이 높다. 호박벌이 붕붕거리며 게으른 저음의 소리를 내다가 가끔씩 연속적인 고음을 낼 때가 있다. 마치 나무에 작은 구멍을 뚫는 소리 같기도 하고, 거미줄에 걸려 고통스러워하는 청파리의 소리처럼 들리기도 한다. 어떤 사람은 벌이 괴로워하는 소리인가 생각하기도 하지만 사실은 그렇지 않다. 식물은 그냥 곤충이 꽃밥에 부딪히게 만들어서 자신의 꽃가루를 곤충에게 전달하는 경우가 많지만, 인간의 소중한 식품 공급원에 해당하는 종을 비롯해서 식물 12종 중 1종 정도는 튜브처럼 생긴 '포공개열' 꽃밥을 갖고 있다. 이 경우에는 꽃가루가 그 안에 들어 있어서 끝에 달린 작은 구멍을 통해서만 빠져나온다. 호박벌이 비행용 근육을 수축해서 중력의 30배에 달하는 강력한 힘으로 격렬하게 윙윙거리면 그 꽃가루가 구멍에서 쏟아져 나온다. 이것을 진동 꽃가루받이 혹은 음파 파쇄라고 한다.

　전하는 이야기로는 제1차 세계대전이 끝나고 난 후에 영화계의 거물 새뮤얼 골드윈이 자기 영화의 톤을 끌어 올릴 심산으로 저명한 작가들을 영입했다고 한다. 그중 한 명이 노벨 문학상도 수상한 모리스 마테를링크였다. 이 위대한 작가는 영화 대본 작업에 착수했다. 대본이 번역되자 골드윈이 읽기 시작했는데 처음에는 어리둥절한 표정이었다가 점점 표정이 일그러지더니 더 이상은 견딜 수 없는 지경이 되어 호통치듯 말했다. "맙소사! 벌이 영웅이라고?"

마테를링크의 할리우드 경력은 그것으로 끝나고 말았지만 벌에 대한 그의 사랑은 계속해서 다른 사람들에게 영감을 불어넣었고, 소리에 관한 그의 직관은 옳은 것으로 밝혀졌다. 벌은 실제로 "우리 귀에는 들리지 않는 여러 화성을 갖고 있었다". 어쩌면 우리가 발견해야 할 것이 아직 더 남아 있을지도 모른다.

생명의 세계에 존재하는 우리의 청각 능력을 벗어나는 소리에 대해 알면 경이로움을 느끼게 된다. 전자 증폭 같은 수단을 이용해 사람도 들을 수 있게 만들면 대단히 매력적인 소리가 등장하는 경우가 많다. 하지만 아무런 장치도 사용하지 않고 이미 우리가 가진 순수한 감각만 가지고 주의를 기울이는 것만으로도 충분하거나 오히려 더 좋을 때가 있다. 생물학자 로빈 월 키머러는 이끼 연구에 대해 얘기하며 이렇게 적었다. "주의를 기울이는 것만으로도 가장 강력한 확대경에 버금가는 효과를 얻을 수 있다." 벌도 마찬가지다.

안전만 확보할 수 있다면 평생에 한 번쯤은 활동이 활발한 벌집에 귀를 최대한 가까이 갖다 대볼 만하다. 블레즈 파스칼은 이렇게 적었다. "천국이나 지옥, 그리고 우리 사이에는 생명밖에 없다. 그리고 생명은 세상에서 가장 부서지기 쉬운 존재다." 하지만 수천 마리의 벌이 집단 지성으로 조직하고 협력하는 소리의 강도와 스펙트럼 속에서는 생명이 우리의 짧은 수명을 훨씬 뛰어넘는 힘과 가능성으로 부풀어 오르는 소리를 들을 수 있다. 우리가 허락하기만 한다면 말이다.

개구리

개구리는 얼마나 놀라운 작품인가! 피부를 통해 이루어지는 호흡은 얼마나 고귀하며, 사람의 것보다 열 배나 부드럽고, 백 배나 끈적한 혀는 얼마나 날렵한가! 먹이를 삼키는 동작은 또 얼마나 감탄스러운가! 개구리는 먹잇감을 삼킬 때 먹이를 목구멍으로 잘 내려보내기 위해 눈알을 머리뼈 안쪽으로 밀어 넣는다. 그리고 개구리는 막대 세포 기반의 색각 시스템 덕분에 캄캄한 어둠 속에서도 색을 볼 수 있다.

최초의 개구리는 거의 2억 년 전인 쥐라기에 진화한 것으로 생각된다. 개구리 집단의 초기 구성원인 벨제부포는 아기 공룡을 잡아먹을 수 있을 정도로 컸다. 오늘날에는 남극대륙을 제외하고 모든 대륙에 7,000종 넘는 개구리가 산다. 이들은 세상에서 제일 작은 척추동물로 연필 끝에 달린 지우개보다도 작은 페도프라이네 아마우엔시스부터 토이 푸들 강아지와 12라운드 격투 경기를 벌일 수 있을 정도로 큰 골리앗개구리까지 다양하다. 형태와 움직임에 관한 한 이들의 재능은 거의 무한하다. 어떤 개구리는 낙하산 같은 발바닥으로 보르네오섬과 수마트라섬의 우림에서 공중 활강을 할 수 있는 반면, 티티카카호에 사는 어떤 개구리는 주름이 하도 많아서 음낭 개구리라고도 불리며, 절대로 물을 떠나지 않는다. 호주 굴개구리는 진흙 속에서 몇 년을 살아남을 수 있다. 베트남에 사는 모시개구리는 강변의 돌멩이와 뒤섞이면 구분이 거의 불가능하다. 중남미의 독개구리는 눈에 확 띄는 황금색, 파란색, 빨간색, 주황색, 검은색의 얼룩과 줄무늬를 뽐낸다.

개구리 행성에서는 소리에 아주 큰 의미가 있다. 울음소리로 암컷에게 자신을 홍보하는 종의 경우 수컷은 울음소리가 깊을수록 암컷에게 매력적인 존재로 다가간다. 개구리가 이 소리를 거짓으로 꾸며낼 수는 없다. 여기는 '표현의 크기 상징주의'가 통하는 곳이라 몸집이 클수록 소리도 깊어진다. 그들에게는 진리가 곧 아름다움이요, 아름다움이 곧 진리다. 생태학자 피터 워셜은 동물의 소리 20억 년에 대한 강의에서 이렇게 말한다. "수컷 개구리가 싸움을 원하지 않으면 이미 암컷과 짝짓기를 하고 있는 다른 수컷에게 가서 등을 두드린다. 그 수컷의 울음소리가 자기보다 더 깊으면 그냥 놔두고, 그렇지 않으면 서로 자리를 바꾼다." 개구리는 아주 오랫동안 이런 식으로 행동했기 때문에 루틴을 잘 알고 있다. 때때로 수컷 개구리는 아주 많은 수컷들의 등을 두드리고 나서야 공주를 만나 입을 맞출 수 있다.

소리에 관한 한 암컷 개구리도 경이로운 존재이기는 마찬가지다. 따듯한 날에는 개구리들이 살기 좋아하는 습한 장소에서 서로 종이 다른 수십 마리의 수컷들이 동시에 울어대기 때문에 칵테일파티 문제라는 것이 생긴다. 그 대소란 속에서 올바른 목소리를 골라 들어야 하는 문제다. 이 문제를 극복하기 위해 암컷은 폐에서 다른 종의 울음소리와 주파수가 똑같은 소리를 만들어낸다. 그리고 이 소리를 자기 고막으로 보내면 노이즈캔슬링 헤드폰과 동일한 원리에 의해 소리가 약해진다. 이 덕분에 자기 종 수컷의 울음소리가 도드라지게 되고, 모든 면에서 완벽한 새로운 세대가 조만간 물에서 기어 나와 새로운 게임을 이어나가게 된다.

어떤 사람에게는 개구리 소리가 기쁨을 주는 소리의 원천이 되기도 한다. 1860년 5월에 헨리 데이비드 소로는 "밤공기가 점점 따듯해질 때마다 강둑을 따라 점점 커지는 두꺼비와 개구리의 소리는 대지의 첫 노래다"라고 썼고, 음악가 에르메투 파스코아우는 비오는 날 울려 퍼지는 개구리 소리는 함께 이중주를 해보자는 초대장처럼 들린다고 했다.

하지만 개구리 울음소리가 항상 인간을 즐겁게 만들었던 것은 아니다. 기원전 405년에 공연된 아리스토파네스의 희극

「개구리」에서는 디오니소스를 격분하게 만들었고, 2014년에는 참을 수 없을 정도로 큰 개구리 짝짓기 소리가 미국의 팝스타 아리아나 그란데를 거의 정신착란에 빠질 지경까지 몰고 갔다. 다행히도 그녀는 스마트폰에서 바다 소리 앱을 찾아 개구리 소리를 차단할 수 있었다고 한다.

개구리는 환경오염, 혹은 인간이 야기한 다른 소란으로 인해 공격받고 있다. 하지만 그들이 존재를 이어가리라는 희망은 남아 있는지도 모르겠다. 어떤 개구리는 무언극이 가능하기 때문이다. 개구리들은 소음이 너무 커서 서로의 소리를 들을 수 없는 시끄러운 폭포 근처에서 그냥 손을 흔드는 인사로 짝을 유혹하는 법을 배웠다.

박쥐

박쥐가 자기가 낸 소리의 반향을 들어서 길을 찾고 곤충을 잡으며 반향정위를 한다는 사실은 요즘에는 상식으로 자리 잡았기 때문에 그 부분에 대해서 깊이 생각하는 사람이 별로 없다. 참 안타까운 일이다. 이것은 생각하면 생각할수록 놀라운 현상이기 때문이다.

역사부터 알아보자. 라차로 스팔란차니의 삶에서 박쥐의 눈알을 수술로 적출하는 것은 늘 있는 일 중 하나였다. 성직자 겸 생물학자이자 다방면으로 재주가 많은 사람이었던 그는 1786년에 최초로 개구리를 시험관에서 수정시키고 개를 인공수정시켰다. 그리고 1793년이 되어서는 작은 털북숭이 포유류가 어떻게 올빼미도 비행을 포기하는 짙은 어둠 속에서 아무런 사고도 없이 공중을 날 수 있는지 알아내려 애쓰고 있었다. 스팔란차니는 자기가 눈을 멀게 만든 박쥐가 예전과 똑같이 잘 날아다니는 것을 보고 박쥐는 시력이 아닌 다른 수단을 이용해서 길을 찾는 것이 분명하다는 결론을 내렸다. 시력을 대신할 설명을 찾기 위해 그는 시력이 정상인 박쥐의 귀를 왁스와 다른 물질로 막아보았다. 이 박쥐가 날다가 벽에 부딪히는 것을 보고 그는 박쥐가 귀로 듣고 길을 찾는 것이 분명하다고 판단했다. 다만 어떻게 그럴 수 있는지는 알 수 없었다.

그 해답은 모습을 드러내지 않고 있다가 100년 넘게 지나 기술의 발전 덕분에 상상 가능하고 측정 가능한 영역이 확장되며 모습을 드러내기 시작했다. 타이타닉호가 침몰하고 한 달 후인 1912년 5월에 기상학자 루이스 프라이 리처드슨이 요즘에는 소나라고 부르는 수중 음향탐지 장치에 대한 특허를 신청했다. 그리고 같은 해에 자동 기관총 발명가로 잘 알려져 있는 하이럼 맥심은 박쥐가 인간의 가청 범위보다 낮은 소리의 반향을 듣고 길을 찾는 것이라 주장했다. 8년 후에 생리학자

해밀턴 하트리지는 사실은 박쥐가 인간의 가청 범위보다 높은 소리를 낸다고 주장했고, 젊은 생물학자 도널드 그리피스가 이것을 확인해주었다. 그는 1930년대에 고주파수 소리를 감지할 수 있는 최신 장비를 가지고 박쥐를 연구하기 시작했다. 그리고 1944년에 그는 반향정위라는 용어를 만들었다. 그리피스(그는 많은 동물이 생각하고 추론할 수 있다는 인기 없는 아이디어를 옹호했다)와 그 공동 연구자들이 그때까지 상상 불가능했던, 즉 박쥐가 소리로 '본다'는 사실을 증명한 이후로 겨우 한 사람의 수명에 불과한 시간이 흘렀다.

에드 용이 동물의 지각에 대해 쓴 책 『이토록 굉장한 세계』는 박쥐의 감각 우주인 움벨트[17]에 대해 훌륭하게 설명하고 있다. 몇 가지 핵심을 살펴보자. 첫째, 우리 귀에는 박쥐가 거의 침묵하는 것처럼 들리겠지만 사실 박쥐들은 믿기 어려울 정도로 시끄럽다. 몸무게가 불과 15~26그램 정도, 즉 신용카드 3~5장 무게밖에 안 나가는 큰갈색박쥐는 138데시벨로 비명을 지른다. 이는 제트엔진 소리와 맞먹는 큰 소리다. 심지어 '속삭이는' 박쥐라 불리는 바바스텔박쥐도 110데시벨로 고함을 지른다. 이 정도면 체인 톱 정도의 소음이다. 이런 소리가 사람 귀에 안 들리는 이유는 박쥐 소리의 주파수가 최고 20만 헤르츠 정도로 인간이 처리할 수 있는 수준보다 훨씬 높기 때문이다. 하지만 이것은 실제로 존재하는 소음이다.

박쥐가 그렇게 시끄럽게 비명을 지르는 이유는 아주 높은 주파수의 소리는 공기에 신속하게 흡수되어 멀리 나가지 않기 때문이다. 이를 보상하기 위해 박쥐는 소리 에너지를 깔때기처럼 모아서 머리로부터 좁은 헤드라이트 빔처럼 퍼져나가게 만드는 경향이 있다. 이렇게 하면 5미터에서 8미터 정도 떨어져 있는 나방이나 곤충 같은 먹잇감도 찾을

수 있다. 그리고 자기 귀가 먹먹해지는 것을 막기 위해 박쥐는
매번 소리를 낼 때마다 정확히 때를 맞춰 가운데귀의 근육을
수축함으로써 청각을 둔하게 만들었다가 반향이 들릴 시간에
맞추어 이완한다.

장애물을 피하고 먹잇감의 위치를 파악하려면 박쥐는
소리를 신속하게 업데이트할 수 있어야 한다. 그러지 않으면
자칫 지금 막 자기가 낸 소리와 부딪혀 돌아오는 반향이
뒤범벅되어 잡음이 되어버릴 수 있다. 박쥐는 성대근으로
이것을 해낸다. 급강하하는 곤충으로 곧장 날아가는 '종말
버즈' 단계가 되면 박쥐는 발성근을 초당 200회까지 수축한다.
이는 그 포유류의 근육 중에서 가장 빠른 운동 속도다. 이렇게
하면 각각의 울음소리가 몇 밀리초 정도만 유지되기 때문에
급속한 종말 버즈 동안에도 울음소리와 반향 사이에 중첩이
일어나지 않아 박쥐가 혼란에 빠질 일이 없다.

박쥐의 청각을 통한 시각적 정확도는 실로 놀랍다.
연구자들은 박쥐가 반향 지연의 시간차를 100만분의 1초에서
2초 정도까지도 감지할 수 있음을 알아냈다. 이는 소리가
1밀리미터도 진행하지 못할 정도의 짧은 시간으로, 그
예리함이 같은 거리에 작용하는 시력보다 뛰어나다. 더군다나
일부 박쥐 종은 1옥타브가 넘는 범위의 음높이에 걸쳐 있는
울음소리로 반향정위를 한다. 세상에서 제일 높고 거친
슬라이드 휘슬[18]을 상상할 수도 있겠다. 이 중 낮은 주파수의
소리는 박쥐에게 목표물의 큼직큼직한 특성에 대해 알려주는
반면, 높은 주파수는 세밀한 특성에 대해 알려준다. 박쥐는
어떻게든 이 모든 정보를 분석해낼 뿐만 아니라 몇분의 1초

---

17 Umwelt. 동물이 경험하는 주변 세계.

18 Slide whistle. 리코더 같은 튜브와 피스톤 슬라이드로 구성된 관악기로,
슬라이드를 움직여 음높이를 변경한다.

만에 먹잇감과 이동 방향에 대한 구체적인 음향 이미지를 구축해낸다. 최근 연구자들은 일부 박쥐가 훨씬 낮은 잡음을 만들어 서로 인사한다는 것도 발견했다. 이들은 하늘을 나는 데스메탈 밴드이자 투바 배음 창법 가수인 셈이다.

생물학자 레슬리 오겔은 이렇게 말했다. "진화는 우리보다 똑똑하다." 물론 이 말을 곧이곧대로 들으면 안 된다. 진화는 우리가 일반적으로 말하는 의미의 정신을 갖고 있지 않다. 이 말의 요점은 진화적 과정이 우리가 생각하지도 못할 형태와 능력을 만들어낸다는 뜻이다. 나는 진화가 우리보다 똑똑할 뿐만 아니라 더 이상한 상상력을 갖고 있다고 말하고 싶다.

철학자 스티븐 아스마는 상상력을 정신을 당면한 지각의 흐름과 분리해서 반사실적 가상의 현실을 시뮬레이션하는 능력이라 정의한다. 우리가 아는 한 인간은 다른 어떤 동물보다도 뛰어난 상상력을 갖고 있다. 어쩌면 상상력이야말로 우리의 가장 놀라운 능력인지도 모른다. 하지만 우리는 이 상상력을 잊어버리거나 남용할 수 있으며, 그런 경우에는 막다른 길에 가로막히거나 끝없는 내리막길로 빠져들게 된다.

나는 상상력에 다시 불을 지피고 싶다면 박쥐의 얼굴을 자세히 들여다보라고 권하고 싶다. 진화의 신기함과 놀라움이 박쥐의 놀랍고도 다양한 얼굴 속에 고스란히 담겨 있다. 그 얼굴에는 인간이 상상했던 어떤 마스크, 가고일, 악마, 외계인보다 기이한 것도 있다. 그런 특성들이 모두 반향정위를 위한 적응은 아니다. 박쥐 중에는 시력과 후각을 이용해서 길과 짝과 먹이를 찾는 종도 많다. 하지만 이 각각의 종들은 모양은 이상할지언정 생존이라는 도전 과제에 대해 자연이 내놓은 기발한 해답이다.

에른스트 헤켈이 1899년에 출판한 『자연의 예술적 형태』에 그려 넣은 삽화에는 이런 다양성 중 일부가 찬양되었다. 균류와 식물을 비롯해서 해파리, 해면, 방산충 등 다양한 생명체들이 포함되어 있는 그 삽화들 속에서 헤켈은 극적인 효과를 노리고 박쥐의 특징을 정리해놓았지만 잘못 표현한 부분은 없었다. 작은긴귀박쥐는 코끼리 귀에 얼굴을 찡그리고 있는 족제비 신이다. 앤틸리스유령얼굴박쥐는 사자를 팔자 콧수염, 귀 모양으로 생긴 젤리 귀 버섯, 신화에 등장하는 그린맨과 합쳐놓은 얼굴을 하고 있다. 관박쥐는 소용돌이 장식에 날카로운 형태의 눈을 가진 토토로다.

이것도 시작에 불과하다. 헤켈은 겨우 15종의 박쥐만 보여줬지만 세상에는 1,400종 이상의 박쥐가 산다. 포유류 5종 중 1종은 박쥐라는 얘기다. 내가 좋아하는 박쥐 중에 헤켈의 책에 나오지 않는 망치머리박쥐가 있다. 이 박쥐는 큰코영양과 살짝 비슷하지만 죽음의 상징과 사마귀난초의 이미지가 결합된 형태로 끝나는 튜브 모양의 코를 갖고 있다. 한편 불도그박쥐는 날카롭게 생긴 눈과 불도그 같은 턱살, 이상하게 아래쪽을 향하고 있는 귀를 갖고 있는데, 이 귀는 먹이 물고기의 수중 움직임이 수면에서 일으키는 잔물결을 감지하기 위해 적응한 형태다. 이렇게 이상하게 생긴 얼굴들과 탐지 기관들은 빠르게 돌아가는 이 행성에서 생명체가 잠깐이나마 스치듯 존재하기 위해 찾아낸 여러 방법 중 몇 가지를 구현한 것에 불과하다.

코끼리

프레디 머큐리는 3~4옥타브를 넘나들었고, 가수 팀 스톰스는 거의 10옥타브를 오르내린 기록을 보유하고 있지만 대부분의 사람이 노래할 수 있는 음역대는 약 2옥타브다. 하지만 아프리카 사바나코끼리는 10옥타브의 음역대가 평범한 수준이다. 성체는 인간의 가청 범위보다 한참 낮은 소리를 낼 수 있고, 새끼 코끼리도 교회 파이프오르간의 최저음만큼 낮은 소리를 낼 수 있다. 코끼리는 중간 음역대에서는 코 울음 소리로 트럼펫 소리를 내고, 피아노의 제일 높은 음보다 상당히 더 높은 음도 발성할 수 있다. 아프리카 둥근귀코끼리와 아시아코끼리 그리고 지금까지 살아남은 코끼리과의 다른 종들도 사바나코끼리와 비슷한 능력을 갖고 있다.

사람과 마찬가지로 코끼리도 공기를 통해 소리를 듣지만 훨씬 예리하다. 구름 한 점 없는 조용하고 맑은 날씨에 해 질 무렵같이 조건이 맞아떨어지는 상황에서는 같은 종의 코끼리가 10킬로미터 이상 떨어진 곳에서 부르는 소리도 감지할 수 있다. 하지만 여기서 그치지 않는다. 코끼리는 땅의 진동을 통해 발 구르는 소리도 들을 수 있다.

땅을 통해 진동을 느끼기 위해서 코끼리는 몸을 앞으로 기울여 앞발에 더 많은 체중을 싣고 가만히 선다. 그럼 진동이 뼈를 통해 가운데귀 공간으로 잘 전달될 수 있다. 그와 동시에 괄약근 비슷한 근육을 수축시키면서 외이도를 막아 음향 신호를 줄이고, 진동 감지 능력을 키운다. 밀폐된 외이도에 압력이 쌓이면 폐쇄 튜브가 만들어져 소리의 골전도를 강화해준다. 코끼리는 꼼짝 않고 제자리에 서 있는 데서 그치지 않고 때로는 한쪽 발을 땅에서 들어 올렸다가 다른 자리에 딛거나, 소리가 나는 방향으로 고개를 돌리는 것처럼 진동이 오는 방향으로 몸의 위치를 바꾸기도 한다.

코끼리 발뼈는 사람의 발처럼 땅을 따라 평평하게 누르고 있는 것이 아니라 발꿈치 부위에서 두꺼운 살집이 받쳐주고 있다. 키 높이 신발이 사람의 발뼈를 앞으로 기울이듯이 이 살집도 코끼리 발을 위쪽 앞으로 기울여준다. 코끼리의 평평한 발바닥 뒷부분에 해당하는 이 키 높이 부위는 지방과 연골로 채워져 있어서 우리의 손가락 끝이나 성기에 있는 감각 수용기처럼 민감한 기계적 감각 수용기, 혹은 촉각 세포로 전달되는 진동을 극대화한다. 마이스너 소체와 파치니 소체라고 부르는 이런 세포들 덕에 코끼리는 다른 코끼리가 땅을 통해 경고신호로, 혹은 자기가 주변에 있음을 알리기 위한 신호로 보내는 꿀꿀거리는 소리나 소음에서 생기는 반음의 몇분의 1밖에 안 되는 수준의 작은 주파수 변화도 알아차릴 수 있다. 대부분의 시간 동안 멀리 떨어져 사는 편인 성체 수컷들과 암컷들이 4년에 한 번, 4일만 지속되는 짧은 암컷 발정기에 서로를 찾을 수 있는 것도 다 이런 예민한 능력 덕분이다.

공기를 통해 전달되는 소리보다 땅을 통해 전달되는 진동이 훨씬 멀리 가고, 훨씬 빠르다. 그래서 코끼리는 소리보다 땅의 진동을 통해 훨씬 멀리 있는 것을 감지할 수 있다. 예를 들면 코끼리는 130킬로미터 이상 떨어진 곳에서 헬리콥터의 날개가 진동하는 소리를 감지하고 그 잠재적 위험을 파악해서 반대 방향으로 달아날 수 있다. 그리고 무려 240킬로미터 떨어진 곳에서도 땅에 떨어지는 비의 진동을 감지할 수 있는 것으로 생각된다.

땅 진동 감지가 워낙 효과적이다보니 코끼리의 사촌 중 하나는 음파 듣기를 거의 완전히 포기해버렸다. 테니스공 크기의 황금두더지는 화려한 무지갯빛 광택의 털을 제외하면 다른 두더지와 거의 비슷해 보이지만 사실 두더지보다는 코끼리와 더 가까운 친척 관계다(양쪽 모두 아프로테리아상목에 속한다. 아프로테리아상목은 수백만 년 전 아프리카에서 한 공통 선조로부터 진화해 나온 포유류 집단이다). 음파를 피하는 황금두더지는 가운데귀의 망치뼈를 아주 크게 진화시켰다. 그래서 황금두더지가 먹이를 찾기 위해 멀리 떨어진 풀들이 바람에 부드럽게 흔들리며 내는 진동을 들으려고 나미비아사막의 모래에 머리를 갖다 대고 누를 때도 다른 귀뼈와 몸 대부분은 진동하는 반면 망치뼈는 움직이지 않는다.

 매너티와 듀공은 황금두더지보다는 코끼리와 더 가까운 친척 관계이고, 이들도 코끼리처럼 머리뼈에 소리를 필요한 곳으로 전달하는 데 도움을 주는 특별한 음향 지방판을 갖고 있다. 이들 역시 초감각을 가졌다고 말할 수 있을 것 같다. 코끼리에게 잘 익은 복숭아를 흠집 내지 않으면서 따 먹을 수 있고 옆에 있는 벽돌담을 쓰러뜨릴 수 있는 재주 많고 예민하면서도 강력한 코가 있다면, 매너티에게는 구반이 있다. 구반은 물건을 잡을 수 있는 근육질의 '입술'로, 이것을 이용하면 사람의 손처럼 사물을 섬세하게, 혹은 단단하게 다루고 탐색할 수 있다. 나도 이런 게 있었으면 좋겠다. 듀공은 대단히 정교한 청각과 촉각으로 유명하다. 소설가 겸 화가 조너선 레드가드에 따르면 인간은 오랫동안 듀공의 귓속뼈를 신성한 무덤에 묻어두고 자신의 수호자에게 초능력을 부여하는 마법의 장치로 사용해왔다고 한다.

 연구자들은 코끼리의 다른 여러 가지 행동들은 말할 것도 없고, 코끼리가 소리와 땅 진동을 이용하는 방식에 대해서도 이제야 겨우 이해하기 시작했다. 2014년에 입증된 바와 같이 코끼리는 우리 목소리에 들어 있는 청각적 단서만으로 사람의 인종, 성별, 나이를 판단할 수 있다고 한다. 이들은 또 무엇을 할 수 있을까? 현존하는 세 종의 코끼리가 갖고 있는 초능력에 대해 더 알아보기에 아직은 늦지 않았다. 하지만 이들은 지금 절체절명의 위기에 처해 있기 때문에 시간이 많지 않다.

멀리멀리 퍼져나가는 고래의 노래

소리와 바다의 관계는 빛과 우주의 관계와 비슷하다. 소리는 공기 중보다 수중에서 네 배 더 빠른 속도로 이동하고 엄청난 거리까지 전달될 수 있다. 반면 빛은 수중에서는 공기 중에서보다 속도가 더 느려진다. 수심 약 200미터에서는 햇빛이 거의 완전히 흡수되어 사라지는 반면, 소리는 깊은 수심으로도 방해 없이 수천 미터를 진행할 수 있고 수평으로는 거의 무제한의 거리를 진행할 수 있다.

오늘날 고래와 돌고래의 선조는 수천만 년 전 바닷가 가장자리에서 사냥하던 늑대 비슷한 동물의 후손이다. 이 선조 동물은 소리의 이런 특성을 활용할 수 있도록 진화했다. 이들은 소리를 이용해서 깊은 곳까지 먹잇감을 추적하는 법, 먼 거리에 걸쳐 동료들과 소통하는 법을 학습했다. 그리고 그 결과 세상, 자아, 타아에 대한 고래의 감각은 시각보다는 청각에 훨씬 많이 의존하게 됐다.

시간의 흐름 속에서 이 선조는 서로 다른 두 개의 집단으로 진화했다. 하나는 이빨이 있는 집단이고, 하나는 고래수염이 있는 집단이다. 돌고래, 범고래, 일각고래, 부리고래 등의 이빨고래류는 이빨을 사용해 물고기나 다른 먹잇감을 잡는다. 반면 북극고래, 참고래, 회색고래, 대왕고래 등의 수염고래류는 입속에 있는 빗같이 생긴 판, 즉 고래수염으로 바닷물에서 플랑크톤을 걸러 먹는다. 이 두 집단은 서로 아주 다른 소리의 세계에 산다. 이빨고래류는 높은 클릭음을 방출해서 먹잇감에 부딪혀 돌아오는 소리를 귀로 듣는 반향정위를 이용해 사냥을 한다. 이들은 서로 간의 소통에도 클릭음과 휘파람 소리를 이용한다. 반면 우리가 아는 한 수염고래류는 사냥에 소리를 이용하지 않고, 소통할 때도 종종 낮은 음의 연속적인 소리로 노래를 부른다.

인간이 바다를 인간의 소음으로 채우기 전에는

수염고래류의 노래가 대양 분지 전체를 가로질러 퍼져나가고, 깊은 음파 통로를 통해 다른 대양으로도 퍼져나갔을 것이다. 음파 통로는 수백 미터의 수심에서 수압과 온도 기울기 때문에 생기는 일종의 렌즈로, 소리를 수천 킬로미터씩 전파할 수 있다. 세상 그 자체가 거대한 하나의 음악 작품이기를 바랐던 작곡가 R. 머리 셰이퍼의 꿈을 실현하려면 고래의 덕을 크게 봐야 할 것이다.

고래 및 돌고래와 인간의 첫 만남은 아마도 바닷가에서의 우연한 목격을 통해 이루어졌겠지만 초창기 뱃사람들은 작은 목선의 선체를 뚫고 들어오는 그들의 노랫소리도 들었을 것이다. 고대 지중해의 뱃사람들이 이런 소리를 오디세우스를 유혹한 세이렌의 노래로 해석했는지도 모른다. 뱃사람들은 수면으로 올라와 숨을 쉬는 모습을 보며 고래를 추적했지만, 일부 지역에서는 일찍부터 귀로 듣고 추적하는 법도 배웠다. 이들은 물속에 노나 창을 담그고 반대쪽 끝을 자기 머리에 갖다 대서 물속에서 나는 고래의 울음소리나 클릭음을 추적했다.

인류는 오래전부터 고래를 사냥해왔다. 지금의 대한민국 반구대에서 발견된 4,000년 전에서 8,000년 전 사이의 암각화를 보면 회색고래, 향유고래, 흑등고래, 참고래 들이 함께 어울려 헤엄치며 자유롭게 점프하는 모습이 나와 있지만 사냥당하는 모습도 있다. 알래스카 지역에 사는 이누피아트족 같은 토착민들은 여러 세대에 걸쳐 북극고래와 상호작용해왔고 소규모로 그들을 사냥했지만, 북극고래를 위대한 영적 가치를 지닌 존재로 우러러보며 존경해왔다. 조직적으로 이루어지는 대규모 사냥은 아마도 바스크인과 함께 시작됐을 것이다. 이들은 일찍이 11세기부터 비스케이만에서 참고래를 사냥하기 시작했고 1,500년대에는 뉴펀들랜드 연안에서 참고래와 북극고래를 추격했다. 이들은 작은 배에 땋은 로프로 연결해 놓은 작살을 던지며 처음 몇백 년 동안 수천 마리의 고래를 사냥했고, 포경은 전 세계적 사업으로 자리 잡았다. 19세기를 거치며 영국, 미국 그리고 다른 지역의 포경업자들은 향유고래와 다른 종의 고래들을 수십만 마리씩 죽였다. 20세기에는 열 곳이 넘는 국가에서 가공 설비를 갖추고 출항한 포경선들이 수십만 마리의 고래를 살육했고, 많은 종이 멸종 지경까지 갔다. 가장 큰 고래인 대왕고래는 이 시기에 99.85퍼센트가 죽임을 당했다.

부엉이와 박쥐의 반향정위를 연구하던 생물학자 로저 페인은 버뮤다 연안에서 러시아 잠수함 소리를 추적하는 비밀 기지에서 일하던 미국 해군 기술자 프랭크 와트링턴이 녹음한 고래의 노랫소리를 1966년에 듣게 됐다. 페인은 이 첫 만남이 마치 바다의 크기를 귀로 듣는 것과 같았다고 한다. "마치 어두운 동굴로 걸어 들어가서 그 뒤로 펼쳐진 어둠으로부터 연이어 퍼져 나오는 메아리를 듣는 것 같았다. …… 바다에 목소리를 부여하는 것, 그것이 바로 고래가 하는 일이다." 그의 동료 연구자들은 이 이상한 소리를 분석하기 시작하면서 점점 더 놀라움에 빠져 들어갔다.

혹등고래는 '우우푸' '푸와하' 같은 소리를 내고, '이오우' '이이이' 같은 소리도 낸다. 그리고 삐걱거리는 문소리, 모터 달린 자전거가 저단으로 달가닥거리는 소리, 저음으로 길게 방귀를 뀌는 것 같은 소리도 낸다. 방귀 소리를 비롯한 이 소리들 중에는 인간의 제일 낮은 가청 음역인 20헤르츠나 그보다 낮은 범위까지 내려가는 것도 있다. 반면 어떤 소리는 인간의 가장 높은 가청 음역인 2만 헤르츠나 그 이상으로 올라간다. 각각의 소리는 몇 초 정도 지속되며 노래를 부르는 동안 더 커지거나 부드러워진다. 처음에 듣기에는 소리의 순서가 무작위로 보일 수도 있지만 사실은 고도의 짜임새를 갖추고 있다.

로저 페인과 그의 아내 케이티는 스콧 맥베이와 그의 아내 헬라와 함께 이 노래의 구조를 해독하는 첫 발걸음을 내딛었다. 소리의 이미지를 출력하는 장치를 이용해서 그들은 자신들이 녹음한 소리의 소노그램을 만들었다. 1960년대 말의 기술은 지금 보면 느리고 원시적이었다. 소리 10초를 인쇄하는 데만 해도 한 시간이 걸렸다. 하지만 이 조각들을 하나둘 조합해본 수학자 헬라의 눈에 구조와 조직이 들어오기 시작했다. 손으로 일일이 소노그램을 추적해서 관련 없는 잡음을 줄인 노래를 뽑아낸 네 사람은 이것을 보여줄 표기 시스템을 고안했다. 이들은 노래 구조의 가장 작은 기본 구성 요소를 '유닛'이라 불렀다. 유닛은 각각 몇 초 정도 지속되는 다양한 발성들을 말한다. 반복되는 유닛을 한데 묶으면 '프레이즈'가 나온다. 고래는 보통 이 프레이즈를 20초에서 40초 정도 노래한다. 서로 다른 유닛으로 만들어진 일련의 구는 '테마'를 이룬다. 그리고 일련의 테마가 하나의 노래를 구성하고, 노래는 보통 7분에서 30분까지 지속된다. 네 사람이 '세션'이라 부르는 단위에서는 고래가 똑같은 노래를 여러 번에 걸쳐 반복한다. 때로는 하루 종일 부를 때도 있다. 자신들의 연구를 《사이언스》에 발표하며 로저 페인과 스콧 맥베이는 고래의 노래에서는 "아름답고 다양한 소리들이" "상당히 정확하게" 반복되며, 그 노래는 몇 시간씩 이어지기도 한다고 적었다. 이들은 고래의 소리가 무작위적인 일련의 울음소리가 아니라 복잡한 정신이 만들어낸 의도적인 창조물임을 입증해 보였다. 현재는 고래의 노래가 음악의 합리적인 정의와 맞아떨어진다고 인정하는 연구자가 많아졌다.

그 후로 수십 년 동안 연구자들은 바다의 한 지역에서 개개의 고래들이 서로 모방하며 따라 부르는 노래들이 다른 지역에 사는 같은 종의 노래들과 다르다는 것을 알아냈다. 케이티 페인, 그녀의 동료 린다 기니 등은 시간이 흐르면서 노래가 변한다는 것도 입증해 보였다. 개체들이 새로운 변주곡을 도입하면서 점진적으로 새로운 노래가 만들어지고, 이것이 고래에게서 고래에게로 전해지며 결국 바다 전체로 퍼져나간다는 것이다. 심지어 이 연구자들은 노래에 서로 다른 프레이즈의 끝부분이 서로를 닮은 운율이 존재한다는 것도 보여주었다. 하지만 고래들이 이런 노래를 부르는 정확한 이유는 여전히 미스터리로 남아 있다. 예를 들어 수컷은 암컷에게 잘 보이려고 노래를 부르는 것 같지 않다. 그냥 모두들 서로에게 깊은 인상을 남기려고 그러는 것일 수도 있다. 어쩌면 그냥 놀이일지도 모른다.

로저 페인은 인간이 해양 포유류를 대하면서 보여준 잔혹함에 괴로워하다가 집단 학살에 대한 역사적 인식이 점점 고조되고 있는 문화권에서 노래가 갖는 잠재력을 알아보고 녹음한 고래 소리로 앨범을 만들었다. 〈Song of the Humpback Whale〉는 비틀스의 〈Let It BE〉가 발표되고 불과 몇 달 후인 1970년 8월에 발표됐다. 이것은 즉각적으로 히트를 쳤고 고래에 대한 관심이 고조되는 가운데 1,000만 장 이상 팔리거나 배부됐다. 이런 관심이 결국 현대의 환경 운동을 촉발했다. 1972년에 UN은 10년 동안 상업적 포경을 금지할 것을 선언했다. 소수의 국가만 이 금지령을 무시했고, 이후로 수십 년에 걸쳐 많은 종의 고래가 서서히 개체 수를 회복하기 시작했다.

지금은 고래의 노래 소리가 익숙해져서 그 소리를 처음 들었을 때 얼마나 경이롭고 이상했을지 잊어버리기 쉽다. 그 소리를 새로운 마음으로 다시 들어볼 수 있는 한 가지 방법은 녹음보다 그에 대한 인간의 반응에 귀를 기울이는 것일지도 모르겠다. 1971년에 처음 공연된 조지 크럼의 〈고래의 목소리〉는 플루트, 첼로, 프리페어드 피아노, 크로탈[19]을 위한 악보다. 이 작품은 세 가지 섹션의 제목에 잘 나타나 있다. 세 섹션의 제목은 각각 '발성(시간의 시작을 위하여)' '바다의 시대를 위한 변주곡' '바다의 녹턴(시간의 끝을 위하여)'이다. 오프닝 섹션에서는 플루트 연주자가 연주와 노래를 동시에 한다. 이는 플루트 비슷한 악기를 처음 연주하던 오랜 시절부터 다양한 형태로 이어져온 기법이다. 피아노 현은 하프처럼 연주되며 공간감과 깊이감을 만들어낸다. 두 번째 섹션은 첼로가 높은 음역에서 연주하는 고래 소리 비슷한 소리로 시작한다. 그리고 피아노의 우르릉거리는 소리와 진동이 여기에 화답한다. 이것은 고래의 시대만이 아니라 시생대에서 신생대에 이르기까지 지구에 생명이 살아온 기간 전체에 바치는 음악이다. 마지막 섹션에서는 플루트와 첼로가 천상의 휘파람 같은 음악을 만들어내며 서정적인 피아노 음악 위로 오프닝 멜로디로 돌아가고, 여기에 차례로 크로탈의 수정 같은 울림 소리가 이어진다. 크럼은 이 결론 부분에서 '자연의 더 큰 리듬과 시간이 정지한 느낌, …… 고요함, 순수함, 거룩함'을 전달하고 싶었다고 말했다. 〈고래의 목소리〉는 새의 노래에서 영감을 받아 만든 올리비에 메시앙 음악의 바다 버전으로 묘사되어왔다. 하지만 이 음악은 적어도 말러의 《대지의 노래》에 비견될 수 있지 않을까 싶다.

음향 녹음 기술의 발전과 현장에서 더 많은 시간을 보내는 덕분에 인간은 어느 때보다 고래 노래를 더 많이 들을 수 있게 됐다. 음악가 데이비드 로텐버그의 녹음이 포함된 2015년 앨범 《New Songs of the Humpback Whale》은 페인의 원래

---

[19] Crotale. 조율된 작은 원반으로 구성된 타악기, '앤티크 심벌즈'라고도 한다.

LP 버전보다 훨씬 선명하게 고래의 목소리를 재현하고 있다. 새 앨범에 귀 기울이고 있으면 물속에서 멀찍이 떨어져 듣는 것이 아니라 고래 바로 옆에서 듣고 있는 듯한 착각이 든다. 1970년 앨범에 들어 있던 반향과 불필요한 소음이 사라진 덕에 아우라가 줄어든 것은 사실이지만 정보와 현장성은 오히려 더 좋아졌다.

    다른 혁신들 역시 고래의 노래를 이해하는 데 도움을 준다. 로텐버그와 디자이너 마이클 딜은 서로 구분되는 각각의 소리 유닛에 자체적인 모양과 색을 할당하는 그래픽 표기 시스템을 개발했다. 10세기에 그레고리오 성가를 표현하기 위해 만들어진 네우마와 이상하게 생긴 구름을 섞어놓은 듯한 이 모양들을 낮은음자리표와 높은음자리표를 따라 차례로 나열해서 그 모양이 표현하는 음높이의 범위가 확연히 드러나게 하는 한편, 서로 다른 색을 통해 집단과 집단을 눈으로 구분하기 좋게 만들어놓았다. 우리는 고래와 돌고래의 소리에 귀 기울이는 것을 좋아하는데 우리가 만드는 소음에 대해 그들은 어떻게 생각할까? 그리스 신화에 돌고래들이 음유시인 아리온의 노래를 듣고 물에 빠진 그를 구해주었다는 이야기가 있다. 실제로도 고래와 돌고래에게 말을 걸거나 노래를 들려주려 했던 시도가 많다. 하지만 인간이 일부러 고래목 동물에게 음악을 연주해주었다는 최초의 기록은 1845년 7월 밤으로 남아 있다. 첼로 연주자 리사 크리스티아니가 바흐 음악을 연주하자 그녀가 타고 북태평양을 향해하고 있던 배로 한 고래가 가까이 다가와 그 배의 바로 밑을 지나가기도 했다. 그녀는 이렇게 적었다. "그 순간부터 우리들 사이에서는 고래가 아주 고상한 예술적 취미를 갖고 있다는 것이 통념으로 자리 잡게 됐다." (모험심이 남다른 여성이었던 크리스티아니는 스트라디바리우스 첼로를 가지고 캄차카 투어를 가다가 콜레라에 감염되어 25세의 나이로 사망했다.)

최근 데이비드 로텐버그는 고래와의 재즈 연주를 시도해보았다. 2008년에 발매된 앨범 《Whale Music》의 녹음을 위해 그는 배에 서서 귀에 꽂은 수중청음기와 연결된 이어폰으로 흑등고래, 범고래, 벨루가, 다른 고래들의 소리에 귀를 기울였다. 그리고 고래가 노래를 부르면 그는 거기에 반응해서 클라리넷으로 즉흥연주를 했고, 그 악기 소리를 다시 수중 스피커를 통해 고래에게 틀어주었다. "내가 보기에 적어도 고래 한 마리는 음악에 반응하는 것 같았다. 그 고래는 내 음악에 반응해서 자신의 음높이와 리듬을 변화시켰다. 순전히 내 희망이 만들어낸 착각일 수도 있지만 …… 만약 고래가 불과 몇 주 만에 자신의 노래를 변화시킬 수 있다면 비슷한 클라리넷 소리에도 즉각적으로 반응하리라 기대할 수 있다." 《Whale Music》에 들어 있는 트랙들은 고래와 클라리넷 소리를 바탕으로 기타, 바이올린, 전자음악을 섞어 넣었다. 이 음악들은 굉장히 매력적이고 아름답지만 과연 고래가 실제로 어느 정도까지 로텐버그의 연주를 듣고 일종의 응답으로 함께 노래했는지, 그리고 고래의 입장에서 사람과의 이 만남이 즐겁게 느껴졌을지는 알기 어렵다. 레베카 긱스는 2020년에 출간된 『고래가 가는 곳』에서 이렇게 물었다. "고래의 목소리가 우리에게 천상의 소리로 들리는 것처럼 사람의 목소리도 그들에게 천상의 소리로 들릴까? 아니면 귀에 가시가 박힌 것처럼 성가시고 짜증스러운 소리로 들릴까?" 생물학자이면서 고래의 노래를 사이비언트[20]와 결합해 만든 앨범 둘을 발표한

---

20 몽환적인 분위기가 특징인 사이키델릭 음악과 잔잔하고 사색적인 분위기를 자아내는 앰비언트 사운드를 혼합한 음악 장르.

사라 닉식은 혁신적이고 자신의 노래를 끝없이 다양화할 수 있는 고래와 인간은 사람들이 생각하는 것보다 공통점이 많다고 주장한다. 하지만 한 가지는 분명하다. 고래가 접하는 시간 척도를 인간이 따라잡기는 어렵다는 것이다. 과학 작가 엘리자베스 콜버트는 버뮤다 근처에서 혹등고래가 낸 노랫소리가 노바스코샤 연안에서 헤엄치는 혹등고래에게 도달하려면 20분이 걸린다고 지적한다. 캐나다 바다에 있는 그 고래가 즉각 대답한다고 해도 버뮤다의 혹등고래가 그 대답을 들으려면 40분이 걸린다. 콜버트는 생물음향전문가의 말을 인용한다. "고래가 된다는 것이 어떤지 상상하려면 생각의 차원을 완전히 다른 수준으로 확장해야만 한다."

고래가 인간의 음악을 사랑하든 혐오하든, 우리가 최근 몇 세기 동안 그들에게 가한 끔찍한 고통에 대한 기록을 그들의 귀지에서 찾을 수 있다. 이 귀지 속에는 고래의 몸속을 돌던 스트레스 호르몬이(오염 물질이나 다른 물질도) 쌓여 있다. 연구자들이 죽은 고래 귀에서 추출한 귀지를 조사해보면 매년 귀지에 쌓인 어두운 띠 속에서 고래의 삶의 역사를 읽을 수 있다. 나이테를 통해 나무의 역사를 읽고, 빙하코어를 통해 빙하를 읽을 수 있는 것과 같은 이치다. 여러 개체에서 나온 이런 판독 자료를 결합하면 전 세계적으로 150년에 걸쳐 고래가 어떤 스트레스를 받았는지 정리할 수 있다. 그 결과 스트레스의 역사가 같은 기간에 이루어진 포경 활동 데이터와 완벽하게 맞아떨어지는 것으로 나왔다.

오늘날 상업적 포경은 규모가 많이 줄어들어 많은 고래 개체군이 수를 회복하고 있다. 하지만 인간은 다른 방식으로 계속해서 고래를 괴롭히고 죽인다. 사용 중인 것이든 바다에 버려져 떠다니는 것이든 어망에 얽히는 고래가 많다. 인간이

유발한 대량의 오염 물질 때문에 일부 개체군은 이미 기능적으로 멸종했을 수도 있고, 머지않아 완전히 자취를 감출 수도 있다. 앞으로 수십 년 동안 극지에서 열대 지역까지 고래들은 오염의 증가, 상업적 어업의 결과로 인한 먹이 공급원 고갈, 기타 요인 등 다중의 새로운 스트레스 요인과 직면할 가능성이 높다. 철학자 아미아 스리니바산은 말한다. "미래의 역사가들은 고래에 대한 우리의 보여주기식 사랑과 고래를 대상으로 이루어지는 우리의 가차 없는 학살의 관계를 설명해야 하는 고민스러운 과제를 떠안게 될 것이다."

고래는 인간이 만들어낸 소음에도 계속 피해를 입고 있다. 19세기에 프로펠러 추진선에 의한 소음이 시작되면서 이것은 심각한 문제로 자리 잡기 시작했고, 배의 크기가 커지고 숫자가 많아지고 속도도 빨라지면서 점진적으로 문제는 더 심각해졌다. 그리고 군사적 활동 증가, 소나 사용, 원유와 천연가스 탐사를 위한 지진파 에어건 사용, 연안에서 이루어지는 건축 활동 등으로 소음이 더 심해졌다. 1974년 이후로 전 세계 컨테이너선의 선적량이 거의 50배 증가했고, 20세기 중반 이후로 바다의 소음 수준이 10년마다 두 배씩 증가한 것으로 추정된다. 지나가는 초대형 유조선 아래서 헤엄치는 것은 대형 제트여객기가 이륙할 때 그 아래 있는 것과 비슷하다. 이 모든 변화의 결과로 수염고래들이 부르는 노랫소리를 듣기가 힘들어지고 있다. 대왕고래의 소통 범위는 1940년대 이후로 10분의 1로 수축된 것으로 여겨진다. 향유고래와 범고래 같은 이빨고래도 마찬가지로 어려움을 겪고 있다. 소음이 제일 심한 곳에서는 이들의 가청 범위가 95퍼센트나 줄어든다. 2016년에 나온 다큐멘터리 영화 〈소닉 시〉에서 클라크는 말한다. "우리는 너무 많은 소음을 주입해서 사실상 바다를 음향적으로 표백하고 있습니다. 이 소음의 구름

안에서는 지구의 노래하는 목소리들이 모두 사라져버립니다."
소음의 방해 없이 녹음된 고래의 노랫소리를 많은 사람들이
사랑하지만 이 중 다수는 바다가 지금보다 수십, 수백 배
조용했을 때 녹음된 것들이다. 이 때문에 이런 소리는 다수의
고래가 대부분의 시간 동안 실제로 경험하는 세상을 대표하지
못한다.

그래도 좋은 소식이라면 바다의 소리 공해를 줄이는 것이
가능하다는 사실이다. 고래와 돌고래가 계절에 따라 이동하는
기간에는 지진파 에어건 사용을 중단할 수 있다. 디자인을
바꾸고 속도를 줄이면 배의 소음을 줄일 수 있다. 2020년
코로나 팬데믹이 발생하고 처음 몇 달 동안 해상 운송량이
급격히 줄어들자 해상 교통로 근처의 바다가 현저하게
조용해졌다. 이런 소강상태가 고래와 다른 해양 생물체에게
어느 정도나 이롭게 작용했는지는 불분명하지만 희망을 느낄
만한 근거가 있다. 앞서 이루어졌던 연구에서 2001년 9·11 테러
이후에 있었던 소음 감소로 북대서양 참고래의 스트레스가
훨씬 낮아졌음이 밝혀진 바 있다. 스리랑카 인근에서 유조선과
컨테이너선의 항로를 아주 조금만 바꾸어주어도 그 바다에
사는 대왕고래에게 영향을 미치는 소음과 선박 충돌을 줄일 수
있다. (희망적인 이야기는 「새 영역」 항목을 참고하기 바란다.)

긍정적인 것이든 부정적인 것이든 발견해야 할 것들이
많이 남아 있다. 2020년 보고에서는 중국 과학자들이 수중 군용
통신을 돌고래와 범고래의 클릭음과 노랫소리로 위장하는 법을
연구하고 있다고 한다. 다른 곳에서는 연구자들이 긴수염고래의
노래가 해저 아래 바위를 2,000미터 이상 뚫고 들어갈 수 있음을
발견했다. 이 소리에 귀를 기울이면 이 노래가 만들어내는
지진파를 이용해서 지구의 하부 구조를 연구할 수 있다. 한편
새로운 수수께끼도 등장했다. 예를 들면 대왕고래의 노래는

지난 40년 동안 훨씬 저음으로 변했다. 음높이도 대략 30퍼센트 정도가 감소했는데 기후변화와 관련된 바다 산도의 요동, 고래의 평균 크기와 개체군 밀도의 변화, 늘어나는 바다의 소음 증가 등이 원인으로 제시되었지만 지금까지 나온 설명 중에는 이런 변화를 완전히 설명할 수 있는 것이 없다.

2020년에 처음 방송된 라디오 프로그램에서 로저 페인은 이렇게 말했다. "고래의 노래에는 우리가 알지 못하는 역사가 담겨 있습니다. 그것을 훼손하지 않으면서 인류가 야생의 세계와 상호작용할 수 있는 다른 방식이 존재하지 않을까요?" 그런 방식이 존재한다면 지구에 사는 생명의 과거와 미래에 대한 깊은 인식을 포함하는 인간의 집단적인 상상력이 필요할 것이다. 레베카 긱스는 제안한다. "오직 인간만이 고래와 그 조상들이 살던 과거라는 개념을 갖고 있습니다. 그리고 우리는 다가올 시간, 그리고 그 시간을 견뎌낼 자연에 대해 상상할 수 있는 동물이죠."

어쩌면 그럴지도 모르겠다. 어쨌든 너무 늦지 않게 아오테아로아[21]의 마오리 전통으로부터 배울 수 있을지도 모른다. 이 전통에 따르면 가장 큰 바다 동물인 고래는 가장 큰 자생 나무인 카우리소나무의 바다 쌍둥이다. 양쪽 모두 랑가티라(추장)이자, 존경받는 마오리 족의 투푸나(조상)이자, 타옹가(성스러운) 종으로 여겨진다. 클라크는 말한다. "노래는 생명입니다. 노래는 우리 존재의 본질이고, 우리 모두를 하나로 이어줍니다."

---

[21] Aotearoa. 뉴질랜드를 가리키는 마오리어.

163 멀리멀리 퍼져나가는 고래의 노래

리바이어던, 향유고래

165 리바이어던, 향유고래

소설 『모비 딕』에서 허먼 멜빌은, 향유고래처럼 거대한 존재가 토끼 귀보다 작은 귀로 천둥소리를 듣는다는 게 신기하지 않느냐고 묻는다. 하지만 멜빌이 틀렸다. 당시 포경업자들은 도살에 관해서는 전문가였지만 향유고래의 해부학적 구조에 관해서는 다 알지 못했기 때문에 머리 옆에 나 있는 작은 바깥귀에만 주목했다. 바로 그 앞에 있는, 지금까지 지구에서 진화한 감각기관 중 가장 크고 놀라운 것 하나를 간과하는 우를 범하고 만 것이다.

향유고래의 기다랗고 뭉툭한 머리는 사실 거대한 경적이다. 이것은 코가 귀이자 거리계이자 발성 기관으로 진화한 것이다. 멜빌은 고래의 눈이 허셜 천체 망원경만큼 크거나, 귀가 대성당 출입문처럼 널찍했다면 고래의 시야가 더 길어지고 청각도 더 날카로워졌을지 묻는다. 그의 가정과 달리 대답은 '그렇다'이다. 버스의 절반 크기이고 허셜 천체 망원경 경통에 달린 120센티미터 거울보다 몇 배나 커서 대성당의 문짝만 한 이 거대한 코 덕분에 향유고래는 최첨단 기술로 무장한 인간을 제외하면 살아 있는 그 어떤 생명체도 넘볼 수 없는 거리까지 정확하게 소리를 투사하고, 거기서 나오는 반향을 감지할 수 있다. 해양생물학자 할 화이트헤드는 이렇게 말한다. "이것은 자연계에서 가장 강력한 소나입니다."

고래에게서 오직 진화만이 생각해낼 수 있는 일종의 엉성한 설계를 찾아볼 수 있다. 고래의 왼쪽 콧구멍은 거대한 머리 꼭대기에서 아주 앞쪽, 그리고 중심에서 살짝 벗어난 위치에서 몇 미터 길이의 튜브 끝에 자리 잡은 하나짜리 분수공이 됐다. 향유고래가 잠수할 때는 분수공을 닫고 대신 바로 아래쪽 안에 자리 잡은 음향 '입술' 한 쌍으로 공기를 불어넣는다. 이 입술에서 나오는 클릭음이 향유고래 특유의 거대한 수평기관을 통해 뒤쪽으로 투사된다. 이 기관은 뛰어난 음향 특성을 가진 질 좋은 기름인 수천 리터의 경랍으로 채워져 있다. 그리고 이 클릭음은 다시 앞이마주머니라는 소리 거울에 반사된다. 앞이마주머니는 이 특이한 코 뒤쪽에서 고래의 눈과 두개골 바로 위로 부드럽게 경사진 뼈 위에 장착되어 있다. 반사된 클릭음은 쓸모없는 것이라고 잘못 알려진 성분으로 채워진 아래쪽 수평 공간을 통해 다시 전방으로 집중되어 바다로 투사된다. 고래는 이 클릭음의 힘과 속도를 마음대로 조절할 수 있다. 일부 클릭음 진행은 반향정위를 위한 것이다. 이런 진행은 먹잇감, 해저산, 기타 사물에 부딪혀 반사된 진동이 다시 고래의 턱 뒤쪽에 있는 마름모꼴의 음향 지방 패드에 포착되어 귀로 전달된다. 어떤 클릭음은 다른 향유고래와의 소통에 사용된다.

향유고래는 돌고래, 범고래, 벨루가, 일각고래, 부리고래 등을 포함하는 이빨고래류 중에서 제일 크다. 암컷은 보통 11미터, 즉 구식 이층 버스만 한 크기까지 자라고, 수컷은 16미터까지 자란다. 향유고래는 사촌인 꼬마향유고래, 쇠향고래와 함께 한때 거대했던 향유고래과에서 유일하게 살아남은 구성원이다. 이들의 멸종된 사촌 중 하나의 유해가 2010년 페루의 사막에서 발견됐는데, 현대의 향유고래와 크기나 형태는 대동소이했지만 아래턱이 훨씬 두꺼우며 강했고 엄청나게 많은 이빨이 나 있었다. 이 화석의 발견자는 이것을 무시무시한 원시 바다 괴물 리바이어던과 『모비 딕』의 작가 이름을 합쳐서 리비아탄 멜빌레이라고 이름 붙여주었다. 900만 년 전쯤 남쪽 해역에서 함께 살았던 거대 상어 메갈로돈과 마찬가지로 리비아탄 멜빌레이도 작은 수염고래들을 잡아먹었다.

향유고래는 막대한 양의 먹이가 필요하지만 그들의 먹이는 대부분 오징어다. 일반적인 성체는 이 한입거리두족류를 700에서 800마리 정도 먹는데, 가능한 경우에는 큰 놈도 먹지만 대부분은 30센티미터 정도 크기의 오징어다. 향유고래는 아주 깊고 어두운 곳의 오징어도 잡아먹는다. 굶주림을 채우려면 향유고래는 수백, 수천 미터 깊이로 잠수해서 거의 완전한 어둠 속에서 춥고 거대한 바닷속을 탐색해야 한다. 깊게는 수심 1,200미터 정도까지 잠수한 것으로 기록되었는데 연구자들은 향유고래가 이보다 두 배 더 깊이 내려갈 수 있을 거라 생각한다. 성체는 삶의 절반 정도를 이곳에서 보내며 0.5초에서 1초 정도 간격으로 꾸준히 클릭음을 내며 먹이를 찾는다. 이 소리는 오래가는 강력한 메트로놈 소리를 닮았다.

향유고래가 표적인 오징어 떼를 발견하면 클릭음이 점점 더 빨라진다. 그러다 간격이 너무 짧아지면 수중청음기로 듣는 사람의 귀에는 녹슨 문이 삐걱거리는 것 같은 소리로 들린다. 향유고래는 이렇게 초당 600회가 넘는 촘촘한 클릭음을 이용해서 자기 앞에 있는 대상을 소리로 더 자세하게 그릴 수 있다. 해양생물학자들이 소리와 움직임을 기록하기 위해 잠수하는 고래에게 붙여준 스마트 태그는 고래가 수중에서 가속하고, 방향을 틀고, 복잡한 기동을 펼치는 모습을 보여준다. 클릭음이 나다가 정상적인 느린 클릭음으로 돌아가지 않고 침묵이 뒤따르는 경우는 고래가 긴 아래턱으로 오징어를 긁어모아 삼키고 있는 것이라 추정된다. 냠냠!

가장 큰 동물은 대왕고래일지 몰라도 가장 시끄러운 동물은 향유고래다. 사냥할 때 향유고래가 내는 클릭음은 수중 200데시벨을 넘기도 한다. 이는 가까운 거리에서는 인간 잠수부의 고막을 터트리고도 남고, 더 나아가 진동으로 죽일 수도 있는 소리다. 향유고래가 가장 큰 클릭음을 먹이를 기절시키거나 죽이는 용도로 사용할지 모른다는 주장도 있다.

하지만 고래가 먹이를 향해 달려들면서 클릭음 간격이 아주 짧아지는 '종말 버즈 단계'에는 클릭음이 상대에게 타격을 입히거나 죽일 수 있는 수준보다 수십, 수백 배 낮다는 증거가 있다. 시끄러운 클릭음은 수백 미터 떨어져 있는 오징어를 감지하거나, 다른 고래에게 자신의 존재를 알리기 위한 장거리 스캔에 사용될 가능성이 더 높다.

바다에서 제일 시끄러운 동물 소리가 가장 크고 또 가장 민감한 눈을 가진 동물의 진화를 이끌었는지도 모르겠다. 향유고래가 작은 먹잇감만 잡아먹는 것은 아니기 때문이다. 10미터 넘게 자라는 대왕오징어를 잡을 수만 있으면 이런 진미가 따로 없다. 하지만 사람 머리보다 큰 눈을 가진 이 거대 동물은 칠흑 같은 어둠 속에서도 향유고래가 깊은 바다에서 속도를 내는 동안 작은 해파리, 갑각류, 플랑크톤과 부딪히며 만들어내는 생물발광의 희미한 불빛을 볼 수 있을 것이다.

향유고래는 한 시간 넘게 잠수할 수도 있지만 보통은 약 40분 잠수한다. 그리고 10분에서 20분 정도 호흡을 하러 올라온다. 그동안 깊이 잠수하는 법을 배우지 못한 새끼들은 어미나 다른 암컷 성체들과 함께 수면 근처에 머문다. 어미가 해저로 먹이 활동을 가 있는 동안 이 암컷 성체들은 포식자 범고래나 다른 위험이 다가오는지 살핀다. (향유고래는 청각이 뛰어나기 때문에 새끼나 어린 개체는 아마도 깊은 해저에서 어떻게 사냥이 진행되고 있는지 귀로 듣고 알 수 있을 것이다.) 하루에 한 번 정도는 무리에 속한 고래들이 모두 몇 시간씩 수면에 모인다. 이런 조건에서는 클릭음을 아주 다른 용도로 사용한다.

향유고래는 대단히 사회적인 동물이기 때문에 틈이 날 때마다 유대감을 강화하려고 한다. 이들은 지구에서 가장 큰 뇌를 갖고 있다. 사람의 뇌보다 대여섯 배 크다. 그리고

복잡한 사고와 감각 능력을 나타내는 두 가지 핵심 표지를
갖고 있다. 풍부한 방추 세포와 대단히 잘 발달한 새겉질이다.
작가 필립 호어는 포르투갈 아조레스제도에서 잠수를 하다가
이들을 만났던 경험을 묘사했다. "예닐곱 마리의 동물이
생물학자들이 말하는 사회적 활성 집단을 이루어 몇 시간 동안
서로 뒹굴며 시간을 보냈다. 이들의 흑단색 혹은 회색의 몸통은
내내 맞닿아 있었다. 지느러미로 옆구리를 쓰다듬고, 입으로
부드럽게 서로를 물었다. 한번은 고래 두 마리가 공격적으로
생긴 사각형의 이마를 맞대고 철학적 교감을 나누는 듯한
행동을 보였다. 이들은 가장 강렬하고, 감각적인 방식으로 서로
소통하고 있었다."

이런 신체 접촉이 이루어지는 동안 고래들은 연구자들이
'코다'라고 부르는 클릭음 패턴을 만들어낸다. 사냥하면서 내는
것과 달리 이 클릭음 패턴은 모스부호와 다소 비슷한 형태를
띠어서 3~40회 정도의 클릭음 사이사이에 멈춤 시간이 흩어져
있다. 코다는 정체성을 나타나는 신호이자 정보를 공유하는
수단이다. 할 화이트헤드는 많은 사람이 위험한 행동이라
생각하던 시절에 향유고래와 잠수를 시도했다. 한번은 새끼가
태어나고 있는 동안 특이나 시끄러운 코다를 들었다. 인간이나
다른 유인원, 돌고래, 일부 조류와 마찬가지로 향유고래의
새끼도 처음에는 옹알이를 하며, 자기 무리의 독특한 코다를
익히기까지 2년쯤 걸린다. 어떤 코다는 가족과 무리뿐만
아니라 수천 마리 규모로 넓게 퍼져 있는 대규모 집단의
구성원들과 공유되기도 한다. 태평양에는 서로 구분되는
적어도 다섯 개의 집단이 존재한다. 인간 집단마다 사투리나
언어가 다르듯이 이들도 집단에 따라 코다가 달라진다.
향유고래는 다른 집단의 구성원들과 섞이는 경우가 드물지만
자기 집단의 거리가 먼 구성원들과는 소통하는 것으로 보인다.

19세기에 향유고래들이 범선을 타고 다니는 고래 사냥꾼들의 허를 찌르며 움직이는 법을 신속하게 배울 수 있었던 이유, 그리고 최근 수십 년 동안 어선 뒤로 길게 끌고 다니는 낚싯줄에서 물고기를 훔쳐 먹는 기술을 자기들끼리 공유할 수 있었던 이유를 이런 종류의 정보 공유로 설명할 수 있다.

향유고래는 암컷 우두머리가 이끄는 성체 암컷 집단이 어린 새끼들을 돌보는 형태의 집단사회를 이룬다. 연구자들은 이것을 '모계 문화'라 부른다. 이와 유사하게 사는 육상 동물로 코끼리를 들 수 있다. 거대하고 지각력이 뛰어나며 깊은 바다로 잠수하는 코끼리를 상상해보자. 연구자 셰인 게로는 작가 겸 생물학자 칼 사피나에게 이렇게 말했다. "내가 향유고래에게 배운 가장 큰 교훈은 가족이 제일 중요하다는 것입니다. 향유고래는 할머니한테 배우고, 엄마를 사랑하고, 형제와 함께 시간을 보내라고 말하죠." 고래와 많은 시간을 보내면서 게로의 세상이 바뀌었다. "고래가 무엇을 소중히 여기는지 배운 덕에 내가 소중히 여기는 것이 무엇인지 알게 됐죠."

암컷과 새끼들은 열대의 따뜻한 바다에 머무는 반면, 수컷 성체는 연중 대부분을 위도가 높은 곳에서 먹이 사냥을 하면서 보낸다. 하지만 그렇다고 수컷이 무리에서 배제되는 것은 아니다. 수컷은 돌아올 때 '클랭'이라는 엄청 크고 느린 클릭음으로 자신의 도착을 알린다. 사람의 귀에는 대단히 섬뜩하게 들릴 수 있다. 화이트헤드는 물속 무덤에서 꺼내달라며 관 뚜껑을 두드리는 유령 선원 데이비 존스의 이야기가 여기서 나왔을지도 모른다고 생각한다. 하지만 암컷 향유고래에게는 이 소음이 대단히 매력적으로 느껴지는 것 같다. 암컷이 수컷을 만날 때 보면 차분한 평화와 상냥함이 가득하다.

스쿠버 장비나 다른 시끄러운 장비를 착용하지 않고 물속에 들어가 고래와 가까이 수영할 수 있었던 프리다이버들은 이렇게 지능이 높고 완전한 의식을 갖춘 존재와 중간에 아무것도 개입된 것 없이 함께할 때 느끼는 경이로움과 유대감에 대해 이야기한다. 필립 호어는 한 잠수에서 큰 암컷 한 마리가 상대적으로 작은 자기에게 직접 다가와 잠시 멈추고 자기를 꼼꼼히 살펴보았던 순간을 묘사했다. 딱딱거리며 내는 암컷의 소나가 호어의 머리뼈, 흉골, 그리고 골격 전체로 울려 퍼졌다. "참 아이러니했죠. 작가로서 저는 오랫동안 고래에 대해 묘사하려고 애를 썼는데, 지금 여기서 고래 한 마리가 저를 묘사하려고 애쓰고 있었으니 말이죠. …… 그 암컷은 내가 대체 무엇일까 궁금해하면서 완전한 지각과 호기심으로 저를 바라보았습니다."

우리가 만드는 세상은 우리의 선택에 달려 있다. 인간은 이제 향유고래를 사냥하고 죽이는 일을 거의 멈추었지만 이들은 여전히 멸종 위기종으로 분류되어 있다. 어망에 얽혀 죽고, 인간이 만든 오염 물질이 체내에 고농도로 축적되고, 나이 많고 경험이 풍부한 개체가 역사적으로 줄어든 것 등이 모두 향유고래들이 입은 타격이다. 선박에서 나오는 소음 공해와 지진파 탐사 활동 때문에 향유고래들은 방향감각을 상실하고 트라우마에 시달린다. 그래도 아직 몇십만 마리가 살아 있다는 점은 긍정적이다. 이들은 대부분 육지에서 멀리 떨어진 곳에서 아직은 위험할 정도로 오염되지 않고 인간에 의해 고갈되지 않은 먹이 공급원을 바탕으로 살아가고 있다. 이들이 앞으로도 오랫동안 계속해서 세상과 소리풍경을 풍요롭게 해줄 수 있을 것이다. 그리고 인간도 그들이 서로에게 하는 말을, 그리고 그들이 우리에게 가르쳐줄 수 있는 것을 이해하기 시작할 것이다.

대륙검은지빠귀

2월의 어느 추운 밤에 쓰레기를 버리러 갔다가 통찰을 얻는 경우는 아주 드물다. 하지만 들쭉날쭉 자란 덤불과 가로등 너머에서 대륙검은지빠귀가 너무도 사랑스러운 음을 쏟아내고 있어서 나는 발걸음을 멈추었다. 피리처럼 아름답고 큰 소리였다. 이 공짜 재즈 선율은 절대 끝날 것 같지 않았다. 그 소리를 듣고 있으니 새가 엄청난 기쁨을 느끼고 있음을 믿지 않을 도리가 없었다. D. H. 로렌스는 1917년 수필에서 궁금해했다. "저 노래는 도대체 어디서 왔을까? 그리도 길고 가혹했던 겨울이 지나자마자 어떻게 저렇게 빨리 노래를 만들어낼 수 있을까?"

자연사와 민속학에 대한 개론서인 『조류 대백과』에서 마크 코커와 리처드 마베이는 영국인 다수가 대륙검은지빠귀의 노래가 사촌인 개똥지빠귀의 노래보다 더 뛰어나지는 않아도 그보다 못하지는 않다고 느낀다고 한다. 두 사람은 그 노래의 질을 설명하려는 시도에서 '나른하고 편한 전달' '게으르며 졸린 듯한 만족감을 준다' '평화와 지극한 행복의 상태에 있는 것처럼 명랑하게 지저귄다' 등 일관된 묘사 패턴이 등장한다고 적고 있다.

대륙검은지빠귀의 노래는 경이로운 해부학적 구조 덕분에 가능하다. 사람은 후두, 즉 성대가 목에서 기관의 위쪽 끝부분에 자리 잡고 있지만, 새는 후두에 해당하는 기관이 폐 바로 위, 기관의 바닥 쪽에 자리 잡고 있다. 울대로 알려진 이 기관의 영어 이름은 시링크스인데, 그리스 신화에 나오는 목축의 신 판으로부터 달아나 갈대, 그리고 그다음에는 피리로 변한 요정의 이름을 따서 지어졌다. 이 기관은 사실 기관을 폐와 연결해주는 쌍둥이 튜브인 기관지 안에 자리 잡은 동일한 기관 한 쌍으로 이루어져 있다. 각각의 튜브 안에는 팀파넘이라는 원형의 유연한 막이 튜브 반대쪽 벽에 붙어 있는 작은 혹 덩어리 같은 발기 조직과 마주하고 있다. 새는 공기를 밀어 넣으면서 팀파넘의 직경, 그리고 조직이 관으로 돌출하는 정도를 조절해 노래의 일부가 되는 음높이와 음색에 변화를 준다. 울대가 두 개 존재하기에 어떤 조류 종은 동시에 두 가지 음을 낼 수도 있다.

또한 새는 호흡기 구조 덕분에 지치지 않고 오랫동안 노래를 부를 수 있다. 들숨과 날숨으로 호흡하는 인간이나 다른 포유류와 달리 조류는 몸에 큰 기낭을 갖고 있어서 폐에 산소가 풍부한 공기를 한 방향으로 연이어 통과시킬 수 있다. 이 기낭은 풀무처럼 작동해서 먼저 산소가 풍부한 공기를 몸 뒤쪽 장소로 끌어들인 다음, 폐를 통해 앞으로 내보내고, 그다음에는 가슴 앞쪽에 있는 또 다른 장소로 보내고, 이어지는 날숨에 밖으로 배출한다. 호흡기의 이런 배열에 들숨과 날숨 모두에서 소리를 낼 수 있는 능력이 더해져 하늘을 맴도는 종달새는 내가 쓰레기를 버리러 가서 만난 대륙검은지빠귀처럼 풍부한 선율로 자신의 마음을 한바탕 쏟아낼 수 있는 것이다.

유럽에서 가장 오래된 삼림 중 하나인 폴란드 비아워비에자 숲에 사는 대륙검은지빠귀를 조사한 연구를 보면 이 새는 원래 나무 꼭대기에 사는 생명체였음을 알 수 있다. 어두운 색깔의 깃털, 무성한 삼림을 잘 뚫고 나가는 저음의 노래는 열대림 나무 꼭대기에서 번성하고 있는 지빠귀과의 다른 구성원들과 아주 비슷하다. 어쩌면 에드워드 토머스의 1914년 시 「애들스트롭」에 이런 장거리 호출의 역사가 반영되어 있는지도 모르겠다. 이 시에는 대륙검은지빠귀가 옥스퍼드셔와 글로스터셔의 시골 건너편에 있는 다른 새들을 부르는 장면이 묘사되어 있다.

유럽, 미국, 그리고 다른 곳에서도 여러 조류 종의 수가 빠른 속도로 줄어들고 있다. 40년 전과 비교하면 수억 마리가 줄었다. 하지만 대륙검은지빠귀는 적응력과 회복 탄력성이 가장 뛰어난 종 중 하나인 것 같다. 적어도 지금까지는 그렇다. 시골 지역에서는 야생동물이 사라지고 있는 반면 현대 도시 환경에서는 번성하고 있다. 오늘날 영국에 서식하는 500~600만 쌍의 대다수는 도시와 교외 지역에 살고 있다. 독성 화학 물질로 오염되고 새들이 먹고 살 무척추동물과 다른 생명체들이 고갈된 농장 지역보다 도시와 교외 지역이 서식 밀도가 열 배까지 높게 나온다. 이들은 인상적인 투지를 보여준다. 1968년 봄에 마틴 루서 킹 주니어의 암살 사건 직후 미국의 시민권 운동을 지지하기 위해 쓴 폴 매카트니의 노래 〈Blackbird〉는 아마도 도시에 살던 대륙검은지빠귀에게서 영감을 얻었을 것이다. 최근에는 코커와 마베이가 어느 부활절 연휴에 영국 에식스주 콜체스터 산업 현장에서 지게차 엔진 룸에 대륙검은지빠귀가 둥지를 튼 이야기를 전해 왔다. 현지 특파원 알렉스 던은 이렇게 말했다. "화요일에 돌아와서 지게차가 작업을 개시한 후에도 대륙검은지빠귀는 오전 7시 30분에서 오후 4시 30분까지 지게차 둥지에 앉아 있었습니다. 낳은 알은 다섯 개이고 그중 네 개가 부화에 성공했습니다. 어미는 지게차가 운행을 멈출 때마다 둥지를 떠났고, 지게차가 정지해 있을 때 먹이를 물고 돌아와 새끼들에게 먹였습니다." 「세인트 케빈과 블랙버드」라는 시에서 셰이머스 히니는 새의 알을 안전하게 손에 든 채 새끼가 알에서 부화하고 깃털이 돋아 날아갈 때까지 해가 뜨나 비가 오나 몇 주 동안 계속 손을 내밀어 그 알을 받치고 있던 성자의 이야기를 한다. 하지만 손을 내밀어줄 성자가 없다면 대륙검은지빠귀의 입장에서는 어쩔 수 없이 지게차를 이용해야 할 수도 있다.

어둠 속에서 비틀거리며 쓰레기통을 비우려 하든 말든

대륙검은지빠귀 노래는 듣는 사람에게 자기보다 더 큰 무언가가 버티고 있음을 일깨워줄 수 있다. 「애들스트롭」을 쓰고 3년 후, 아라스 전투에서 전사하기 한 달 전인 1917년 3월 초에 서부전선에서 쓴 일기에서 에드워드 토머스는 폭격이 잠잠해진 사이에 들려오는 대륙검은지빠귀의 지저귐 소리를 알아차렸다. 같은 봄 D. H. 로런스는 노래가 새를 통해 거품처럼 흘러나오는 모습에 감탄했다. "새들은 샘물이 거품을 내며 흘러나오는 작은 분수 같다. 새의 목구멍에서 새로운 생명이 자신의 정수를 뽑아내어 소리를 만들어낸다." 로런스의 황홀경에서 나온 직관이 깊은 진리를 담고 있는지도 모른다. 어떤 생태학자들은 살아 있는 세계를 앙상블로 이해해야 한다고 주장한다. 앙상블 안에서는 상식과는 반대로 가수가 있기 때문에 노래가 존재하는 것이 아니라, 노래가 있기 때문에 가수가 존재한다. 여기서 말하는 핵심 개념은 대규모로 진행되는 과정과 생명계는 더 큰 과정에서 역할을 맡음으로써 번성할 수 있는 종의 진화, 혹은 도입에 우호적으로 작용한다는 것이다. 생화학자 닉 레인의 말이 맞는지도 모른다. "움직임이 생명 그 자체를 위해 형태를 만들어낸다." 시인 찰스 코슬리의 말처럼 "나는 새를 노래하는 노래다." 우리가 생명을 부르듯, 생명도 우리를 부르고 있다.

177 대륙검은지빠귀

올빼미

* 일반적으로 귀뿔깃이 있는 쪽을 부엉이, 없는 쪽을 올빼미로 부르는데, 영어 Owl은 둘을 구분하지 않는다. 이 책에서는 Owl을 문맥에 따라 올빼미 또는 부엉이로 번역했다.

농게의 한쪽만 커진 집게발, 일각고래의 왼쪽 입술 엄니 상아, 뉴질랜드물떼새의 옆으로 비뚤어져 휘어진 부리 같은 못난이들을 만들어낸 창조주에게 영광을! 땅과 바다는 정반대되는 것, 독창적인 것, 이상한 것 들로 가득하다. 바다 한가운데 사는 딸기오징어는 외피에 빨간색 점이 마치 딸기 씨처럼 박혀 있고, 한쪽 큰 눈은 수면 위 밝은 빛을 배경으로 포식자나 먹이의 윤곽을 살피기 위해 위를 향하고 있는 반면, 작은 한 눈은 점점이 빛을 내는 생명체를 찾기 위해 아래를 향하고 있다. 해저로 가면 연안의 얕은 바다에서 가장 깊은 해구에 이르기까지 가자미의 수백 가지 변종들이 머리를 반 바퀴 돌아서 반대쪽에 쏠려 있는 두 번째 눈으로 위쪽을 바라보고 있다.

여기서 나의 편견을 인정하지 않을 수 없다. 나 역시 지구 위를 왔다 갔다 하며 걸어 다니고 있는 이상한 존재 중 하나이기 때문이다. 내 바깥귀, 즉 귓바퀴는 한쪽으로 치우쳐 있다. 비교적 흔하고 해로울 것도 없지만 나이가 들면서 점점 두드러져 혹시 어느 날 아침에 깨어보면 아기 가자미처럼 다른 특성들도 형태 변화를 시작해서 내 머리를 반 바퀴 돌아 한쪽으로 쏠리는 것이 아닐까 궁금해지기도 한다.

내 귓바퀴의 비대칭성은 우연히 외부에서 발생한 것이고 청력에는 영향을 미치지 않지만 이런 못난이 같은 모습이 오류가 아니라 청각 시스템의 특성인 생명체도 있다. 대부분의 이빨고래류는 반향정위에 도움이 되는 연조직을 위한 공간을 만들기 위해 머리뼈가 왼쪽으로 찌그러져 있다. 그리고 일부 올빼미 종은 외이도의 구멍들이 서로 살짝 다른 높이에서 열려 있다(이들은 외이도 구멍이 일부 종처럼 머리 꼭대기에 있는 귀깃에 위치하지 않고 머리뼈 양쪽으로 나 있다). 이런 위치 차이 덕분에 위에서 오는 소리와 아래서 오는 소리가 왼쪽 귀와 오른쪽 귀에 살짝 다른 시간에 도달하고, 따라서 한쪽이 더 크거나 부드러운 소리로 들린다. 이런 차이를 이용해 올빼미는 음원의 위치를 수평적으로뿐만 아니라 수직적으로도 더 잘 파악할 수 있다. 이 효과를 강화하기 위해 올빼미 얼굴의 깃털들은 접시 안테나처럼 살짝 포물선 형태로 나 있다. 이런 형태는 서로 다른 위치에 자리 잡은 각각의 귀에 소리를 집중시키는 데 도움이 된다. 마치 새들이 머리 앞쪽으로 커다란 나팔형 보청기를 하고 있는 것 같다. 이들은 이것을 마음대로 움직여 소리의 초점을 모을 수 있다. 아래쪽으로 향하는 날카로운 삼각형의 부리도 얼굴에서 소리가 반사되어 나가는 것을 최소화해준다. 더군다나 올빼미의 청력은 나이가 들어도 나빠지지 않는다. 사람과 달리 많은 조류와 올빼미는 내이의 유모 세포가 계속 재생되기 때문이다.

올빼미는 약 300종이 있고, 특성도 천차만별이다. 그중 제일 큰 블래키스톤 물고기잡이 부엉이는 날개 폭이 2미터가 넘고, 눈이 많이 내리는 일본 북부와 호랑이와 곰의 고향이기도 한 북동 아시아 본토 일부에 살고 있거나, 살았다. 가장 작은 엘프올빼미는 참새만 한 크기에 무게는 블래키스톤 물고기잡이 부엉이의 100분의 1에 불과하다. 이 종은 북미 대륙 남서부의 건조 지대에 살며, 딱따구리가 거대 선인장 안에 파놓은 구멍에 둥지를 튼다.

올빼미는 오랜 기간 인간의 상상력 안에서 상당한 존재감을 과시해왔다. 프랑스 쇼베 동굴 벽화에 그려진 귀가 긴 부엉이의 그림은 약 3만 2,000년 전 것이다. 이 부엉이는 머리는 앞에서 본 모습이지만 몸통은 뒤에서 본 모습으로 그려졌다. 인간은 목뼈가 일곱 개지만 부엉이는 열네 개여서 이것이 부엉이에게는 쉬운 자세다. 이 그림을 그린 사람이 무슨 뜻으로 이렇게 그렸는지는 알 수 없지만 부엉이와 올빼미가 시간에 따라, 문화권에 따라 서로 다른 것을 상징했음은 분명하다. 호주의 와다만족은 고르돌이라는 올빼미가 세상을 창조했다고 믿는다. 한편 호주 늉가족은 '올빼미 석상'을 보호한다. 이것은 위대한 창조자이자 치유자이자 파괴자인 보이야 고고마트를 상징하는 석상이다. 마야족, 아즈텍족, 그리고 메소아메리카의 다른 부족들은 올빼미를 죽음의 상징으로 여긴 반면, 유럽의 민속에서는 올빼미를 불길한 징조의 새라 여긴다. (올빼미는 마녀의 친구로 널리 믿어졌고, 인간처럼 젖꼭지가 두 개 달려 있어서 밤이면 갓난아기에게 젖을 물린다고 알려졌다. 때로는 올빼미가 접근하지 못하도록 잠자는 아이 위에 마늘을 올려놓기도 했다.) 이와는 대조적으로 나바호족은 올빼미와 코요테가 밤과 낮의 균형을 잡아준다고 말한다. 스칸디나비아 북부의 사미인은 올빼미가 행운을 가져다준다고 믿으며, 일본 북부의 아이누는 블래키스톤 물고기잡이 부엉이를 수호신으로 숭배한다. 고대 그리스에서는 올빼미가 지혜의 여신인 아테나의 상징이었고, 인도에서는 올빼미가 코끼리와 더불어 부, 권력, 아름다움, 윤리적 삶, 이해와 해방 등 다양한 부분의 여신으로 여겨지는 락슈미 여신의 탈것이다.

올빼미가 우리의 정신세계에 큰 울림을 주는 가장 큰 이유는 분명 전방을 응시하는 그들의 눈일 것이다. 이 눈은 경계와 주의를 암시하고 있다. 시인 엘리엇 와인버거는 중세 잉글랜드에서 '푸르스름한 색에 크기는 수탉만 하고, 종종 올빼미 같은 얼굴을 하고 있는' 새처럼 생긴 '천사'에 대한 여러 목격담을 전한다. 하지만 거의 무음에 가까운 그들의 비행도 그 못지않게 경이롭다. 올빼미는 사람 팔 길이 정도의 거리로 접근할 때까지는 사람의 귀에 그 소리가 들리지 않는다. 마치 유령처럼 찾아왔다가 떠난다.

이 음향학적 경이로움은 올빼미의 신체 구조에서도 덕을 보고 있다. 새는 아무리 부드럽게 날개를 퍼덕여도 소리가 난다. 하지만 올빼미는 체구에 비해 특히나 큰 날개를 가지고 있기 때문에 더 길게 활공할 수 있어서 독수리나 매 같은 다른 맹금류보다 날갯짓 횟수를 줄일 수 있다. 날개가 크고 날갯짓을 줄일 수 있기 때문에 올빼미는 아주 천천히 나는 것이 가능하다. 그 덕에 난류와 그 때문에 생기는 소음을 줄일 수 있다. 예를 들어 원숭이올빼미는 사람이 걷는 속도보다 느리게 난다. 그래서 작은 설치류 같은 먹잇감의 소리에 귀를 기울일 시간이 많아져서 어둠 속, 혹은 눈이나 식물 아래 숨어 있는 먹잇감의 위치도 정확하게 찾을 수 있다. 이런 능력으로 원숭이올빼미(가면올빼미)는 남극대륙을 제외한 모든 대륙의 다양한 환경에서 번성할 수 있다.

올빼미 깃털의 놀라운 형태 역시 세 가지 방식으로 도움을 준다. 첫째, 날개 앞 가장자리에 있는 빗살 같은 톱니가 난류를 잘게 부수어버린다. 그러지 않았으면 이 난류가 '획' 소리를 냈을 것이다. 둘째, 이렇게 작게 갈라진 공기의 흐름이 올빼미 깃털의 독특한 벨벳 같은 질감에 의해 더욱 약해진다. 셋째, 날개 뒤쪽 가장자리에 있는 깃털이 부드럽고 들쭉날쭉한 털이 날개 뒤쪽으로 생기는 난류를 흩트리는 데 도움을 준다. 여기서 끝이 아니다. 예를 들어 올빼미 깃털의 벨벳 같은 질감과 텁수룩한 털은 올빼미들이 이동할 때 날개 깃털 사이에서 발생하는 마찰음을 줄여준다.

올빼미 깃털이 소음을 줄이는 방식에 대한 체계적인 연구는 항공기 프로펠러를 더 조용하게 설계할 수 있으리라는 기대 속에 1934년 처음 진행됐다. 당시에는 성과가 거의 없었지만 연구자들은 더 많은 것을 알아내기 위해 노력하고 있다. 거기서 생기는 결과물이 긍정적이지만은 않을 것이다.

무소음 드론이 치명적인 무기로 등장할 수도 있다. 하지만 긍정적인 측면에서 보면 올빼미 깃털에 영감을 받아 만들어진 새로운 재료가 언젠가는 소음과 에너지 사용량을 줄여주고, 인간과 동물 복지에 잠재적으로 큰 혜택을 줄지도 모른다. 그렇게 된다면 이는 생명 과정을 모형으로 삼아 설계하는 생체 모방의 작은 사례가 되어줄 것이다. 그리고 이것이 체계적 접근 방식의 일환으로 획기적으로 효율을 높이고 폐기물도 줄여줄 수 있을 것이다.

1982년 영화 〈블레이드 러너〉에는 애니모이드올빼미, 즉 인공 올빼미가 등장한다. 복제 인간 로이 배티가 프랑켄슈타인 같은 자신의 창조자 엘던 타이렐 회장의 눈을 찌그러뜨리는 동안 이 올빼미는 무심하게 그 광경을 바라보고 있다. 타이렐이 자신의 창조물을 이윤 창출을 위해 죽도록 일만 시키는 도구로 대하지 않고 다른 길을 걸었다면 그런 운명을 피할 수 있었을 것이다. 하지만 쇼베 동굴에 그려진 올빼미 그림에는 어떤 교훈이 숨어 있을까? 발터 벤야민이 상상한 역사의 천사처럼 쇼베 동굴의 올빼미는 눈과 귀를 뒤쪽으로 향한 채 미지의 영역으로 날아오른다. 그렇게 우리 인간도 우리가 볼 수도 들을 수도 없고, 다만 만들 수 있을 뿐인 미래를 향해 돌진해나간다.

나이팅게일

나이팅게일의 노래에 대한 묘사는 소설가 H. E. 베이츠를 뛰어넘기 어렵다. 그는 이렇게 적었다. "그것은 달콤함보다 훨씬 깊은 아름다움을 갖고 있는, 공중에 매달린 듯한 일종의 전기 같은 속성을 가졌다." 그리고 그 노래는 "발성보다는 침묵으로 이루어지는 경우가 많다. 침묵 그 자체에는 일종의 열정, 그리고 숨 막힘과 구속, 마술처럼 곧 깨질 것 같은 구속이 들어 있다." 나이팅게일의 노래는 "신기하게도 사람을 미치게 만드는 매력이 있다. 그들의 노래는 현을 뜯는 것처럼, 조율하는 것처럼 갑작스럽게 낮은 음에서 시작했다가 한순간에 갑자기 불과 꿀의 크레셴도로 순식간에 타오르고는 갑자기 중간에서 난데없이 구절이 끊어져버린다. 그리고 다음에는 그 구절이 다시 시작되기를 기다리는 숨 막히게 고요하고 아름다운 막간이 이어진다."

하나하나 다 옳은 말이지만, 침묵에 관한 말은 특히나 옳다. 특히 '불과 꿀의 크레셴도'라는 표현이 마음에 든다. 하지만 1936년에 쓴 글이라 나이팅게일 노래에 들어 있는 긁는 소리, 터져 나오는 소리, 출렁거리는 소리와 전자음악과의 유사성 등 요즘에 자주 사용하는 비유를 사용하지 않는다는 점도 눈에 띈다. 적어도 내가 직접 나이팅게일의 노래를 들어보면서 느꼈던 세 가지를 그가 놓치고 있거나 과소평가하는 것으로 보인다. 첫째는 노랫소리의 크기다. 도시의 소음을 극복하고 자신의 소리를 퍼뜨려야 하다보니 나이팅게일은 95데시벨까지 소리를 올릴 수 있다. 이것은 체인 톱이나 대형 트럭의 소리와 맞먹고, 유럽의 소음 공해 규제를 위반할 정도로 큰 소리다. 둘째는 노래의 복잡성이다. 나이팅게일은 각각 3초에서 20초 정도 지속되는 서로 다른 200개 이상의 레퍼토리를 끌어다가 인간이 이해할 수 없는 정교한 방식으로 결합해서 노래한다(이 새의 핀란드식 이름은

'사타키엘리'로 '백 개의 목소리'라는 의미다. 아주 적절한 이름이다). 셋째는 소리의 이상함이다. 루이스 맥니스가 1935년에 쓴 시 「눈」(Snow)을 살짝 바꾸어 표현하자면 나이팅게일의 노래는 우리가 생각하는 것보다 더 미쳤고, 그 수가 엄청나게 많으며, 아예 손을 댈 수 없을 정도로 다원적이다.

나이팅게일에 대한 이전 세대의 반응이 무의미하다고 말하는 것은 아니다. 오히려 그 반대다. 26세기 전 그리스 시인 사포가 나이팅게일을 '그리움의 목소리로 봄을 알리는 전령'이라 묘사하며 느꼈던 동경, 14세기 페르시아의 하페즈가 "나이팅게일이 취했군!"이라 외치며 모두를 반겨주는 완전한 행복을 묘사하고, 슬픔 없이는 행복도 있을 수 없음을 깨달으며 느꼈던 행복을 엿보면 참으로 놀랍다. 존 키츠의 1891년 시 「나이팅게일에게 바치는 송가」는 짧은 인생에서 놀랍고 지속적인 아름다움을 이해하는 것이 무엇인지에 대한 영문 진술 중 가장 강력한 것에 해당한다.

동시에 베이츠를 비롯한 이런저런 사례들은 시간과 장소에 특정한 무언가가 존재하며, 이것이 변하면서 사람들이 무엇을 어떻게 듣는지도 변한다는 것을 상기시켜준다. 영국에서의 태도를 생각해보자. 동쪽으로 몽고로 이어지는 산맥의 북서쪽 가장자리에 위치하는 이 섬에서 번식하는 나이팅게일 쌍의 숫자가 최근 몇십 년 동안 가파르게 감소하는 바람에 이 종은 멸종 위기종 적색 목록에 올라갔다. 점점 희귀해지는 나이팅게일은 멸종의 위협을 받는 자연의 아름다움을 상징하는 아이콘이 됐다. 이 점을 인식한 멸종 반란의 회원들은 뜻밖에도 2019년 4월에 〈A Nightingale Sang in Berkeley Square〉를 시위 곡으로 만들었다. 몇 주간의 고강도 봉쇄 이후 버클리 광장에서 열린 휴식 집회에서 수백

명의 활동가들이 이 노래를 불렀다. 이 곡은 1939년에 작곡된 대단히 감상적인 노래로, 베라 린이 불렀고 제2차 세계대전 당시의 전격전과 관련이 있다. 그리고 그와 함께 거리의 화가 ATM은 랭커스터 폭격기의 꼬리 날개 위에 나이팅게일의 그림을 전시했다.

이 공연 뒤에는 신화와 모델로서 역사가 자리 잡고 있었다. 엘가의 비극적인 첼로 협주곡을 처음으로 축제에서 공연한 바 있던 첼로 연주자 비어트리스 해리슨이 1924년 5월 19일에 자신의 서리 가든에서 나이팅게일과 듀엣으로 BBC 최초의 야외 라이브 방송을 했다. 2022년에 드러난 바로는 바로 그날 BBC 기술자들이 무거운 장비들을 투박하게 움직이는 바람에 새들이 놀라서 달아나버렸고, 막판에 마담 사베론으로 알려져 있지만 본명은 모드 굴드인 휘파람 연주자를 불러서 나이팅게일의 노래를 흉내 내게 했다고 한다.

그럼에도 첼로 연주자와 새의 조합이 히트를 쳤고 방송국에서는 그 후에도 계속해서 그 방송을 되풀이했다. 하지만 1942년, BBC가 해리슨 없이 다시 나이팅게일의 노래를 방송하려고 했을 때는 독일을 공습하기 위해 머리 위로 날아가고 있던 200대의 웰링턴 폭격기와 랭커스터 폭격기의 출격 소리가 실수로 마이크에 잡히고 말았다. 그 소리가 나치에게 공습경보 역할을 할 수 있음을 깨달은 한 기술자가 과감하게 플러그를 뽑아버렸다. 2019년에 활동가들은 이 기억을 불러냄으로써 국가적 상상력에 새겨진 느낌의 구조와 신념의 네트워크, 즉 위험에 처한 세계와 용기와 결단력의 필요성을 소환했다. 버클리 스퀘어 행사를 주최한 포크 가수 샘 리와 네스트 컬렉티브는 서식스 숲에서 '나이팅게일과 노래하기'라는 일련의 모임을 통해 음악과 환경문제를 결합하는 활동을 지속적으로 펼쳤다.

하지만 나이팅게일이 번성하고 있는 유럽 대륙 상당 부분과 그 주변 지역에서는 영국과는 다른 울림이 퍼지고 있다. 베를린에서는 봄 이동에 아프리카 서부에서 막 도착한 수컷들이 도시 중심부의 공원, 심지어 소음이 심한 도로 교차로에서도 노래를 부른다. 도시에는 비교적 관리가 덜 돼서 지저분한 덤불 지대가 넓게 분포하고 있다. 이런 서식지들은 열린 풀밭이나 들판에서 포식자로부터 은신처를 제공해주어 나이팅게일이 좋아하는 숲으로 역동적으로 변하고 있는 상태이다. 어쨌거나 나이팅게일이 많다는 것은 베를린 사람들이 영국 사람들보다 나이팅게일 소리를 많이 듣고 있으며 도시가 나이팅게일의 노래를 연구하고 감상할 훌륭한 장소가 되었음을 의미한다.

찰스 다윈은 수컷 새가 노래를 부를 때 암컷들은 인간처럼 미적 감각을 가지고 있기 때문에 그 노래가 가진 복잡성 등의 성질을 평가한다고 주장했다. 이런 개념이 틀렸다고 입증된 적은 없었다. 하지만 최근에 조류학자들은 명금류 중에 암컷도 노래를 부르는 종이 많다는 사실을 발견했다. 북유럽 같은 장소에서만 계절 이동을 하는 수컷이 먼저 도착해 자신의 영역을 주장하면서 노래를 부르는 것이다. 하지만 다윈의 가설에는 의문이 뒤따른다. 암컷은 어째서 그런 성질을 아름답다고 느낄까? 이것이 순수하게 아름다움만을 따지는 것일 가능성은 낮다. 복잡하거나 소리가 큰 노래는 수컷의 지능이나 힘을 보여주는 지표인지도 모른다. 베를린에서 이루어진 나이팅게일 연구에서는 수컷의 노래 복잡성과 그 수컷이 나중에 암컷의 육아를 얼마나 돕는지 사이에 상관관계가 발견됐다. 라이프니츠 동물학 및 야생동물 연구소의 코니 란드그라프는 "수컷의 노래는 암컷에게 좋은 아빠가 되겠다고 약속하는 것과 비슷합니다"라고 말한다.

그렇다고 암컷 나이팅게일이 감정 없이 그저 아비로서의 쓸모를 극대화하는 일에만 매달린다는 의미는 아니다. 평생 동물의 소통을 연구해온 디트마르 토트는 이렇게 말한다. "나이팅게일의 노래가 감정을 전달한다는 것은 분명합니다." 노래가 노래를 부르는 새와 듣는 새 모두에게 영향을 미치지 않는다면 그것이 오히려 놀랄 일이다. 실제로 노래의 영향은 사람보다 새에게 더 막강할 것으로 보인다. 체구 차이 때문에 소리가 상대적으로 더 크고 정교하게 느껴지기 때문이다. 나도 좋은 노래를 듣고, 그리고 다른 사람이 부르는 노래를 듣는 것이 어떤 기분인지는 경험해봐서 잘 안다. 나이팅게일의 입장에서 그 느낌이 얼마나 크게 다가올지는 상상할 뿐이다.

나이팅게일의 노래가 음악일까? 막스 플랑크 경험 미학 연구소의 티나 로스케는 그렇다고 생각한다. "새들은 서로를 위해 공연을 해요!" 그녀와 토트 모두 음악가 겸 철학자 데이비드 로텐버그와 함께 영화에 출연한 적이 있다. 새와 함께 음악을 만들어내려는 시도에 초점을 맞춘 영화였다. 베를린의 나이팅게일들이 로텐버그의 클라리넷과 함께 등장하고 가수, 바이올린, 우드[22], 엄지손가락 피아노, 보란[23], 신시사이저 등의 연주자들은 베를린 공원에서 울리는 새들의 노랫소리에 열심히 귀를 기울이며 자유로운 재즈 즉흥연주로 화답한다. 듀엣 공연 후에 가수 렘베 로크는 이렇게 말했다. "참 이상해요. 나이팅게일의 노래에 귀를 기울이고 있으면 끝에 가서는 완전히 빠져들어서 마치 하늘을 나는 것 같은 기분이 들어요."

로텐버그는 이렇게 말한다. "음악을 연구하는 사람이라면 사람의 음악만을 연구해서는 안 됩니다. 수백만

---

[22] Oud. 주로 아랍 국가에서 사용하는 현악기.
[23] Bodhran. 아일랜드의 민속 타악기.

년 동안 존재해온 자연의 음악 위에 인간의 음악이 어떻게 구축되는지를 연구해야죠." 그리고 이 부분에서 그는 오랫동안 이어져온 전통의 일부다. 파이프 연주자와 플루트 연주자들은 분명 수천 년 동안 새의 소리에 귀를 기울여왔다. 서구의 클래식 전통을 보면 1650년에 아타나시우스 키르허가 『무수르기아 우니베르살리스』에서 새의 노래를 기보하려 시도했고, 여기에 영감을 받은 하인리히 비버는 1669년에 바이올린으로 나이팅게일의 노래를 흉내 내는 부분이 포함되어 있는 〈소나타 레프레젠타티바〉를 작곡했다. 1724년에 건반을 위해 작곡된 〈새들의 지저귐〉에서 장 필리프 라모는 상성(上聲)에서 포괄적이기는 하지만 설득력 있게 새의 노랫소리 비슷한 효과를 만들어냈다. 그리고 많은 작곡가들과 음악가들이 뒤따랐다. 1904~1905년에 작곡된 모리스 라벨의 〈슬픈 새〉는 라모의 음악을 떠올리게 하지만 새로운 화성 세계를 탐험하고 있다. 올리비에 메시앙은 평생 새소리에 귀를 기울이며 작업을 했고, 특히 그중에서 《세상의 종말을 위한 4중주》의 클라리넷 독주를 위한 〈새들의 심연〉, 그리고 일곱 권짜리 피아노 독주곡집인 『새의 카탈로그』가 주목할 만하다. 전자에 대해서 메시앙은 이런 유명한 말을 했다. "심연은 슬픔과 피곤함을 안고 있는 시간이다. 새는 시간과 반대되는 존재다. 새들은 빛, 별, 무지개, 그리고 환희의 노래에 관한 우리의 갈망이다." 로텐버그를 비롯한 오늘날의 음악가들도 그와 비슷하게 새소리와의 교감을 통해 존재와 다른 관계로 접근하고 싶다는 열망에서 동기를 부여받는 듯하다. 사실 새소리가 영원히 존재해온 것은 아니지만 훨씬 더 오래된 것이 사실이고, 나이팅게일과 일부 다른 새의 노래는 사람이 쉽게 따라잡을 수 없는 빠른 속도로 흘러간다. 《피아노의 노래와 함께 하는 새 협주곡》에서 조너선 하비는 새의 노래를 인간이 접근할 수 있는 범위로 늘렸다. 속도를 늦추어 피아노 연주자와 다른 음악가들이 그 노래와 상호작용할 수 있게 한 것이다. 나이팅게일은 40여 종에 포함되어 있지 않지만 작품 전반에 걸쳐 놀라움과 끝없는 창의성을 불어 넣어준다.

새에게 영감을 받아 만들어진 음악이 아름다울 수는 있지만 새와 인간 사이에는 항상 간극이 존재한다. 명금류는 인간과 다른 방식으로 소리를 듣고 처리하기 때문이다. 일반적으로 새의 가청 음역대는 인간과 동일하지만 인간의 귀로는 인지할 수 없는 미세한 차이도 새들은 들을 수 있다. 새는 겨우 1밀리초만 지속되는 소리도 파악할 수 있지만 인간이 구별할 수 있는 소리의 지속 시간은 최소 3~4밀리초 이상이다. 또한 많은 명금류가 음의 순서보다는 음의 개별적인 속성에 신경을 쓴다. 이는 사람이 상대방이 내뱉는 단어의 순서는 무시하고 서로의 모음에 들어 있는 어감에만 신경을 쓰는 것에 비유되어왔다. 이는 상상할 수 없는 일이다. 인지과학자 애덤 피시바인은 이렇게 적었다. "나이팅게일 같은 새는 우리의 귀를 사로잡는 멜로디보다는 인간이 지각할 수 있는 범위를 벗어난 미세한 음향학적 세부 사항에 더 귀를 기울이는 것 같다." 피리처럼 생긴 일본의 전통악기 샤쿠하치 연주나 구체음악 같은 장르를 제외하면 인간의 음악이 이런 경로를 따르는 경우는 거의 없다. 그리고 그런 음악은 훨씬 느린 우리의 귀를 감안해야 한다.

의식을 설명하는 어려운 과제를 표현하기 위해 '의식의 난제'라는 용어를 만든 것으로 잘 알려진 철학자 데이비드 차머스에 따르면, 기술의 발전이 물리적 세계에 필적하다가 결국에는 그를 뛰어넘는 가상 세계를 제공할 것이라고 한다. 그는 아무런 제한이 없는 현실 같은 경험이 제공되면 실제의 물질세계는 매력을 잃게 될지도 모른다고 주장한다. 기술

투자자 마크 안드레센은 더 도발적으로, 혹은 상스럽게 그와 비슷한 주장을 펼쳤다. "현실 세계는 5,000년 동안 발전해왔지만 대부분의 사람에게는 여전히 비참할 정도로 부족하다." 일부 사람에게 미래란 곧 메타버스다. 메타의 최고경영책임자 마크 저커버그의 비전 속에서 메타버스는 물고기가 나무에서 헤엄치고 좋아하는 친구들이 항상 손 닿을 곳에 있는 매끄러운 공간이다. 하지만 비판자들이 보기에는 현재 구상되고 있는 메타버스는 위험으로 가득하다. 기술 부문 작가인 웬디 리우는 이렇게 말한다. "건너뛸 수 없는 온갖 광고로 도배된 가상현실을 생각해보세요." 저널리스트 애나 위너는 이렇게 말한다. "제작자들의 입장에서 보면 메타버스는 모든 차원이 돈으로 넘쳐나는 돈 밭이죠."

저커버그의 비전은 조롱당하고 있지만(온라인에서 아이슬란드버스에 대한 풍자를 검색해보라), 여기에는 심각한 의문이 따른다. 안드레센이 자연을 무시한 것이 진지한 것이었든 아니든 내용을 보면 이는 세계 대부분을 아무런 대가 없이 채굴할 수 있는 자원 비축 창고로 바꾸어버리는 식민주의적 사고방식과 맞닿아 있다. 작가 벤 에렌라이히는 이런 사고방식에 대해 "일단 세상을 죽은 것이라 상상하고 나면 우리는 세상을 죽이는 일에 기꺼이 전념할 수 있다"고 적었다. 그리고 기업, 정부, 혹은 다른 어느 주체가 그 플랫폼을 통제하든 거기에는 나쁜 징조를 보여주는 부조화가 깔려 있다. 가까운 미래에 기술은 하드웨어에서 실행되는 소프트웨어가 될 것이며, 이것은 위에서 아래까지 모두 자기조직화 및 인지(의식까지는 아니더라도)의 과정인 생명 그 자체와는 다른 부분이다.

메타버스의 필연성에 대항하여 우리는 소설가 아미타브 고시가 '살아 있음의 정치'라고 부른 것을 시도해볼 수 있다. 그리고 나는 나이팅게일의 노래를 위한 사운드트랙의 일부로 고려하고 싶다. 이것은 파편화된 음악이다. 어둠에서 부르는 노래이지만 어둠의 노래가 아니라 가능성의 노래다. 로텐버그의 말대로 끝없이 진화하고 인간의 통제와 이해를 넘어서는 이것은 "우리가 더하거나 뺄 수 있는 것보다도 항상 더 많거나, 덜하다."

영국에서 내가 직접 나이팅게일의 노래를 들었던 몇 안 되는 경우를 기억해본다. 한번은 핑링호 윅에서 들었다. 그곳은 지금은 자연보호구역이지만 예전에는 채석장이었다. 어수선하지만 아름다운 장소인 이곳을 리처드 마베이와 스티븐 모스 같은 작가들은 '비공식 시골' 혹은 '어쩌다 시골'이라 불렀다. 또 한번은 넵에서 들었다. 넵은 예전에는 깔끔하게 손질된 농장 목초지였지만 지금은 야생 복원 프로젝트의 일환으로 정돈되지 않은 비옥한 땅으로 변화하고 있다. 그 결과 비인간 생명체들이 놀라운 수준으로 회복되고 있다. 양쪽 경우 모두에서 나는 노래의 음량, 에너지, 기이함에 큰 인상을 받았다. 지금은 베를린 같은 대도시에 나이팅게일이 더 많은 것을 보며 독일의 수도를 세계 지배라는 괴물 같은 계획의 중심지로 만들 수도 있었던 죽음의 숭배를 상대로 거둔 승리를 떠올리게 된다. 대신 베를린은 현재 세계 곳곳에서 모인 사람들로 가득하고, 위험뿐만 아니라 온갖 아이디어와 창의성으로 들끓는 역동적이고 금방이라도 무너질 것 같은 장소가 됐다.

W. S. 머윈은 「밤의 노래」라는 시에서 몇 세기에 걸쳐 그토록 많은 시가 나오고 과학적 연구가 진행되었지만 나이팅게일의 노래에 대해 우리가 무엇을 말할 수 있는지 묻고 있다. 그는 "알 수 없는 별에서 솟구쳐 나오는" 새의 긴 음성에서 나오는 "보이지 않는 광선"을 "귀 기울여 들으면서"

견뎌낼 수밖에 없음을 알게 된다. 한편 그는 5월의 작은 이파리 사이에서 별빛이 반짝인다고 적었다. 머윈이 파악한 새의 노래와 다른 세계에서 온 빛의 만남이 내게는 적절해 보인다. 나이팅게일의 노래는 수백만 년에 걸쳐 진화해왔고, 별빛만큼이나 오래됐다. 아미타브 고시는 이렇게 적었다. "당신의 노래와 이야기가 살아 있는 지구에 사는, 보이고, 보이지 않는 모든 존재에게 생명을 불어넣지 않는 한 지구는 절대 당신을 위해 살아나지 않을 것입니다."

195 나이팅게일

IV. Anthropophony

앤스로포니: 인류의 소리

리듬 (3) : 음악과 춤

199 리듬 (3) : 음악과 춤

딸아이 하나가 아주 어렸을 때 좋아하던 놀이가 있다. 동요에 맞추어 내 무릎 위에서 깡충깡충 뛰는 것이었다. 노래는 이렇게 시작한다. "아가씨는 이렇게 말을 타요. 범페티, 범페티, 범." 신사, 농부 등 말을 타는 등장인물이 누구인지에 따라 뛰기의 속도와 방식이 달라진다. 마지막 구절에 가서 내가 제 이름을 말하면 잠시 멈추었다가 …… 아이가 정신없이 미친 듯한 속도로 뛰기 시작한다. "범페티, 범페티, 범페티, 범페티, 범페티!" 그리고 다시 처음부터 열 번 정도 반복한다.

리듬의 일반적 정의는 규칙적으로 반복되는 소리나 운동의 패턴이다. 빈센트 바를레타는 "이미 항상 발생해온 무언가에 붙잡혀 있는 것"이라 적었다. 물론 리듬은 아주 이른 시기부터 시작한다. 엄마 배 속의 태아는 약 임신 18주면 엄마의 심장박동 소리를 감지하기 시작하고, 신생아는 태어난 첫날부터 규칙적인 박자를 좋아하고 리듬에 따라 몸을 움직인다. 하지만 박자를 꾸준하게 따라잡을 수 있으려면 만 4세 정도는 되어야 한다. 내가 딸과 함께 즐겼던 놀이, 그리고 매일 수백만 명의 부모들과 아이들이 즐기는 놀이들은 리듬의 작동 방식을 배우고, 시간에 맞추어 몸을 움직이거나 노래를 부르거나, 반응을 달리하면서 다른 사람들과 함께 어울리는 법을 배우는 데 도움을 준다. 이것은 예상하기, 차례 지키기, 협동하기, 장난으로 놀래기 등을 가르쳐준다. 우리는 평생에 걸쳐 이런 능력을 계속 학습하고 확장해나갈 수 있다. 무용가 키머러 라모스는 이렇게 말한다. "인간이라는 존재는 몸이 되어가는 리듬이다." 어쩌면 프리드리히 니체가 이것을 제일 잘 표현했는지도 모르겠다. "나는 춤 출 줄 아는 신만 믿겠다."

어떤 동물은 소리의 리듬을 이용해서 서로 소통한다. 수컷 북방여치는 암컷을 유혹하고 싶으면 큰 집단에 합류하여 다른 동료들과 정확히 동일한 타이밍으로 소리를 낸다.

반딧불이 동일한 박자로 빛을 내는 것의 청각적 버전이라 할 수 있다. 이런 동시성이 증폭 가중을 만들어낸다. 이렇게 함께 울면 소리가 커지니까 더 멀리 떨어져 있는 암컷을 유혹할 수 있다. 하지만 암컷이 가까워지면 개별 수컷들은 경쟁을 벌이기 시작한다. 수컷은 공통의 박동을 기준선으로 삼고 다른 수컷들보다 돋보이려고 살짝 앞서서 신호를 보내려 한다. 이는 재즈 음악가들이 스윙이나 당김음을 사용하는 것과 비슷하다. 다만 북방여치의 행동은 고정되어 있다는 차이가 있다. 여치는 새로운 박자를 절대 배우지 못한다. 이런 현상이 아주 오래된 것일 수도 있다. 화석을 보면 오늘날 살아 있는 북방여치와 같은 과에 속하는 베짱이가 1억 6,500만 년 전에 규칙적인 박동에 맞추어 울었음을 알 수 있다.

새들의 여러 가지 울음소리와 노랫소리에도 뚜렷한 리듬 패턴이 존재한다. 작가 겸 음악가 로드리 마스덴은 자기 집 굴뚝 위에서 염주비둘기가 데이브 브루벡 콰르텟의 〈Take Five〉와 정확히 같은 속도에 4분의 5박자로 우는 것을 녹음한 적이 있다. 놀랍기는 해도, 많은 새의 울음소리와 노랫소리는 거의 변하지 않는다. 그리고 일부 새는 다른 새의 소리에 들어 있는 리듬을 확인하고 거기에 반응해서 자기의 리듬을 어느 정도 변화시키지만, 이들은 주로 음색과 미분음에 귀를 기울인다고 한다. 찌르레기와 금조 같은 명금류는 다른 종의 소리나 전화 소리, 자동차 경적같이 무작위적인 인간의 소리도 엄청나게 잘 흉내 내지만(금조의 경우 아기의 우는 소리를 소름 끼칠 정도로 정확하게 흉내 낸다) 이들은 사람처럼 비트 패턴을 샘플링해서 새로운 방식으로 조직화하지 않는다. 그리고 혼자서든 다른 새와 함께든 외부의 박자에 맞춰서 의도적으로 몸을 움직이는 새는 사실상 존재하지 않는다. 다만 앵무새과의 일부 구성원들은 예외로 보인다. 적어도 딱 한 마리는 그렇다. 온라인에서 보면 스노볼이라는 이름의 반려 앵무새가 백스트리트 보이스 〈Everybody〉와 퀸의 〈Another One Bites the Dust〉에 거의 딱딱 맞추어 춤을 추는 것이 나온다. 새로운 연구는 쥐에게 지금까지 알려지지 않았던 박자 동조 능력이 있음을 지적하고 있다.

　　인간은 다른 동물들에 비해 많은 한계를 가졌지만 리듬에 관한 한 독특한 능력을 갖고 있는 것으로 보인다. 귀뚜라미는 서로 박자를 맞출 줄 알지만 노래를 부를 수는 없다. 새와 고래는 노래를 부르고 노래를 변화시킬 수 있지만, 스노볼같이 예외적인 앵무새를 제외하면 박자 맞추기는 못 한다. 인간은 두 가지를 다 하고 복잡한 패턴도 만들어낸다. 우리가 아는 한 다른 어떤 동물도 이런 일은 못 한다. 우리는 리듬에 워낙 끌리다보니 생명이 없는 무작위적인 현상에서도 리듬을 찾아낸다. 스튜어트 차머스의 작품 '스이킨쿠스'(물 거문고 동굴)에서 나타나는 효과가 바로 이것이다. 여기서는 서로 다른 속도로 양동이에 떨어지는 물방울 소리가 듣는 사람의 마음에서는 일종의 음악으로 조직화된다.

　　서구 음악에서는 2박자, 3박자, 4박자로 박자를 나누는 패턴이 아주 흔히 사용된다. 폴 사이먼의 걸작 〈You Can Call Me Al〉의 핵심에는 포 투 더 플로어[24]라는 단순한 맥동이 자리 잡고 있다. 하지만 애쓰지 않아도 다른 사례를 찾아볼 수 있다. 발칸 지역과 극동의 여러 지역에서는 음악과 춤에 5박자, 7박자, 심지어 11박자의 규칙적 박자, 심지어는 불규칙 박자도 사용한다. 그리고 이런 전통과 다른 많은 전통에서 무용가와 음악가는 경계를 희롱하고, 확대하고, 밀어내면서 즐거움을 주거나 감정을 끌어 올리는 변주를 거의 무한히 만들어낸다.

---

[24] Four to the floor. 한 마디가 네 개의 박으로 이루어졌을 때 마디마다 네 번째 정박에 킥 드럼을 치는 리듬.

하지만 우리가 셀 수 있는 박자도 유한하고, 우리가 기억할 수 있는 움직임도 유한하다. 사람의 음악과 춤에 어떤 보편적인 리듬 패턴이 존재한다는 의미다. 모든 패턴에는 반복, 규칙적인 약박과 강박이 포함되어 있고, 노래나 춤동작당 유한한 수의 박자 패턴이 존재하며, 이런 패턴을 이용해서 모티브나 반복 악절인 리프를 만들어내는 경향이 있다.

동요는 단순하게 시작한다. "아가씨는 이렇게 말을 타요"는 4박자다. 하지만 상황이 빠르게 복잡해질 수 있다. 조지 거슈윈과 아이라 거슈윈의 1924년 히트작 〈Fascinating Rhythm〉은 20세기 초 미국 대중음악에서 흔히 보이는 방식인 16마디 절과 32마디 후렴으로 구성되어 있다. 하지만 이 곡의 인기가 지속될 수 있었던 데는 이 형식을 가지고 연주하는 방식이 큰 역할을 했다. 예를 들어 후렴부(후렴구는 이렇게 시작한다. "매혹적 리듬, 너는 나를 들뜨게 만들어……")에서는 4마디 16비트 구조 위에 비대칭적인 리듬이 중첩되어 7박자의 악구가 만들어진다. 그래서 비정형 박자로 우리를 사로잡는 당김음에 맞추어 방방 뛰기 시작한다. 이 노래는 엘라 피츠제럴드가 1959년 레코딩에서 그랬던 것처럼 부드럽고 매끄럽게 노래할 수도 있고, 제이컵 콜리어가 2014년에 녹음한 버전에서 그랬던 것처럼 무지개처럼 화려하고 풍부한 화성으로 확장할 수도 있지만 어떻게 포장하든지 그 효과를 거부하기는 어렵다.

결혼식과 축하 행사와 관련해서 등장하는 북아프리카 스타일의 차비 리듬은 그 리듬에 맞추어 연주하고, 귀를 기울이고, 춤을 추는 사람에게도 역시 매력을 발산한다. 예를 들어 카림 지아드의 〈아밀리야〉와 〈과리르〉 같은 트랙에 들어 있는 그루브는 마디당 6박자에 2마디로 이루어진 악구다. 이 위로 첫 번째 마디의 3박자와 두 번째 마디의 2박자 높은 타악기 음, 거기에 더해서 양쪽 마디 모두에서 5박자의 낮은 타악기 음이 중첩되어 있다. 쇠로 만든 캐스터네츠 비슷한 악기인 크라쿠엡이 추가적으로 불안정한 리듬 하위 구간을 보태준다. 밑바탕에 깔려 있는 규칙성 위에 시차를 두고 추가된 패턴이 음악 전체에 에너지와 추진력을 강하게 실어준다. 여러 전통의 음악가들도 박자를 당기거나 뒤로 미루면서 규칙성에서 벗어나 다양한 효과를 만들어낸다. 리듬 공간을 탐험하고 그 안에서 감정을 표현하는 다른 많은 방법이 존재한다. 현대 재즈와 일부 다른 음악 형태에서는 전체적으로 안정된 박자 속에서 박자를 살짝 지연시키거나 앞당기는 방식으로 속도에 미묘한 변화를 주어 음악 전체에 드러머 마이엘레 만잔자가 내게 축구공의 유연성 없는 팽팽함이 아니라 플라스티신[25]이나 럭비공 같은 느낌이라 표현한 것을 부여해준다.

    인도 남부의 카르나티크 전통에서는 리듬의 복잡성을 극단으로 가져간다. 일종의 입으로 연주하는 타악기인 콘나콜의 경우 연주자가 전체를 서로 다른 방식으로 나누는 음절 체계를 가지고 규칙적인 시간 간격을 2비트에서 10비트까지 세분한다. (서구의 솔페지오 시스템과 대응 관계에 있는 리듬이라고 생각하면 된다. 솔페지오 시스템에서는 서로 다른 음절을 이용해서 음높이를 구분한다. 영화 〈사운드 오브 뮤직〉에서 마리아 역의 줄리 앤드루스가 음계에서 처음 등장하는 세 음을 도, 레, 미를 이용해 표현한 것처럼 콘나콜은 동일한 시간 간격을 2박자와 3박자로 리듬 분할한 것을 '타카'와 '타키타'로 표현한다.) 인도 남부의 음악가들은 다른 음악가들과의 협력을 통해 놀라운 리듬 구조를 만들어낸다. 이런 발성 타악 음악의

---

[25] Plasticine. 어린이 공작용 점토.

역작으로는 온라인에서 V 시바프리야와 BR 소마셰카르 조이스의 듀엣 곡을 찾아보면 된다.

음악가들과 무용가들은 템포에도 변화를 준다. 장 필리프 라모의 〈비극적 의식이여〉에서 보듯이 느린 템포는 보통 슬픔을 표현한다. 하지만 베토벤 〈교향곡 제9번〉의 아다지오의 경우처럼 명상적이고 부드러운 느낌을 전달할 수도 있다. 빠른 템포는 보통 흥분과 행복을 나타낸다. 불가리아의 민속춤은 가장 활기찰 때는 템포가 분당 520박자 이상, 혹은 초당 8박자 이상까지 올라갈 수 있다(이는 재즈 피아니스트 아트 테이텀의 이름을 따서 한 리듬 악절에서 연속적으로 이어진 음표 사이에 나올 수 있는 최소의 시간 간격을 지칭하는 용어로 사용하는 '테이텀'에 근접하거나, 심지어 그것을 뛰어넘는 수준이다). 하지만 속도는 다른 감정도 표현할 수 있다. 스탈린의 초상이라는 주장이 있는 쇼스타코비치 〈교향곡 제10번〉의 알레그로는 격렬하고 냉소적이거나 무섭다. 익스트림 메탈 밴드 메슈가의 〈Bleed〉처럼 속도감 있는 곡을 들으면 2022년 우크라이나 침공이 전투병들에게 어떤 느낌을 주었을지 짐작할 수 있다.

템포가 점진적으로 빨라지는 것은 보통 강렬함, 집중, 흥분과 관련이 있을 때가 많다. 테크노 음악 디제이는 일련의 노래를 두고 템포를 끌어 올리면서 춤을 추는 사람들에게 황홀감이 점점 쌓이는 느낌을 만들어준다. 그리고 이슬람교에서 알라신의 이름을 제창하는 디크르의 한 형태에서 수피 숭배자들은 느리고 꾸준한 박자에 맞추어 원을 돌며 알라신의 이름을 부르기 시작한다. 그리고 이후로 박자는 점점 더 빨라진다. 발 구르기 리듬은 어떤 단어에 숭배자들이 몸을 숙이며 숨을 들이마시고, 또 다른 단어에 곧바로 서며 숨을 내쉬는 방식으로 점점 강조된다. 추진력이 쌓임에 따라 이 모든 것이 그 의식에 참가한 사람들에게 강력한 영향을 준다.

단편영화 〈타리캇〉('길')에 등장하는 한 사람은 이렇게 말한다. "시간이 펼쳐지고, 확장됩니다. 모든 것을 꿰뚫고 지나갈 파도가 저 멀리서 우르릉거립니다. 영혼들이 시간의 강으로 흘러 들어가죠."

리듬은 음악과 춤에서 중심적인 위치를 차지하고 있지만 리듬을 무시한 듯한 작품들도 존재한다. 정박자는 거의 없는 브라이언 이노의 1983년 앨범 《Apollo》 같은 앰비언트 음악은 상상력을 말 그대로 우주로 끌어 올리려 한다. 고대부터 중국에서 연주해온 7현 악기 고금은 리듬이 극단적으로 자유롭고 개방적이어서 그 음악은 우리가 평소에 경험하는 시간을 뛰어넘어 확장하는 것처럼 느껴진다. 마치 우주의 자연적 질서를 말하는 도(道)에 가까워질수록 시간이 덜 중요해진다는 관점을 깨달은 듯하다.

그래도 역시 인간은 어쩔 수 없이 리듬에 끌리는 것 같다. 리듬은 우리 본성에 들어 있는 깊은 협력적 측면을 일깨운다. 리듬은 집단의 크기와 힘, 협동 능력, 즉 우리가 함께 얼마나 일을 잘하는지에 대한 신호를 준다. 재즈 음악가 비자이 아이어는 이렇게 적었다. "음악 리듬에 엄격한 질서를 부여함으로써 우리는 인간의 움직임을 조직화한다. 실제와 이상 사이의 대화, 즉 구조화된 환경 속에 구현된 인간의 행동을 만들어내는 것이다. 이 과정이 우리에게 얻기 위해 노력할 대상, 관철해야 할 대상, 기교 있고 우아하게 달성해야 할 대상을 부여해준다." 제러미 길버트는 "디스코의 사이키델릭한 대부"인 데이비드 만쿠소를 회상하면서 그가 자기에게 했던 말을 떠올렸다. "그는 모든 파티는 세상 모든 곳에서 항상 벌어지고 있는 '하나의 큰 파티'가 그냥 국소적으로 표현된 것에 불과하다는 느낌을 자주 받았다. 우리는 그저 가끔씩 우리의 몸과 모임을 통해 거기에 조율되거나 표현하는 것일 뿐이라고 말이다." 문화 이론가 겸 정치 이론가인 길버트는 이 말이 워낙 심오해서 그 후로 항상 자신의 마음 한구석에 남아 있었다고 한다. "만쿠소가 이 이미지를 통해 요약해서 보여주는 것이 있다. 무리를 이루어 춤을 추는 즐거움은 우리 존재 전체를 구성하는 사회적 관계의 내재적인 창의력의 강력한 표현이라는 사실이다. 나는 이것을 존재의 '무한한 관계성'이라 부른다. 물질의 우주적 춤, 군중의 다양성, 복잡한 집단의 창의력 등 춤추는 신을 인정하는 것은 이 모두를 인정하는 것이다."

207 리듬 (3) : 음악과 춤

의성어

제임스 조임스의 소설 『피네간의 경야』에서 천둥이 이렇게 투덜거린다.

Babababadalgharaghtakamminarronnkonnbronntonnerronntuonnthunntrovarrhounawnskawntoohoohoordenenthurnuk!

내가 아는 한 의성어 중에서 한 단어의 소리가 그 단어가 지칭하는 현상을 재현할 의도로 만들어진 사례는 영어에서 이것 말고는 없다. 이 소설에서 처음 나오는 100글자짜리 천둥 단어 열 개 중 첫 번째인 이 단어는 인류의 소형 지도라고도 할 수 있다. 첫 일곱 글자 bababad 뒤로 이어지는 글자들은 아랍어, 힌두어, 일본어, 이탈리아어, 아일랜드어, 그리고 그 밖의 다른 언어에서 천둥을 뜻하는 단어로 만든 것이기 때문이다.

학자들은 이 시끄러운 단어 속에 비극적이고 진지한 암시가 담겨 있음을 지적한다. 이 단어는 아담과 이브의 추락(타락)과 관련된 천둥소리이다. 18세기의 철학자 잠바티스타 비코에 따르면 초기 인류에게 겁을 주어 동굴을 보금자리로 삼게 만들고, 그에 따라 언어와 문명을 탄생시킨 천둥소리를 나타낸다고 한다. 하지만 코미디 역시 조이스가 의도했던 것의 일부임을 의심할 수는 없다. 그에게 우리 최초의 부모들이 추락하면서 냈던 소음은 굴욕적인 추락에서 나온 들리지 않는 소음이기도 했다. 조이스와 동시대 사람이었던 버스터 키튼[26]도 다음 건물로 뛰어내릴 생각으로 한 건물 지붕에 튀어나와 있는 널빤지 끝으로 걸어갔지만 대신 여러 개의 차양을 뚫고 떨어지다가 지붕과 연결된 배수관 파이프를 붙잡았다. 그리고

---

[26] Buster Keaton. 1920년대 미국 무성영화 시대의 배우로 희극 분야에서 채플린이나 로이드에 버금가는 인기를 누렸다.

그는 이 파이프를 잡고 돌다가 방을 통해 날아가 아래층 바닥으로 떨어졌고, 거기서 다시 소방관 봉을 타고 미끄러져 내려가 트럭에 실려 간다.

조이스의 의도가 무엇이었든 그에 대한 논란은 끝이 없을 것 같다. 어쨌거나 그는 이런 형태의 언어학적 음향 유희의 선구자이면서 알고 보면 파티 지각생이었다. 의성어의 대가 중에는 타(Taa) 언어 사용자들이 있다. 타는 아프리카 남서부에서 부시먼족 혹은 산족이 구어에 사용하는 코이산 언어다. 이 수렵채집인들은 지구에서 가장 오래된 고유 민족 중 하나로, 지난 10만 년 동안 다른 인류와 대체로 고립된 상태에서 살아왔다. 이들은 오랜 고립 생활을 보여주듯 그 어떤 인간 집단보다도 개체군 내 유전자 다양성이 높다. 그리고 이런 유전적 다양성은 그들의 언어에도 반영되어 있다. 이들의 언어에는 세상 그 어떤 언어보다도 다양한 소리가 들어 있다. 다섯 가지 구분되는 흡착음과 다양한 음조와 모음을 갖고 있는 타 언어(!Xoon이라고도 한다)에는 무려 164개의 자음과 44개의 모음이 있는 것으로 여겨진다. 서로 다른 200개 이상의 소리가 존재하는 것이다. 그와 대조적으로 영어는 총 45개의 소리만 갖고 있다. 이렇게 특이할 정도로 다양한 소리 덕분에 타 언어 사용자들은 놀라울 만큼 유연하고 미묘하게 소리를 말로 흉내 낼 수 있다. 예를 들어 날카로운 물체가 뾰족한 곳부터 모래에 떨어지는 소리는 'ǂqùm ǁhûu'인 반면, 곯은 계란을 흔드는 소리는 '!húlu tsêe~'다. 그리고 동물이 풀을 뜯어먹는 소리는 'gǀkx'àp'이다.

의성어가 언어의 기원일 수 있을까? 초기의 일부 언어학자들은 그렇게 생각했고, 딩동설도 직관적으로 그럴듯해 보인다. 분명 어린 사람이 언어를 습득할 때 온갖 소리를 흉내 내는 것은 중요한 부분이다. 어린 새나 고래에게서 모사 행동이 핵심적인 역할을 하는 것처럼 말이다. 타 언어에 정교한 의성어가 존재한다는 사실은 의성어가 인간의 언어에서 가장 오래전에 확립된 부분이라는 사실을 뒷받침하거나, 적어도 그와 일관성을 보여주는 듯하다.

의성어는 명칭강박증과 반향언어 등이 갖고 있는 어둠 속으로 빠져들 수 있다. 명칭강박증은 특정 단어, 그리고 거기에 부여된 중요성에 비정상적으로 집중하는 것을 말하며, 반향언어는 다른 사람이 뱉은 단어를 무의미하게 반복하는 것을 말한다. 청소년이나 성인에게서는 반향언어가 정신 질환의 증상일 수도 있다. 하지만 대부분의 경우 이것은 재미와 창의성의 문제에 불과하며, 쿠르트 슈비터스의 소리 시 「우르소네이트」 같은 작품에서 보듯이 완전히 말도 안 되는 독창성과 즐거움으로 이어질 수 있다. 「우르소네이트」는 인간 발성 능력의 경계에 걸쳐 있는 소리를 탐구하는 작품으로, 자연계 어디에서도 거의 들어보기 힘든 소리를 다룬다. 내가 보기에는 캘빈과 홉스[27]의 말대로 과학적 진보는 보잉크[28]하다. 즉 과학적 진보는 전혀 예상치 못한 방향으로 나아가거나 실패할 수 있다.

내가 아는 한 모든 언어에는 의성어가 들어 있다. 그리고 거의 보편적인 일부 특성도 있는 것 같다. 실험을 해보면 출신 배경에 상관없이 거의 모든 사람이 인공의 소리인 '부바'와 '키키'를 각각 둥근 도형과 뾰족한 도형과 연관 짓는 경향이 있다. 하지만 언어마다 동일한 자연의 소리를 다르게 표현하는 것도 재미있다. 오리 소리를 영어로는 'quack quack'(꽥꽥)으로 표시하지만 프랑스어에서는 'coin coin'(쿠앵 쿠앵)이라 표시한다.

---

27 「Calvin and Hobbes」. 미국의 만화가 빌 워터슨의 연재만화 제목.
28 Boink. 물체가 서로 퉁겨내는 소리를 나타내는 의성어.

개 짖는 소리를 영어로는 'woof woof'(우프 우프)라고 하지만, 스페인어에서는 'guau guau'(구아우 구아우), 아랍어에서는 'haw haw'(하우 하우), 표준 중국어에서는 'wang wang'(왕왕)이라고 한다. 일본에서는 고양이 소리를 'nyaa'(니야아)라고 표현하고, 'zz'(즈) 소리가 없어서 벌 소리는 'boon boon'(분분)이라고 표현한다.

의성어는 대상 그 자체에 가장 가까운 소리라서 추상성이 제일 낮은 언어다. 제임스 조이스의 100글자짜리 천둥소리 단어와 반대쪽 끝에 있는 사례는 글자수가 가장 적은 단어가 차지해야 할 것이다. 영어에서 'Om'이라고 쓰는 단어는 '아움'으로 발음되는데, 만두키야 우파니샤드[29]에 따르면 이 첫 음소 세 개는 각각 깨어 있는 상태 [a], 꿈꾸는 상태 [u], 깊이 잠든 상태 [m]을 표현하고, 마지막 음소 다음에는 침묵음이 뒤따르는데 침묵은 앞선 세 가지 의식 상태를 넘어선 무한을 나타낸다고 한다. 따라서 이 주문을 읊조리는 사람은 이 세상에서 소리의 영원한 출현과 귀환으로 여겨지는 것, 즉 만물의 본질, 호흡, 영혼인 아트만을 재현 중인 것이다.

---

29 Mandukya Upanishad. 우파니샤드 중에서 가장 짧지만 가장 중요한 힌두 철학의 핵심 사상이 담긴 문헌.

의성어

언어의 시작

태초에 말씀, 즉 단어가 있었다. 태초의 그 단어는 무엇이었을까? 사람들이 이런 질문을 던지는 것조차 가치가 없다고 주장했던 때가 있었다. 파리 언어학회는 객관적인 증거 없이 너무 많은 추측이 난무한다는 점을 근거로 들어 1866년에 언어의 기원에 대한 탐구를 아예 금지시켜버려 악명을 얻었다. 하지만 모든 시대에는 이에 관한 개념들이 계속 이어져왔고, 지금도 다르지 않다. 1866년 이후로 변한 것이 있다면 증거가 더 풍부해졌다는 것이다.

여기 언어의 기원을 연구하는 사람이라면 증거를 바탕으로 나온 최선의 추측이라 동의할 만한 내용을 그린 그림이 있다. 이 그림은 세 가지 오래된 개념과 이야기를 한데 업데이트한 버전이다. 첫 번째인 '모방'은 인간의 언어가 사람이 아닌 동물이 내는 소리나 자연에 있는 다른 소리를 모방한 의성어에서 시작되었다는 개념이다. 직관적으로 옳아 보이고, 역사 또한 길다. 이것을 옹호하는 사람으로는 철학자 잠바티스타 비코가 있다. 그는 최초 인류의 정신이 오늘날 어린아이의 정신을 닮았다고 믿었다. 비코는 초기 인류가 개념에 따라 대상에 이름을 붙이는 대신 단음절의 소리와 소리 없는 몸짓으로 그 대상을 흉내 냈을 것이라 말한다. 예를 들어 천둥이 치면 최초의 인류는 하늘이 뒤흔들리는 것을 흉내 내며 '파'(아버지)라고 외쳐 최초의 단어를 만들어냈다. 지금 보면 조금 우스꽝스러운 이야기지만 비코는 무언가 중요한 점을 파악하고 있었다. 의성어가 언어에서 여전히 근본적이고 오래된 부분으로 남아 있다는 점이다.

두 번째 개념인 '마임'은 몸짓에 관한 이야기다. 몸짓은 분명 아주 오래된 인간의 행동이다. 사람과 1,000만 년 전 공통 선조로부터 갈라져 나온 고릴라는 야생에서 100가지 정도의 서로 다른 몸짓을 이용한다. 그리고 걸음마하는 인간

아기가 흔히 사용하는 50개 정도의 몸짓에서 거의 10분의 9는 약 600만 년 전 공통 선조로부터 갈라져 나온 침팬지가 하는 몸짓과 동일하다. 몸짓과 얼굴 표정은 오늘날 사람들 사이의 대면 소통에서 전부는 아닐지언정 다수에서 계속 필수적인 역할을 담당하고 있다. 그리고 일상적으로 수화를 사용하는 사람들은 수화를 통해서도 말하기만큼 풍부하고 미묘한 표현을 할 수 있다. 현재는 미국의 시청각 장애인 공동체 구성원들 사이에서 완전히 새로운 종류의 언어가 등장하고 있다. 이 사람들은 다른 사람의 몸짓을 손의 촉감을 이용해 느낀다. 촉각 수화로 알려진 이 방법은 새로운 음운 규칙을 통해 구성된 자체적 어휘가 있고, 심지어 일종의 '촉각 의성어'도 존재한다. 촉각 의성어에서는 손으로 자신이 묘사하려는 대상의 촉각을 흉내 낸다. 예를 들어 손가락 다섯 개로 나뭇가지를 표현하면서 손으로 '나무' 모양을 만들거나, 주먹으로 사탕을 표현하면서 '롤리팝' 모양을 만든다.

    세 번째인 '음악'은 인간의 말이 일종의 음악적인 원시언어로부터 등장했다는 개념이다. 찰스 다윈은 이것이 새의 노래와 비슷하다고 상상했다. 그는 이것이 암컷에게 잘 보이기 위한 수컷의 수단, 그 이상의 특별한 의미는 없는 소리였다고 믿었다. 언뜻 무언가 있어 보이는 이야기다. 성별에 상관없이 록 스타는 성적 매력이 있어 보이는 경우가 많다. 하지만 인간은 극락조가 아니다. 극락조의 경우 수컷만 멋지게 장식을 한다. 인간의 경우 여성 또한 음악에서는 남성에게 뒤질 것이 없고, 말하기에서는 남성보다 표현이 더 정확한 경우가 많다. 따라서 이 이론을 수정한 버전에 따르면 이 음악적 원시언어는 여성-남성 듀엣을 위한 것이었을지도 모른다. 아니면 부모와 갓 태어난 아기 사이에 오고 가는 노래 같은 아기 말에서 시작되었을지도 모른다. 혹은 상호 보호를 위해 시작되었을 수도 있다. 합창하듯 다 함께 소리를 읊조리면 그 소리를 통해 집단이 더 크고 인상적으로 보이기 때문에 위험한 포식자를 물리칠 수 있었을 것이다.

    모방, 마임, 음악을 서로 뒷받침하도록 한데 엮으면 그 결과물로 음악적 원시언어가 엔도르핀의 분비를 촉진하고, 개인 간에 더 큰 협력을 가능하게 하면서 신뢰, 즉 '우리'라는 느낌을 구축했다는 가설이 등장한다. 또한 더 복잡한 리듬과 음높이 패턴이 생겨나면서 이 소리가 다른 동물뿐만 아니라 다른 인간 집단에도 집단이 얼마나 잘 조직되어 있는지, 또 얼마나 강한지 알리는 신호로 자리 잡게 됐다. 이것이 경고의 신호나 환영의 신호로 우리 음악과 춤의 기원이 된 것이다. 목소리를 새로운 방식으로, 그리고 다른 이들을 모방하는 방식으로 사용하는 법을 학습하고 연습하면서 사냥이나 다른 활동을 하는 동안에 이루어지는 소통 방식이 발전하게 됐다. 오늘날에도 수렵채집인들은 숲속 동물과 새의 소리를 흉내 내어 사냥감을 유인하고, 서로의 소리를 재현하여 다른 집단 구성원의 위치를 파악하고 움직임을 조율할 수 있다. 이를 바탕으로 이런 관습을 통해 소리가 의미를 전달할 수 있다는 인식이 확립되었을 것이다. 즉 소리로 사냥감, 친구 등 여러 대상을 상징할 수 있다는 인식이 생긴 것이다.

    그 후로 사람들은 마임으로 표현하거나 몸짓으로 이야기를 전달할 때 그와 같은 여러 가지 소리를 사용했을 것이다. 그리고 그들은 내뱉는 호흡을 이용해서 복잡한 소리를 만들어낼 수 있다는 것을 깨닫기 시작했을 것이다. 이 복잡한 소리를 통해 그들은 의미를 강화하고 결국에는 자체적으로 의미를 전달할 수 있게 됐다. 내뱉는 호흡을 이용하면 말은 거저 만들어낼 수 있기 때문에 동일한 양의 정보를 전달할 때 몸짓을 이용할 때보다 에너지가 열 배는 적게 들었다.

이런 일이 언제 일어났을까? 언어학자 노엄 촘스키는 우리가 알고 있는 형태의 언어는 약 20만 년 전에서 6만 년 전 사이에 몇천 년에서 몇만 년에 걸쳐 발달했다고 주장했다. 즉 최초의 해부학적 현대 인류가 등장한 이후, 하지만 그들의 후손 중 일부가 아프리카를 떠나 나머지 세계로 퍼져나가기 전에 발달했다는 주장이다. 언어가 발달함에 따라 '행동학의 현대성', 즉 상징 문화와 장거리 무역 등이 등장할 수 있었다. 이는 약 10만 년 전에서 5만 년 전 사이에 발달해 나온 것으로 보인다. 소설가 코맥 매카시는 10만 년 전이 맞는 추측이 아닐까 생각한다. 그는 "그림 예술이 언어보다 먼저 나왔다는 것은 꽤 확실하다. 하지만 아마도 크게 앞서지는 않았을 것"이라고 주장한다. 지금까지 발견된 가장 오래된 그림은 남아프리카공화국의 블롬보스 동굴의 것으로, 연대가 대략 그 시기에 해당한다.

하지만 최근에 발견된 증거에 따르면 언어의 뿌리는 이보다 훨씬 오래전으로 거슬러 올라간다. 현대 인류는 목구멍에 커다란 공기주머니가 없다. 이 공기주머니는 침팬지나 고릴라 같은 유인원이 경쟁자를 겁주기 위해 큰 소리를 낼 때 사용한다. 뚜렷한 모음 소리의 생산을 방해한다. 호모 하빌리스 같은 우리 인간 초기 구성원들은 여전히 이런 공기주머니를 갖고 있었을 것으로 생각된다. 하지만 인간의 계통수에서 좀 더 최근에 등장한 구성원들은 이 공기주머니가 없었다. 약 70만 년 전에 네안데르탈인, 데니소바인, 현대 인류의 공통 선조로부터 진화한 호모 하이델베르겐시스는 움직이는 혀를 지탱하는 데 적절한 목뿔뼈(설골)를 갖고 있었을지도 모른다. 이것을 갖고 있으면 후두에서 입술로 이어지는 음향판에서 나오는 소리를 미묘하게 조절하는 것이 가능해진다. 거기에 더해서 네안데르탈인과 현대 인류 모두 공통 선조로부터 뇌에서 횡격막, 그리고 갈비뼈 사이의 근육으로 가는 다수의 신경로를 물려받은 것으로 보인다. 이것이 있으면 미세한 호흡 조절이 가능해 말을 할 수도 있게 된다. 네안데르탈인은 FOXP2 유전자의 한 버전도 갖고 있었다. 이 유전자는 말하기를 통제하는 뇌 영역의 회로 배선과 가소성에 영향을 미친다. 이 뇌 영역은 현대 인류의 그것만큼 잘 적응되어 있지는 않았지만 그와 비슷했다. 거기에 더해서 귀 내부의 해부학적 구조도 현대 인류와 비슷해서 말소리의 음역대를 제일 잘 들을 수 있었을 것이다. 이 모든 증거는 인류와 네안데르탈인이 갈라져 나온 76만 5,000년 전에서 55만 년 전 사이에, 어쩌면 그보다 훨씬 오래전에 일종의 언어가 등장했음을 암시한다.

코맥 매카시는 언어가 등장한 지 수십만 년이나 되었다는 개념에 의문을 제기한다. 그는 그것이 사실이라면 인류가 그 오랜 시간 동안 언어를 가지고 대체 뭘 하고 있었느냐고 반문한다. "우리가 한 가지 분명하게 알고 있는 것은 일단 언어를 갖고 나면 예술, 무역, 복잡한 사회 조직 등 나머지 다른 것들이 모두 신속하게 따라온다는 것이다." 하지만 나는 이런 주장이 올바른 이해를 보여주는지 의문이 든다. 네안데르탈인의 사회가 매카시가 제시한 내용들을 모두 충족시키지 못했을지는 모르지만 그들의 복잡했던 생활상은 언어의 역할에 상응하는 것이었다. 고고학자 레베카 랙 사익스는 네안데르탈인과 그들의 세계를 그린 『혈연』에서 가장 최근의 발견에 대해 설명하며 우리의 사촌인 네안데르탈인이 야만스러운 혈거인이었다는 흔한 고정관념을 뛰어넘는 훨씬 풍부하고 복잡한 삶을 살았음을 보여주었다. 네안데르탈인은 접착제를 만드는 등 미래에 대한 계획과 여러 단계의 과정을 필요로 하는 복잡한 도구를 만들었다. 언어는 그런 기술을 구상, 소통하고 시간과 공간에 걸쳐 그런 프로젝트를 유지하는 데서 큰 역할을 담당했을 가능성이 높다. 이들은 지식을 체계화하고 공유할 방법도 원했겠지만, 지금의 우리와 마찬가지로 삶에 두려움, 기쁨, 고통, 흥분, 갈망 등이 넘쳐났을 것이기 때문에 그런 느낌을 공유하고 소통할 방법도 모색했을 것이다. 그리고 여기서 언어가 그 일부였을 가능성이 높다.

10여 년 전 인지과학자 데브 로이는 자신의 갓난 아들의 입에서 첫 단어가 등장하는 과정을 관찰하고 기록하는 실험을 설계했다. 카메라와 마이크를 설치해놓고 6개월에 걸쳐 집 안에서 가족 사이에 일어나는 수천 건의 일상 상호 작용들을 담아냈고, 이로부터 로이와 그의 아내, 그리고 동료들은 아이가 물을 마시고 싶을 때 '가가'라고 말하다가 '워터'라는 말로 전환하는 과정을 압축한 40초짜리 동영상 클립을 뽑아냈다. 아름다운 순간이었고, 이것을 보며 내 안에서 충족시키기 어렵거나 혹은 불가능해 보이는 소망이 생겨났다. 선조들이 처음 내뱉은 단어를 그럴듯하게 재현해보는 일이었다. 이것은 로이가 만든 타임랩스 압축 동영상과 비슷하지만 몇 달이 아니라 수천 년에서 수만 년에 걸쳐 일어난 상호작용을 압축해야 하는 일이었다.

이 거대한 타임랩스를 어디부터 시작해야 할 것이냐고 묻는다면 나는 아마도 우리의 먼 친척인 호모 에렉투스에게로 시선을 돌릴 것 같다. 이들은 200만 년 전에서 10만 년 전 사이에 진화해서 살았다. 이 긴 시간 동안 지금까지 수집된 증거들을 보면 호모 에렉투스는 우리가 알고 있는 형태의 언어를 구사할 수는 없었을 것 같다. 분명 이들의 뇌는 네안데르탈인이나 호모 사피엔스의 뇌보다 작았다. 하지만 크기가 작다고 과소평가해서는 안 된다. 이들은 우리처럼 직립보행을 했고, 우리보다 키가 더 크고 튼튼한 경우도 있었고, 현대 인류가 존재해온 시간보다 여섯 배에서 열 배 정도 긴 시간 동안 불을 통제하고, 복잡한 석기 기술을 개발하고, 곧은상아코끼리 같은 대형 동물도 사냥했다. 이 코끼리는 현대 아프리카코끼리보다도 몸집이 컸다. 이들이 대칭적인 패턴을 새겼다는 증거도 있다. 어쩌면 이것은 기호였는지도 모른다. 그리고 이들은 몸치장에도 관심이 있었다. 수만 년의 시간 동안 이들은 아프리카와 아시아 곳곳으로 퍼져나갔고, 아마 바다를 항해하는 배도 만들었을 것이다. 광활하고 거대한 세상에서 인류의 먼 조상인 이들이 어떤 몸짓과 목소리, 노래를 보여주었을지 상상해보라.

마술피리

1971년 음악가 버니 크라우스는 니미이푸족 혹은
네즈퍼스족이 신성하게 여기는 장소인 오리건주 북동부의
월라와 호수를 방문했다가 앵거스 윌슨이라는 장로의 안내를
받아 협곡을 통해 산으로 향했다. 그런데 협곡을 따라 한바탕
돌풍이 불었고 사람들은 갑자기 거대한 파이프오르간에서
나는 듯한 소리에 휩싸이게 됐다. 크라우스는 이렇게 회상한다.
"그 효과는 코드라기보다는 서로 영향을 주고받는 음색, 한숨,
중음역대 신음 소리의 조합이 서로 거의 비슷한 음높이를
내면서 이상한 박자로 공명을 일으키는 것에 가까웠다. 이들은
동시에 복잡한 배음을 만들어냈고, 이것은 다시 호수와
주변 산에서 부딪혀 돌아오는 반향에 의해 한층 증폭됐다."
크라우스와 다른 방문객들이 어리둥절해하는 모습을 보고
윌슨은 바람에 부러진 서로 다른 길이의 갈대를 몇 개 주워서
갈대 꼭대기에 난 구멍으로 흐르는 공기가 어떻게 소리를
만들어내는지 보여주었다. 그러고 나서 그는 허리춤에 찼던
칼집에서 칼을 꺼내 갈대를 하나 골라서 자른 다음 거기에
구멍을 몇 개 뚫어 연주를 시작했다. 크라우스는 이렇게 설명을
이어갔다. "그가 우리를 향해 돌아보며 침착한 목소리로
말했다. '이제 우리가 어디서 음악을 얻는지 아시겠죠?
당신네가 음악을 얻는 곳도 마찬가지로 그곳입니다.'"

 식물이나 나무에서 잘라낸 플루트나 피리는(이 둘의
가장 큰 차이점은 입을 대고 부는 마우스피스의 각도와 형태다)
숲의 목소리를, 그리고 메아리를 통해서는 풍경의 목소리를
표현하는 것처럼 보일 수 있다. 이것은 또한 가장 음악적인
생명체인 새를 흉내 낸 소리도 만들 수 있다. 예술가 이언
보이든은 이렇게 적었다. "매일 숲과 습지에서 악기들이 자라고
있다. 굴뚝새가 바순이 될지도 모르는 나무에 앉아 노래를
부른다. …… 그리고 참새 한 마리가 장차 플루트가 될지도 모를

갈대 위에 앉아 갈대를 휘어놓는다." 플루트와 피리는 사람의 소리가 아닌 소리를 떠올리거나 모방할 수 있지만, 인간의 리듬과 감정에 맞춘 소리를 만들어 숲, 새, 그리고 그 너머의 것들과의 유대감을 불러일으킬 수도 있다. 인간의 상상에서 이 악기들은 보이지 않고, 원초적이고, 심지어 신성하다고 느껴지는 존재, 목소리를 넘어선 목소리에 청각적인 형태를 부여해줄 수 있다. 예를 들어 이슬람교와 조로아스터교에 뿌리를 둔 쿠르드족 전통 종교 중 하나인 예지드 전통에서 전하는 이야기에 따르면 최초의 영혼은 플루트와 함께하지 않고는 아담에게 들어가지 않겠다고 했다 한다.

지금까지 발견된, 목적을 가지고 만들어진 악기 중 가장 오래된 것은 플루트다. 독일 동남부 슈바비안 알프스의 한 동굴에서 출토된 이 플루트는 독수리의 노뼈로 만들어졌으며 4만 2,000년 정도 됐다. 현대에 들어서 길이를 따라 구멍 세 개와 끝에 V자 모양의 바람 부는 구멍이 있는 복제품을 만들어보았더니 5음 음계의 소리가 났다. 2010년 영화 〈잊혀진 꿈의 동굴〉에서 고고학자 겸 석기시대 재연 배우 울프 헤인은 미국 국가 〈The Star Spangled Banner〉를 연주해서 이 악기의 음역대와 음색을 대략적으로 짐작할 수 있게 해주었다. 하지만 〈Amazing Grace〉〈Stairway to Heaven〉〈Auld Lang Syne〉 혹은 같은 음계를 사용하는 곡이면 그 어떤 것이어도 상관없었을 것이다.

후기 구석기시대에 이런 뼈 플루트를 어떻게 연주했을지는 당연히 알 수 없지만 음악학 연구자 주세페 세베리니같이 재능 있는 연주자에 대해 동영상을 찾아보면 이 악기의 유창함과 잠재력이 어느 정도인지 감을 잡을 수 있다. 2017년에는 플루트 연주자 안나 프리데리케 포텐고프스키가 완전히 새로 상상해서 만든 곡으로 앨범을 발표했다. 플루트 독주가 주를 이루고 가끔씩 단순한 타악기 연주가 삽입된 〈Wisdom I〉 〈Daybreak〉 같은 트랙들은 검소하고 명상적인 느낌과 강렬한 인상을 남긴다.

포텐고프스키가 재구성한 곡은 수많은 가능성 중 하나에 불과하다. 플루트가 독립적으로 발전된 여러 장소에서 이루어진 고대의 플루트 연주에는 분명 이보다 더 많았을 것이다. 콩고 지역에 사는 바야카 피그미족은 작은 나무 플루트를 연주한다. 루이스 사르노가 녹음한 것을 들어보면 연주자들이 서로 악구를 조금씩 변형하며 반복적으로 주고받는데, 이 소리가 숲 전체로 퍼져나가면서 새와 곤충의 소리 위로 울려 퍼지기도 하지만 그 소리에 어우러지기도 한다. 여기서 최면을 거는 듯한 효과가 나온다. 스티브 라이히가 플루트 구간 반복을 위해 작곡한 《Vermont Counterpoint》의 일종의 원본 텍스트라고 할 수 있다. 석기시대 유럽에서 뼈 플루트가 등장하기 오래전 바야카 피그미족의 선조들은 이와 비슷한 나무 플루트를 연주했을지도 모른다.

고고학자 데이비드 그레이버와 데이비드 웬그로는 우리 문화권은 먼 조상들이 만들어냈던 사회 체계와 정치 체계의 다양성과 복잡성, 오늘날 많은 사람들이 일반적으로 생각하는 것보다 위계가 훨씬 약한 조직을 비롯한 새로운 형태의 다양한 조직을 기꺼이 시도해보려 했던 그들의 실험 정신에 대해 과소평가하는 경향이 있다고 주장한다. 아마도 문화와 음악에 대한 선조들의 태도는 진지하고 헌신적일 뿐만 아니라 독창적이고 유희적이기도 했을 것이다. 바버라 에런라이시는 석기시대 유럽의 동굴 벽에 동물의 이미지를 그린 사람들에 대해 생각하며 이렇게 주장했다. "그들은 사물의 체계 안에서 자신이 어느 위치에 있는지 알고 있었다. 그 위치는 그리 높지 않았으며 이것이 그들을 웃게 만든 것 같다." 포텐고프스키가 불러낸 다소 진지한 소리 외에도 허비 행콕의 활기 넘치는 곡 ⟨Watermelon Man⟩에 해당하는 석기시대 버전이 있었을지도 모른다. 그리고 플루트와 피리가 사냥 및 관련 활동에서 사용되는 도구였던 때도 있었을 것이다. 파스칼 키냐르는 『음악 혐오』에서 이렇게 상상했다. "동물을 사냥하고 동물의 그림을 그리고 동물을 본보기로 삼았던 인간의 작은 무리가 짧은 음악 구절을 흥얼거리고 새소리, 공명기, 골수로 만든 플루트의 도움을 받아 음악을 연주하며 자신들만큼이나 거친 사냥감들의 마스크를 쓰고 자신의 비밀스러운 이야기를 춤으로 표현했을 것이다." 앨런 가너가 상상한 것처럼 사기꾼이자 치유자였던 트리클 워커[30]가 만들어내는 소리 같은 것도 있었을 것이다. 가너는 이렇게 썼다. "그것은 날개가 달린 선율이었다. 그 선율은 사물을 짓밟고 현을 팽팽하게 조이고 발에는 장난꾸러기 요정 보가트와 도깨비 보글, 브래그를 달고 다녔다. 참나무와 질병과 열병 속의 사내는 뼈가 연주하는 감미로운 소리로 거대한 세계를 깨지 않을 기나긴 잠으로 빠져들게 했다."

한 가지 확실하게 말할 수 있는 것은 플루트가 고대 물질문화의 일부에 불과했다는 점이다. 매머드, 코끼리, 중앙아시아 초원 지대에 살다가 19세기에 멸종한 발이 빠른 소형 야생마 타팬, 그리고 홀레펠스의 비너스로 명명된 사람 여성의 조각상들이 모두 독일 동굴에서 플루트와 함께 발견됐다. 이렇게 남아 발견된 것보다는 소실된 것이 훨씬 많다. 돌, 뼈, 상아 등으로 만들어지지 않은 것들은 특히 그랬을 것이다. 지금까지 발견된 조각 몇 개를 보면 선조들은 손에 닿는 것은 무엇이든 활용해서 음악을 만들었음을 알 수 있다. 예를 들어 고고학자들은 3만 7,000년 전에 코끼리 가죽으로 만든 북의 흔적을 찾아냈다. 다른 곳에서는 2만 4,000년 된

매머드 뼈에 붉은 황토가 칠해져 있고, 실로폰처럼 반복적으로
두드렸음을 암시하는 흔적이 그 위에 남아 있었다. 프랑스에서
발견된 1만 5,000년 된 동굴 벽화는 음악용 활을 묘사한 것으로
여겨진다. 이것은 사냥용 활을 개조해서 악기로 만든 것이다.
러시아 북서부에서 발견된 8,000년이 넘은 엘크 이빨에는
무용수가 그것을 소리 내는 펜던트로 차고 움직이느라
반복적으로 문질러지면서 생긴 흔적이 남아 있다.

    아직도 사용되고 있는 일부 악기를 통해 먼 과거의
소리에 대한 단서를 찾을 수 있다. 세렝게티에는 신석기시대로
거슬러 올라가는 아프리카와 인도의 다른 바위 징과 거의
비슷하게 생긴 바위 징이 있다. 이것은 어디를 때리느냐에
따라 다른 높이의 음을 만들어내는 돌판이다. 스틸팬 드럼과
약간 비슷하다. 커다란 조개껍질에 구멍을 내서 트럼펫처럼
불 수 있게 만든 소라고둥은 인도, 한국, 태평양 전역에서
발견되는데 이것은 없어졌다가 최근에 처음으로 다시 연주된,
프랑스의 한 동굴에서 발견된 1만 7,000년 전의 것과 사실상
거의 똑같이 생겼다. 숫양의 뿔로 만드는 쇼퍼는 수천 년 동안
유대인 공동체에서 연주되어왔다. 이 악기는 더 오래된 동물 뿔
악기에서 발전되었음이 거의 확실하다. 아마도 악령을 겁주어
쫓아낼 의도로 사용되었을 것이다. 호주 원주민들의 악기
디저리두의 기원은 알려지지 않았지만, 흰개미가 통나무에서
심재를 파먹어 미리 조각해놓은 상태였기 때문에 사람이 5만
년 전에 호주 대륙에 도착했을 때는 연주할 준비가 거의 된
상태로 주변에 널려 있었을 것이다. 구북구[31]에서는 사람들이
매머드의 상아로 묵직한 나팔 소리를 냈을 수도 있다. 고고학자

---

30 Treacle Walker. 앨런 가너의 소설 『트리클 워커』에 등장하는 인물.
31 생물 지리구 중 하나로, 유라시아 대륙의 히말라야산맥 이북 지역을 말한다.

겸 음악학 연구자 바너비 브라운은 작가 해리 스워드에게 이렇게 말했다. "매머드 상아 한쪽에 구멍을 하나 내면 놀라울 정도로 강력한 저음이 흘러나옵니다."

끝에다 입을 대고 부는 플루트 네이ney는 보통 큰 갈대를 잘라서 만들지만 독수리 뼈를 깎아서 만들기도 한다. 이 악기는 페르시아, 아라비아, 그리고 그 너머의 지역에서 수천 년 동안 연주됐다. 아르메니안 두둑(이 악기는 구멍 가장자리 위로 공기를 흘려보내는 방식이 아니라 오보에처럼 두 리드를 진동시켜서 소리를 낸다)과 함께 네이는 중동 및 그 주변 지역에서 지금도 가장 애용되는 악기 중 하나다. 시인이자 학자이자 신비주의자였던 루미에게 네이는 욕망을 비우고 신에게 돌아가려는 열정으로 채워진 영혼을 상징하는 수피 춤의 반주 악기로 종종 사용됐다.

연주자가 파이프를 수직이 아니라 수평으로 들고, 끝이 아니라 옆에 난 구멍으로 바람을 불어 넣는 플루트는 기원전 2세기까지 인도, 이집트, 그리스, 중국에 흔했다. 적어도 기원전 3000년과 2000년 사이의 인더스 계곡 문명으로 거슬러 올라가는 인도에서는 이것을 반수리라고 불렀다. 이 악기는 보통 대나무로 만들었고, 아직도 사용되고 있다. 반수리는 크리슈나 신의 신성한 악기로 여겨진다. 크리슈나 신은 고피족, 그들의 족장인 사랑, 자애, 연민의 여신 라이사에게 구애할 때 반수리를 연주했다.

유럽의 플루트는 18세기와 19세기를 거치면서 점점 더 정교해졌다. 그중에서도 장축을 따라 링키[32]를 도입해서 멀리 떨어진 구멍도 연주자의 손가락이 닿을 수 있는 범위에 들어오게 만든 것이 두드러진 변화였다. 이 새로운 모형은 훨씬 고른 음색을 내고, 음을 신속하게 연속적으로 연주할 수 있게 해주었지만 구 버전이 갖고 있는 소리의 깊이와 음색의

유연성이 부족한 경향이 있었다. 그럼에도 원초적인 힘으로써
이 악기가 갖는 느낌은 클래식 시대가 절정에 달했을 때도
계속 이어졌다. 오페라 〈오르페우스와 에우리디케〉에서
크리스토프 글루크는 그리스 신화에 나오는 트라키아의
시인이자 전설적인 음악가이자 예언자 오르페우스에게 지하
세계 플루트를 위한 가장 아름다운 선율을 준다. 그리고
모차르트가 잡다한 우화, 희극, 드라마를 화려한 노래와
오케스트라의 하모니로 엮어낸 〈마술피리〉에서는 "천년 된
참나무의 제일 깊은 뿌리를 잘라 만든" 단순한 나무 플루트
덕분에 연인 타미노와 파미나는 "음악의 힘을 빌려 죽음의
어두운 밤을 헤치고 기쁘게 걸어 나갈 수 있었다".

선종 전통에 등장하는 그림과 시 시리즈 십우도[33]를 보면
깨달음을 향해 나아가는 명상 수련자가 소를 집으로 몰고
가면서 즐겁게 플루트를 부는 모습이 나온다. 일본에서는
플루트가 명상의 도구가 됐다. 샤쿠하치는 여기서 더 단순해질
수 없을 정도로 단순화된 플루트다. 왕대라는 높이 자라는
대나무를 잘라 만드는 샤쿠하치는 앞쪽에는 손가락 구멍 네
개가 나 있고, 뒤쪽에는 엄지손가락을 위한 구멍이 하나 나
있다. 이것은 페니 휘슬을 비롯해서 흔히 사용되는 관악기
중에는 구멍 숫자가 제일 적은 것이다. 하지만 샤쿠하치가
능숙한 손길과 만나면 숨소리나 거슬리는 소리부터 순수하고
개방적인 소리까지 놀라울 정도로 다양한 소리를 만들어낼 수
있을 뿐만 아니라 미분음, 떨림음, 다른 미묘한 효과까지도 낼
수 있다. 연주자가 자신의 몸, 마음, 호흡을 일음성불(一音成佛),
즉 '하나의 음 속에서의 깨달음'을 향해 맞추는 동안에는

---

32 Ring key. 손가락을 누름으로써 막히는 소리구멍.
33 선불교에서 인간의 본성을 찾아 깨달음에 이르는 수행 과정을 목동이 소를 찾는 것에 비유해 묘사한 그림으로 모두 10개의 장면으로 구성된다.

선율보다 음색을 우선시한다. 15세기의 수도승 이큐의 시는 오늘날 이 악기를 배우려는 수도자들을 위한 지침으로 남아 있다. "샤쿠하치를 연주함에 / 보이지 않는 세상을 느끼고 / 모든 우주에 오직 이 소리 하나밖에 없도다."

18세기 이후로는 샤쿠하치의 레퍼토리가 체계화되어 유흥을 위한 대중 연주가 시작됐다. 그리고 20세기 중반에서 후반 이 악기가 그것을 배우고자 하는 사람과 그 연주를 듣고자 하는 사람들을 전 세계에서 끌어모았다. 이들은 이것을 영적 수행의 도구로만 생각하지 않고 악기로도 생각했다. 《두루미 둥지》라는 제목의 한 고전 작품은 보이저호에 실어 보낸 《골든 레코드》에도 포함됐다.

영국에서 자라고 음악 교육을 받았지만 일본으로 가서 여러 해 동안 샤쿠하치를 공부한 다중 악기 연주자 에이드리언 프리드먼은 샤쿠하치로 나이팅게일부터 손으로 두드리는 작은 북 두 개로 만든 악기 타블라, 첼로에 이르기까지 온갖 것들과 합주해보았지만 결국에는 독주로 돌아왔다. 그가 내게 말하기를 샤쿠하치를 연주했을 때 받는 반응은 서구의 악기와 스타일로 연주했을 때와 사뭇 다르다고 했다. 그는 이렇게 말했다. "이 악기는 영혼의 내면 깊숙한 곳에서 공명을 일으킵니다. 2년 전 상파울루에서 샤쿠하치 공연을 한 후에 한 여성이 눈물이 가득 고인 눈으로 다가와서 말하더군요. '저는 사회복지사예요. 제 인생은 폭력으로 얼룩져 있죠. 하지만 선생님의 음악을 들으며 그 안에 담긴 섬세함과 미묘함을 느끼고 나니 제 내면에 아직도 그런 섬세함과 미묘함이 남아 있다는 것이 떠올랐어요. 그 점에 감사드리고 싶습니다.' 이렇게 묻는 사람도 있을 겁니다. 이렇게 위험한 세상에서 대나무 피리 하나 연주하는 게 대체 무슨 의미가 있을까? …… 제가 이것을 연주하는 이유는 그것이 제 영적 수행의 일부이기도 하고, 조금이나마 사람들에게 삶을 계속 이어갈 수 있는 힘과 용기를 줄 수 있기 때문입니다."

탐험은 계속 이어진다. 서구 악기인 베이스 플루트를 위해 2010년에 나온 작품 《빙하》의 작곡가 후지쿠라 다이는 이 작품을 "차갑게 얼어붙은 풍경의 봉우리들 사이로 소리 없이 떠다니며 느리지만 칼날처럼 날카롭게 베는 한 줄기 차가운 공기 기둥"에 비유했다. 그리고 《빙하》는 실제로 다른 지질학적 시대에서 튀어나온 소리처럼 들린다. 음악 비평가 코리나 다 폰세카볼하임는 이렇게 적었다. "어떤 음은 두 개로 쪼개지거나 희박한 공기 속으로 녹아 사라지는 반면 여기저기서 악기를 통해 전달된 유령 같은 사람의 목소리를 들을 수 있다." 2013년에 플루트 연주자 클레어 체이스는 에드가르 바레즈가 1936년에 작곡한 플루트 독주곡 〈Density 21.5〉가 창작 100주년을 맞을 때까지 매년 새로운 플루트 작품을 의뢰하는 24년짜리 프로젝트를 시작했다. 지금까지 이 시리즈에 포함된 작품들은 플루트 연주를 전자 음향 효과나 시각적 효과와 결합해서 가장 오래된 악기 중 하나로 새로운 종류의 마법을 창조하고 있다.

음악의 본질

콩고 북부 열대우림에 사는 수렵채집인인 바야카족의 신나는 파티를 막을 수 있는 것은 없다. 야영 생활에서 정기적으로 진행되는 정령 놀이에서 남성들과 여성들은 숲의 정령들을 음악 공연에 초대한다. 이 공연에서는 요들송, 박수 치고 북을 치는 타악기 폴리리듬이 함께하는 다성음악이 포함되어 있다. 정령들을 숲에서 불러내어 인간과 함께 춤추며 놀도록 유혹하기 위해서는 연주되는 음악이 반드시 아름다워야 하고 바야카족은 여기에 자신의 모든 것을 바친다. 가끔씩 그중 한 명이 일어나서 춤을 추며 광대놀이를 하고, 분위기가 무르익으면 이들은 이렇게 소리 지른다. "비센고!"(기쁨 중의 큰 기쁨!), "투 보나!"(바로 저렇게!), "보디! 보디!"(다시! 다시!), "톰바!"(시작!), "피아 마사나!"(노래! 춤!)

수십만 년은 아닐지언정 적어도 수만 년 동안 거의 동일한 방식으로 살아온 바야카족에게 음악은 삶의 모든 측면에서 강력한 힘으로 작용한다. 음악은 태어날 때부터, 아니 그 전부터 시작된다. 배 속의 태아도 엄마가 거의 매일 노래하고 춤을 추는 것을 듣고 느낄 수 있기 때문이다. 태어난 후에도 음악에 대한 몰입은 계속 이어진다. 아기는 자장가를 듣고, 엄마의 등에 업혀 함께 춤 추고, 어른들이 옹기종기 무리를 지어 함께 노래하는 동안에도 엄마의 무릎에 앉아 있다. 음악은 사냥에서도 중요한 역할을 한다. 예를 들어 그물로 사냥을 준비할 때 여성들은 숲에 마술을 걸기 위해 노래를 부르고 플루트를 연주한다. 이들은 밤늦도록 노래를 부른다. 이것이 동물들을 크와나하게, 즉 느슨하게 긴장이 풀리고 피곤하게 만들어 사냥하기 쉽게 만들어주기 때문이라 설명한다. 남성들과 여성들은 과시하고 싶을 때도 음악을 연주한다. 인류학자 제롬 루이스에 따르면 음악과 춤이 온갖 종류의 의식 있는 존재에게 마법을 걸어 그들을 긴장이 풀린 행복하고 열려 있는 상태로 만든다는 것이 일반적 원리다.

현대 산업사회의 전위적이고 실험적인 음악가들의 작품만큼 바야카족이나 다른 피그미족 사람들과 거리가 먼 음악을 상상할 수 있을까 싶다. 하지만 일부 작곡가들이 자신의 작품에 대해 어떻게 생각하고 있는지 들어보면 거리가 그리 멀지 않다. 예를 들어 이안니스 크세나키스는 이렇게 적고 있다. "음악은 상상 속의 세상을 소리로 고정하는 것이며 …… 어린아이의 무상한 놀이다." 조지 크럼은 음악을 "영적 충동에 봉사하는 비율 체계"라고 부른다. 이런 설명은 열대우림 사람들의 음악도 아주 잘 묘사하고 있다. 장난기 가득한 노래와 리듬이지만, 바야카족의 음악은 개인의 즉흥 표현을 허용하면서도 서로 맞물려 복잡하고 잘 정의된 구조를 만들어낸다.

음악은 무엇일까? 옥스퍼드 영어 사전에서는 음악을 "형식의 아름다움과 감정의 표현을 목적으로 소리를 조합하는 예술 행위"라 정의한다. 작곡가 에드가르 바레즈는 음악을 "조직화된 소리"라고 부른다. 음악 심리학자 빅토리아 윌리엄슨은 음악을 "보편적이고, 인간적이고, 역동적이고, 다목적인 소리 신호 체계"라 부른다. 인지심리학자 아니루드 파텔은 음악을 "마음을 변화시키는 기술"이라 부른다. 이것들 모두 음악을 잘 표현하고 있지만, 거기서 별다른 진전은 없다. 삶처럼 음악도 한마디로 정의하기가 쉽지 않다.

이를 극복하는 한 가지 방법은 수에 대해 생각해보는 것이다. 음악과 수학 사이의 관련성은 오래전부터 인식되어왔다. 서구의 고전 시대와 중세 시대에는 음악이 교육의 중심에 있던 4학 중 하나였다. '시간 속의 수'로서 음악은 산수('수'), 기하학('공간 속의 수'), 천문학('시간과 공간 속의 수')과 함께 교육이 이루어졌다. 17세기가 시작될 무렵 자연철학자 고트프리트 빌헬름 라이프니츠는 이렇게 적었다. "음악은 인간의 정신이 자기도 모르게 셈을 하면서 경험하는 즐거움이다." 음악가 애덤 닐리는 유튜브 세대에 맞추어 음악의 정의를 업그레이드했다. 그는 인간이 규칙적으로 일어나는 사건 사이의 관계를 귀로 듣는 데 정말 뛰어나며, 이런 능력이 리듬과 화성에 대한 우리의 지각에서 핵심적인 역할을 한다는 사실을 바탕으로 외계인에게 음악을 설명할 수 있다고 제안했다. 그는 과감하게 이렇게 주장한다. "음악은 수학적 관계에 대한 의식 절차상의 적용이다. 만약 수학이 우주 전체에서 일관된 상수라면, 인간의 음악에 대한 개념 역시 그러하다."

하지만 음악은 언제나 그 이상의 존재였다. 19세기 초 아르투어 쇼펜하우어에게 음악이란 그가 '의지'라 부른 것의 직접적인 표현이었다. 여기서 의지란 그가 세상의 가장 내밀한 진리라 믿은 욕망, 분투, 욕구를 말한다. 하지만 애쓰지 않아도 음악이 살아 있음의 경험에 필수적인 운동 및 감정, 그리고 그로 인한 끝없는 변화와 핵심적 특성을 공유하거나, 그것을 흉내 낸다는 사실을 인식할 수 있다. 음악 만들기와 듣기는 물리적 운동과 심리적 각성을 필요로 할 뿐만 아니라 거의 다른 그 어떤 활동보다도 많은 뇌 영역의 뉴런들을 자극해야 하기 때문에 시각, 운동 조절, 감정, 말하기, 기억, 계획 수립, 성욕 등을 담당하는 영역들과 깊숙이 이어져 있다. 음악가 겸 심리학자 엘리자베스 헬무트 마굴리스는 이렇게 적었다. "음악의 특별한 점은 그것이 다른 모든 것들과 다르다는 것이 아니라 다른 모든 것들을 한데 끌어들인다는 것이다." 우리의 마음이 우리의 몸과 느낌을 해석하고 그 과정을 다시 우리에게 반영할 때 일어나는 현상이 의식이라면, 음악은 존재와 감정의 다양한 조합과 가능성을 리허설하고, 곰곰이 생각하고,

탐험하는 수단이라 할 수 있다. 의식처럼 음악도 삶의 모델을 제시하며, 이 모델이 때로는 삶과 너무도 닮아서 우리는 그것을 거의 삶 그 자체로 받아들이기도 한다.

결정적으로, 음악은 사람들이 세상에서 자신의 위치를 찾아서 정의하고, 타인과 연결되는 데 도움을 준다. 음악학 연구자 브루노 네틀은 이렇게 말한다. "각각의 사회적 집단은 자체적인 음악을 갖고 있다." 그리고 우리가 소중히 여기는 음악은 우리를 그 집단과 이어준다. 그리스 북동부의 고대 국가 에피루스의 고대 민속음악에 대한 연구 논문의 저자 크리스 킹은 이렇게 적었다. "음악의 강렬함은 장소, 그곳에 사는 사람, 그리고 그들의 음악 사이의 상호 연결이 빚어낸 결과물이다." 그렇다면 음악은 공동체를 하나로 이어 정체성을 강화해주는 관습 및 지식 집합의 일부라 할 수 있다. 공통의 목소리인 셈이다.

그리고 음악은 인간보다 큰 세상과 상호작용하는 방법이기도 하다. 음악은 사람이 자연의 소리에 귀를 기울여온 200만 년 이상의 세월을 바탕으로 구축됐다. 놀라울 정도로 민첩한 발성을 하는 호주의 얼룩무늬백정새의 노래처럼, 세상의 노래 중에는 인간이 결코 따라잡을 수 없어 보이는 것이 존재한다. 그럼에도 텔로니어스 몽크나 올리비에 메시앙 같은 사람은 시도를 멈추지 않았다.

음악은 사람들이 보고 관찰하는 세상 너머에서 파악하거나 상상하는 모든 대상과 사람들을 이어준다. 인도 고전음악에서 지속적으로 밑바탕에 깔려 있는 저음의 소리는 나다 브라흐마의 발현이라 여길 때도 있다. 나다 브라흐마는 세상 만물을 관통하는 소리를 의미하는 베다에서 나온 용어로, '신의 소리'로 번역된다. 11세기 이슬람의 철학자 겸 신학자 알가자리에 따르면 "음악에 귀를 기울일 때 마음에 신비한 상태가 나타나는 원인(사마)은 음악의 정연한 음색과 인간의 영혼 사이의 조화로운 관계 속에서 발견되는 신성한 미스터리다."

라이너 마리아 릴케는 이렇게 썼다. "음악은 언어가 끝나는 곳에 있는 언어다. …… 음악은 우리 내면 가장 깊숙한 곳에 존재하는 핵심이 겉으로 드러난 것이다." 존 케이지에게 음악은 "침묵의 표면 위에 떠오른 거품"이다. 어쩌면 거품이 표면으로 떠올라 터질 때 우리는 시간의 산물과 사랑에 빠져 영원을 듣는 것인지도 모르겠다.

화성

사람들과 합창곡을 부르는데 서로 다른 음 사이의 간격이 정확히 맞아떨어지면 좋은 일이 일어난다. 소리가 더 밝고, 풍부하고, 꽉 찬 느낌이 든다. 마치 가수들 사이의 공간이 따듯한 온기와 빛으로 채워진 것 같고, 공명이 일어나면서 몸에서 빛이 나는 것 같다. 작가 다이앤 애커먼은 이 효과를 몸의 내면을 마사지하는 것에 비유했다. 또 다른 맥락에서 데이비드 흄은 이렇게 말했다. "경계가 증발해 사라지면서 모든 애정이 사람에게서 사람에게로 막힘없이 흘러 들어가고, 모든 사람에게서 그에 상응하는 움직임이 생겨난다."

하모니를 간단하게 정의하면 합치 혹은 조화로운 상태를 말한다. 음악에서 하모니는 화성을 말하며 일반적으로 기분 좋은 효과를 내기 위해 동시에 소리 내는 음의 조합을 말한다. Harmony라는 영어 단어는 '서로 잘 맞아떨어지다' '합쳐지다'를 의미하는 그리스어 ἁρμόζω 혹은 harmozō에서 유래했다. 산스크리트어에서 이와 유사한 말은 yoga다. 이 역시 '합쳐지다' '통합하다'의 의미를 갖고 있다. 개인의 통합은 Jīvātmā 라 하고, 최고의 자아와의 통합은 paramātmā라고 한다. 공자는 이렇게 말했다. "조화란 …… 다수의 통합이다. 음악은 하늘과 땅의 조화다. 조화가 존재하는 곳에서 수많은 살아 있는 것들은 서로 일치 상태에 있다."

음악은 한 가지 대상이 아니다. 많은 문화권에서 음악은 춤과 분리되어 있지 않다. 하지만 사람들이 즐겁게 여기는 화성은 문화권과 시간대에 따라 달라지지만 그중 일부 측면은 거의 보편적이다. 가장 대표적인 것이 옥타브와 5도다. 이것은 각각 〈Some where Over the Rainbow〉의 첫 번째 음과 두 번째 음 사이의 음정, 그리고 동요 〈반짝반짝 작은 별〉에서 첫 번째 '반짝'과 두 번째 '반짝' 사이의 음정에 해당한다. 그리고 이 두 음정을 기반으로 무수히 다양한 형태와 발명이 이어질 수 있다.

예를 들어 인도 고전음악에서 탄푸라 같은 악기는 일반적으로 기본음으로 지속적인 저음을 내면서 옥타브 음정과 5도 음정을 통해 작품의 밑바탕을 이루는 조성을 세팅한 후 시간의 흐름에 따라 미분음과 리듬의 변화를 펼쳐 보인다.

옥타브와 5도 음정은 기본음과 단순한 물리적, 수학적 관계에 있는 음파에 의해 만들어진다. 옥타브는 파장이 기본음의 절반인 음파에 의해 만들어지고, 5도 음정은 3분의 2 길이 음파에 의해 만들어진다. 비율로 표현하면 이 두 음은 가장 작은 자연수를 이용하고 있다. 옥타브는 2대 1 비율을 이용하고, 5도 음정은 3대 2 비율을 이용한다. 순정률로 알려진 시스템에서는 음계에 들어 있는 다른 음정도 4도 음정은 4대 3의 비율, 3도 음정은 5대 4 등 작은 정수를 이용한 비율로 표현된다.

이 파동의 비율이 워낙 단순하기 때문에 파동의 마루들과 골짜기들이 규칙적이고 예측 가능한 방식으로 서로 동기화됐다가 깨졌다 한다. 옥타브는 기본음이 한 번 진동하는 시간에 두 번 진동하는 반면, 5도 음정은 기본음이 두 번 진동하는 동안 3번 진동한다. 배에 서 있을 때 고르지 못하고 뾰족뾰족한 파도보다는 규칙적이고 완만한 파도가 더 반가운 것처럼 사람의 귀와 뇌는 이런 단순한 관계를 알아보고 반가워한다. 이것으로 화성에 대한 경험의 물리적 기반을 어느 정도는 설명할 수 있다.

화성은 음 하나하나 안에도 담겨 있다. 이 역시 물리학과 수학의 문제로 귀결된다. 기타 같은 악기의 현이나 플루트 내부의 공기 기둥, 혹은 사람의 기도 등을 뒤흔들어놓으면 그 현이나 공기 기둥 길이만큼의 소리 파동이 만들어진다. 이것이 기본음이 된다. 기본음이란 우리 귀에 제일 두드러지게 들리는 음이다. 하지만 이것은 배음열이라는 것을 구성하는 더 짧은 파동으로도 진동한다. 이것은 음악 무지개처럼 옥타브, 5도 음정, 4도 음정, 그리고 점점 더 작아지고 높아지는 음정 순서로 일련의 더 높은 음이 겹겹이 포개져 있는 것이다. 대부분 사람의 귀에는 이런 배음들이 뚜렷하게 들리지 않는다. 하지만 배음, 공명이 덜한 배음이 만들어내는 그 음색은 느껴진다. 이런 배음이 기본음과 비교해서 얼마나 큰지에 따라 같은 음이라도 하프, 트롬본, 혹은 신발 상자에 당겨 묶은 고무줄에서 나는 소리의 느낌이 달라지는 것이다. 화성은 멜로디 및 리듬과 깊이 관련되어 있다. 멜로디는 화성으로 연관되어 있는 일련의 음들을 동시에 소리 내지 않고 시간의 흐름에 맞추어 순차적으로 소리 내는 것이다. 그리고 주어진 화성음정은 서로를 상대로 연주되는 두 개의 서로 다른 리듬과 수학적으로 동일하다.

유럽 음악을 이야기하는 한 가지 방법은 화성 공간을 점진적으로 탐험하는 과정으로 설명하는 것이다. 기독교 시대 첫 1,000년 동안 음악은 대부분 단선율이어서 아직도 그레고리오 성가에서 듣는 것같이 하나의 단순한 가락이었다. 우리가 아는 한 화성은 교회에서는 두 가지 형태로 제한되어 있었다. 오르간 소리와 비슷하다고 해서 이름 붙여진 오르가눔의 경우 목소리나 악기가 곡에 맞추어 한 옥타브, 5도, 혹은 4도 떨어진 두 번째 성부를 노래하거나 연주했다. 저음부의 경우 성가가 위에서 펼쳐지는 동안 단일 저음이 변화 없이 계속 이어졌다. 9세기 비잔틴 수도원장으로, 찬송가를 정교한 멜로디 라인으로 만든 카시아의 작품은 이런 스타일을 잘 보여주는 사례다. 그녀와 비교되는 12세기 독일의 힐데가르트 폰 빙겐의 작품도 그랬다. 놀라울 정도로 자유롭고 다양한 성가를 창작했고, 그녀는 이것을 소리를 통해 계시된 천상의 화성이라 불렀다.

그다음 발걸음은 힐데가르트로부터 한 세대 지나 파리에서 내딛어졌다. 노트르담 악파의 작곡가 페로탱이 무려 네 가지의 서로 다른 멜로디 라인을 결합해서 밀도 높은 화성의 질감을 만들어낸 것이다. 우리가 알고 있는 한 그 전에는 한 번도 들어본 적이 없는 음악이었다. 그는 또한 스프링 같은 리듬 패턴을 이용했다. 하지만 페로탱은 그 모든 혁신에도 불구하고 계속해서 옥타브, 5도, 4도의 음정을 이용했기 때문에 현대인들에게 그의 화성은 소박하게 들렸다. 그 후로 2세기 동안 음악가들은 점점 3도와 6도 음정을 채용하는 일이 늘어났다. 기욤 드 마쇼는 자신의 곡 〈성모님의 미사〉에서 3도 음정을 이용했다. 그는 이 곡을 1365년 이전에 작곡했다. 하지만 그는 이것을 대부분 강조 없이 지나가는 순간에 사용했고, 〈쿰바야〉의 첫 두 음 사이의 음정에 해당하는 3도가 서구 음악에서 중심적인 위치를 차지하기 시작한 것은 15세기 들어 존 던스터플과 조스캥 데프레의 작품부터였다.

이 결과물들은 화학반응, 심지어 기적의 치료에 비유되기도 했다. 기본음(혹은 첫 음)과 5도 사이에 3도가 끼어 들어가면 3화음이라는 풍부하고 두터운 코드가 만들어진다. 17세기 초에 클라우디오 몬테베르디는 1610년에 나온 〈성모님의 저녁 기도〉 같은 작품에서 웅장한 효과를 내기 위해 3화음을 사용했다. 그 후로 음악가들은 수없이 많은 방식으로 화성을 계속 실험해왔지만 3화음을 완전히, 혹은 오랫동안 버려둔 사람은 거의 없었다. 보수적인 19세기 음악이론가 하인리히 솅커는 이것을 '자연의 코드'라고 불렀고, 모든 위대한 음악 작품의 핵심에는 그것이 자리 잡고 있다고 주장했다. 오늘날까지도 3화음은 기이하기 그지없는 음악적 여정에서도 한자리를 차지하고 있다. 과감한 화성 실험으로 유명한 음악가 제이컵 콜리어는 이것을 "음향의 진리와 같다"라고 말했다.

    3도와 3화음, 그리고 그것을 바탕으로 구축되는 화성은 이제 수백 년 동안 유럽의 전통에서 핵심적인 부분을 차지해왔다. 이것들은 화성 진행에서 중요한 역할을 수행할 때가 많다. 화성 진행에서는 일련의 코드가 으뜸음을 바탕으로 조성에서 멀어졌다가 끝에 가서는 다시 으뜸음으로 돌아온다. 보통 이렇게 하면 해소되는 느낌, 즉 집으로 돌아오는 느낌을 준다. 이것을 마침이라고 한다. 5도 혹은 딸림음을 바탕으로 하는 조성에서 한 음만 빼고 모든 음을 공유하면서 그 으뜸음을 바탕으로 하는 조성으로 다시 돌아가는 마침이 특히나 흔하다. 이것을 정격종지(V-I)라고 한다. 베토벤의 〈교향곡 제5번〉부터 비틀스의 〈I want to hold your hand〉까지 어디에서나 찾아볼 수 있다. 〈I want to hold your hand〉에서는 갖춘마침이 코러스마다 끝에서 나온다. 흔히 사용되는 또 다른 마침인 변격종지는 4도에서 1도로 해소된다(IV-I). 찬송가가 이렇게 끝나는 경우가 많아서 이것을 아멘종지라고도 하지만 그룹 아바의 곡 〈Mamma Mia〉에서도 등장한다('I've been cheated by you' 부분과 'My my' 부분). 어떤 화성 진행은 서구 사람들의 귀에 너무 익숙해져서 좀처럼 벗어나기가 힘들다. 뮤지컬 코미디 공연 그룹 엑시스 오브 어섬은 〈For Chords〉에서 〈Let It Be〉와 〈No Woman Cry〉에서 〈With Or Without You〉와 〈Can You Feel the Love Tonight〉에 이르기까지 수십 곡의 세계적인 히트곡이 동일한 I-V-vi-IV 진행을 따른다는 것을 보여주며 화성의 다양성 부족을 꼬집어 풍자하고 있다.

    3도는 장(Major)과 단(Minor)의 두 가지 형태가 있다. 서구식 전통에서 자란 사람들은 네 개의 반음으로 구성된 장조는 밝고 행복하며, 세 개의 반음으로 구성된 단조는 어둡고 슬프다고 생각하는 경향이 있다. 이런 인식은 어느 정도는 음악이 구현된 기원에 뿌리를 두고 있는지도 모른다. 밝음은 단순히 음 사이 거리, 즉 음정의 상대적인 크기로 정의되고, 이는 신체 자세와 연관되어 있을지도 모른다. 우리는 춤을 추거나 기쁨과 자신감에 차서 움직일 때는 꼿꼿이 서는 반면, 내면으로 침잠하거나 어둠을 느낄 때는 몸이 구부정해진다. 하지만 장음과 단음에 대한 느낌이 어디서 기원했든 이 둘은 긴장 관계에 있으며 서로에게서 자유로울 수 없다. 화성학적으로 보면 장3화음과 단3화음은 서로의 거울상이다. 장3화음의 경우 단3도가 장3도의 위에 자리 잡고 있는 반면, 단3화음의 경우에는 그 반대로 되어 있다.

하지만 화성음정은 상호작용을 통해 그냥 행복이나 슬픔보다 더 복잡하고 미묘한 감정의 흐름이나 상태를 표현하는 효과를 낼 수 있다. 1722년에 처음 출판된 바흐의 『평균율 클라이버 곡집 1권』에 나오는 C장조 전주곡을 생각해보자. 이 곡 전체는 3도 위에 구축된 일련의 아르페지오로 구성되어 있다. 첫 번째 아르페지오는 C 다음에 제자리음 E가 따라오는 C장조 화음을 만들어낸다. 두 번째 아르페지오는 D(C 위에) 다음에 제자리음 F가 뒤따라오는 D단조 화음을 만들어낸다. 음악가 겸 이론가 애덤 오켈퍼드는 이런 식으로 하면 처음에는 긍정적이고 쾌활했던 모티프가 거의 즉각적으로 더 어둡고 슬픈 것으로 전환된다고 한다. 하지만 이런 변화는 보통 긍정적인 변화의 감각을 불러일으키는 것으로 느껴지는 움직임 속에서 가장 높은 음의 음높이가 높아진다는 사실 때문에 완화된다. 동시에 앞에서 계속 이어지는 가장 낮은 음인 C는 불협화음을 만들어내며 해소될 필요가 있다는 느낌을 준다. 오켈퍼드는 이렇게 적었다. "유사성과 차이점, 그리고 장조가 되는 것과 단조가 되는 것 사이의 이런 정교한 융합은 음악에 갈망의 느낌을 불어넣어준다." 이것은 "장음계의 디자인 속에 내재된 규칙성과 불규칙성의 혼합을 통해 놀랍게도 일련의 추상적인 소리가 만들어내는 복잡한 감정을 불러일으킨다".

 화성은 항상 불협화음과의 관계 속에서 존재한다. 몬테베르디는 자신의 마드리갈[34]과 오페라에서 충돌과 불협화음을 이용해 슬픔, 분노, 기타 감정을 표현했고, 그 뒤로 많은 사람이 그의 길을 뒤따랐다. 화성은 또한 익숙하지 않은 조바꿈을 통해 우리를 무어라 이름 붙이기도 어려운 곳으로 데려간다. 프란츠 슈베르트의 후기 현악사중주와 피아노소나타에 나타나는 명암이나 존 콜트레인의 〈Giant Steps〉에 나타난 새로운 색상 팔레트 같은 것들이다. 그렇다고 모든 화성학이 미묘하거나 난해하다는 의미는 아니다. '트럭 운전사 차선 급변경'으로 알려진 것에서는 음악이 인정사정없이 갑자기 기어, 즉 조를 하나 올려버린다. 그 좋은 사례는 템테이션스의 〈My Girl〉 1분 45초에서 일어난다. 휘트니 휴스턴이 부른 〈I Will Always Love You〉에서 3분경에 깊은 드럼 소리가 나고 바로 뒤에 이어서도 이런 일이 일어난다. 그 결과 음악을 듣는 사람은 백발백중 기분이 고양되면서 희열을 느끼게 된다. 하지만 덜 예측 가능한 방식으로 그런 효과를 내는 다른 방법도 있다. 제이컵 콜리어는 그룹 테이크 식스가 부른 버전의 〈A Quiet Place〉의 끝부분에서 화성이 오르고 오르며 터져 나오는, 그가 "역대급으로 좋아하는 조옮김"이 일어난다고 한다. 그는 이렇게 회상한다. "이런 식으로 화성을 발견했던 것을 분명하게 기억합니다. 코드에 들어 있는 음만으로 이런 감정을 이끌어내는 것이 가능할 줄은 몰랐다고 생각했죠."

---

34 Madrigal. 16세기에 유행했던 반주 없이 여러 명이 부르는 노래.

클래식 음악과 대부분의 록 음악과 팝 음악에서 전형적으로 보이는 소박한 7음음계의 음으로 이루어진 화성은 화성 전체 이야기 중 일부에 불과하다. 옥타브당 다섯 개의 음만 존재하는 5음계는 여러 형태로 존재하기는 하지만 안데스부터 영국제도에 이르기까지 전 세계적으로 흔히 사용된다. 에티오피아만 봐도 키그닛 혹은 케넷으로 알려진 적어도 네 가지의 서로 다른 5음음계가 존재한다. 한편 으뜸음, 장2도, 단3도, 장5도, 단6도로 구성된 5음음계는 청자를 일본으로 데리고 간다. 블루스 음계에서는 보통 서부 아프리카 음악에서 기원했을 수도 있는 반음 낮춘 5음을 5음음계에 추가하여 6음음계를 만든다.

서구 음악에서는 한 옥타브를 열두 개의 반음으로 분할하고 한 조에서 이 열두 개 반음 중 일곱 개를 사용한다. 하지만 한 옥타브를 꼭 열두 개 구간으로 분할하라는 법은 없다. 일련의 정수비를 완전5도, 4도 등으로 계속 이어가면 열아홉 개의 개별 음이 만들어진다. 17세기와 18세기에 유럽에서 평균율을 채용하기 전에는 많은 음악가가 이런 분할에 익숙했었다. 말하자면 요즘의 우리는 A#과 B♭을 A와 B 사이에 있는 같은 음으로 취급하지만 이때만 해도 이 둘을 구분했다. 다른 음악 문화권에서는 미분음의 선율과 화성을 즐겨 이용한다. 인도의 전통음악에서는 미분음 영역을 가로지르며 움직이고, 아랍의 음악은 보통 한 음계를 스물네 개의 4분음으로 분할한다.

미래에 등장할 화성의 세계는 상상만 할 수 있을 뿐이다. 그 세계는 우리가 사랑하는 소리의 변주곡이 될까, 아니면 완전한 미지의 영역으로 나가게 될까? 해리 파치와 카를하인츠 슈토크하우젠 같은 20세기 반항아들이 작곡한 음악은 현재로서는 그 매력이 제한적이다. 이는 요즘 사람들이 즐기는 음악들이 대부분 큰 변화를 겪지 않으리라는 것을 암시한다. 미지의 영역을 탐험하는 사람들이 남기는 유산이 지금 보이는 것보다 훨씬 비옥할지도 모를 일이다. 라디오헤드, 비외르크, 그리고 많은 사람의 작품에는 이상하고 새로운 공명이 존재한다.

사람의 목소리와 전자음악을 1956년까지 사람들이 한 번도 들어보지 못했던 방식으로 혼합한 슈토크하우젠의 〈소년의 노래〉는 어쩌면 인간이 점점 더 컴퓨터와 결합되는 세상을 예견하는지도 모르겠다. 어쩌면 우리는 서구에서 지난 몇 세기 동안 익히 알고 있던 것과는 다른 화성을 점점 더 많이 듣게 될지도 모른다. 비인간 세계의 소리에 대한 관심이 점점 커지면서 음악도 거기에 영향을 받게 될지 모른다. 기술이 발전하면서 우리는 다른 종의 음악을 듣고, 거기에 조율할 수 있는 능력도 함께 발전할 것이기 때문이다. 우리는 먼 거리에서 부르는 대왕고래의 소리를 들을 수 있다. 이 소리는 근래에 들어서야 발견되어 녹음이 이루어졌다. 사람의 귀로 들을 수 있게 자연적인 속도보다 최소 두 배 정도 빨리 돌린 Z-콜[35]은 완전5도와 셋온음(증4도) 사이의 어딘가에 해당하는 음정을 반복적으로 급강하시킨다. 끝과 시작이다.

---

[35] Z-call. 대왕고래가 수중에서 내는 소리의 주파수 특성을 분석하면, 20헤르츠 부근에서 알파벳 Z 형태로 관찰된다.

이상한 악기

지휘자 토머스 비첨이 소리쳤다. "마담! 당신의 다리 사이에는 수천 명의 사람들에게 즐거움을 줄 수 있는 악기가 있습니다. 당신은 그것을 긁기만 하면 됩니다!" 물론 그녀의 첼로를 가리켜 하는 말이었다. 약 500년 전 처음 개발된 후로 별로 변한 것이 없는 이 악기는 어느 악기도 따라가기 힘든 아름답고 풍부한 소리를 낼 수 있다. 하지만 사람들은 첼로를 능가하는 악기를 만들려는 시도를 멈추지 않았다. 파스타의 종류는 대략 300가지밖에 안 되지만 헨리 퍼셀의 오페라 대본 작가가 '경이로운 음악 기계'라 부른 이 영역은 가능성이 거의 무한해 보인다.

상상 가능한 모든 악기로 이루어진 풍경 속에서 길을 찾는 출발점은 악기를 다섯 개의 그룹으로 나누는 분류 체계다. 1914년에 에리히 모리츠 폰 혼보스텔과 쿠르트 작스에 의해 고안된 이 분류 체계는 원래 네 개의 범주로 구성되어 있었다. 그 네 가지 범주는 자신의 몸통을 울려서 소리를 내는 체명악기(종, 징, 마림바 등), 막을 진동해 소리를 내는 막명악기(주로 북 종류), 줄을 진동시켜 소리를 내는 현명악기(기타와 비슷하게 생긴 남아시아 악기인 시타르, 스물한 개의 현으로 이루어진 서아프리카의 현악기 코라, 바이올린, 쟁, 피아노 등), 공기 기둥을 진동시켜 소리를 내는 기명악기(피리, 목관악기, 금관악기, 오르간 등)다. 인류의 역사 대부분에서는 이 네 가지 분류로 충분했지만 20세기에 들어 전자 기기를 이용하게 되면서 오늘날까지도 계속되는 가능성의 확장으로 이어졌다. 그리하여 1940년에 작스는 이 부분을 기술하기 위해 다섯 번째 집단인 전명악기를 추가했다.

찾아보면 어느 범주에서든 얼마든지 괴짜 악기를 찾을 수 있다. 몽당연필만큼 작은 피콜로도 있고, 제라드 호프눙과 히에로니무스 보스가 소속된 위원회에서 상상한 거꾸로

왕국의 빗물 배수관 아래 있을 법한 거대한 파이프처럼
생긴 서브콘트라베이스 플루트도 있다. 그리고 사람의
다리뼈로 만든 트럼펫인 깡링도 있다. 이것은 필사의 운명을
귀에 들려주기를 바랐던 불교도가 세상에 준 선물이다.
짧은얼굴곰만큼이나 키가 큰, 즉 사람 키의 두 배나 되는
바이올린인 옥토베이스도 있다. 그리고 조율이 됐든 안 됐든
플라스틱 그릇, PVC 파이프, 기타 잡동사니로 만든 타악기는
셀 수도 없이 많다. 때로는 오래된 악기에 이름만 붙이면
새로운 악기를 발명할 수 있다. 선 라는 멜로폰[36] 앞에 '우주
차원'이라는 접두사를 붙이거나, 전자키보드는 '우주 음색
오르간', 피아노는 '태양 하프'라고 이름만 바꿔 부르는 식으로
새로운 악기를 발명했다.

우리가 서로 다른 것이라 생각하는 악기 둘을 합쳐 만든
새로운 악기인 키메라도 있다. 건반이 달린 바이올린도 발명된
적이 있지만 한 번도 인기를 끌지는 못했다. 그럴 수밖에 없을
것 같다. 하지만 비외르크를 위해 업라이트 피아노와 비슷하게
생긴 소형 건반악기 첼레스타와 가믈란을 결합해서 특별히
주문 제작한 가멜레스타는 그녀의 트랙 〈Crystalline〉에도
등장했는데 아주 잘 작동한다. 19세기에 처음 개발된 하프
기타는 어느 정도 재기에 성공한 덕분에 북미 지역과 유럽의
연주자 수십 명이 '더 워터 이즈 와이드' 가상 공연에 참여한
것도 볼 수 있고, 야스민 윌리엄스가 《Urban Driftwood》
앨범에서 연주하는 소리도 들을 수 있다. 그런 하프 기타 중
하나는 두 개의 넥에 스무 개 이상의 현이 장착되어 있고, 또
휘어진 사운딩 보드가 본체에 연결되어 있어서 입체파 화가의
홍학과 테오르보(두 벌의 현이 장착된 커다란 르네상스 류트)를

---

[36] Mellophone. 프렌치호른을 단순화해서 군악대에서 사용하는 악기.

섞어 잡종을 만든 것 같은 모습이다. 하지만 그중에서도 가장 이상한 것은 17세기에 개발되었다는, 미신이 아닐까 싶은 고양이 피아노다. 이 악기는 키보드 위의 서로 다른 건반에 연결된 서로 다른 고양이의 꼬리를 잡아당겨 비명을 지르게 만드는 악기다. 이 섬뜩한 발명품은 몇 년 전에 음악 발명가 헨리 대그에 의해 받침대 위에 올려놓은 봉제 인형 고양이로 온건하게 재탄생했다. 〈Somewhere Over the Rainbow〉 연주에서 헨리 대그가 이 고양이 인형을 누르면 각각 다른 음으로 꽥꽥 소리를 냈다.

부분적으로 혹은 전체적으로 자동화된 악기는 역사가 길다. 수력으로 작동하는 오르간은 적어도 고대 그리스까지 거슬러 올라간다. 그리고 음악 연주뿐만 아니라 새소리 흉내에도 사용되었을 수 있다. 서기 850년에 바그다드에서 나온 『기발한 장치의 책』을 보면 바누 무사 형제는 교체 가능한 실린더를 자동으로 연주하는 버전의 장치뿐만 아니라 증기력으로 작동하는 플루트에 대해서도 설명하고 있다. 일부 논평자는 전자를 프로그래밍이 가능한 최초의 기계라 주장하기도 했다. 회전 실린더가 통제하는 기계식 종지기는 14세기 즈음에 벨기에, 네덜란드 남부, 프랑스 북부에 걸쳐 있는 지방인 플랑드르에서 제작되고 있었다. 이것은 1800년 즈음에 개발된 뮤직 박스의 먼 조상이었다. 뮤직 박스는 1965년 영화 〈석양의 건맨〉에서 등장인물들이 대결하는 클라이맥스 장면에 등장해서 서서히 줄어드는 소리로 극적인 효과를 더하기도 했다.

적어도 17세기부터는 소리를 생산하고 증폭하는 정교하고 복잡한 방법이 점점 더 매력적인 주제로 자리 잡았다. 1615년 즈음에 공학자 살로몽 드 코는 고대 비잔티움의 필로와 알렉산드리아의 헤론의 작품을 활용해서 햇빛에 가열된

구리 용기가 물을 파이프를 따라 위로 밀어 올려 분수를 흐르게 하고, 조각상에서 음악을 재생하는 장치를 완성했다. 1626년에 발표된 유토피아 소설 『뉴아틀란티스』에서 프랜시스 베이컨은 '사람들이 소리와 그 생성에 대한 모든 것을 연습하고 시연하며, 야수들과 새들의 목소리와 음을 재현하고, 목소리를 여러 번 반사시키며 마치 토스하는 것처럼 들리게 하는 다양하고 이상한 인공 메아리도 갖고 있는 소리의 집'을 상상했다. 그리고 1650년에 나온 『세계의 악기』에서 아타나시우스 키르허는 바람으로 사운딩 보드 위의 현을 진동시켜 소리를 내는 고대의 악기 에올리언 하프를 되살려냈다. 이것과 다른 개념에 영감을 받은 존 에벌린은 1700년에 나온 『엘리시움 브리타니쿰』에서 다양한 인공 구조물과 '놀라운' 음악 정원 자동 장치에 대해 설명한다. 여기에는 지저귀는 새소리를 흉내 내는 에올리크 챔버, 트럼펫의 단음을 소리 내는 경비원, 말하는 멤논 동상, 그리고 바누 무사 형제가 설명한 발명품의 후손 같은 소리가 나는 오토폰 오르간 등이 포함되어 있다. 오토폰 오르간은 포노택틱 실린더에 표현된 음악 작품은 무엇이든 연주해준다.

19세기를 지나면서 음악 자동 장치는 정교함과 엉뚱함이 더해졌다. 오늘날까지도 비교적 잘 알려진 페어그라운드 오르간과 자동피아노에 더해서 스물네 개의 트럼펫과 두 개의 드럼을 연주할 수 있는 벨로니언, 총소리와 대포 소리는 물론 대부분의 오케스트라 악기를 흉내 낼 수 있는 판하르모니콘도 있었다. 그리고 거기에 오케스트리언 피아노를 통합해서 한 단계 더 발전했다. 컴포니엄은 입력해준 테마 하나를 가지고 무한히 많은 변주곡을 연주할 수 있었다. 그리고 아폴로니콘은 1,900개의 파이프로 소리를 냈다.

심지어 전자악기를 이용해 거의 모든 소리를 합성할

수 있는 현대에 들어와서도 기발한 기계식 악기들이 계속 등장해서 사람들에게 즐거움을 선사하고 있다. 1950년대에 미국 버지니아주 루레이 동굴에 지어진 종유석 파이프오르간은 종유석을 작은 고무망치로 두드려 소리를 낸다. 14,000제곱미터 크기의 암석체명악기라 할 수 있는 이것은 아마도 세상에서 가장 큰 악기일 것이다. 2016년에 포크트로니카[37] 밴드 빈터가탄이 제작한 마블 머신은 수동 크랭크를 이용해서 쇠구슬들을 끌어 올려 튜브로 집어넣는다. 그럼 이 쇠구슬들이 프로그래밍 가능한 방출구를 통해 떨어져 비브라폰, 베이스 기타, 심벌즈, 풋 심벌즈, 킥 드럼, 스네어드럼 등을 쳐 소리를 낸다. 이 기계가 작동하는 모습을 담은 동영상은 언론에 보도된 시점에 2억 2,500만 회 이상의 조회 수를 기록했다.

　미래학자 루이지 루솔로는 1913년에 발표한 성명서 「소음의 예술」에 이렇게 적었다. "음악 소리는 너무 제한적이다." 그는 산업화, 속도, 아우성의 시대에 우리는 베토벤의 음악보다 전차, 자동차의 엔진, 마차, 군중의 고함이 결합된 소음에서 더 큰 즐거움을 느끼기 때문에 소음 소리의 무한한 다양성을 반드시 정복해야 한다고 말했다. 그는 미래의 악기는 고함 소리, 비명 소리, 꽥 소리, 통곡 소리, 콧방귀 소리, 길게 우는 하울링 소리, 죽어가는 사람의 목에서 나는 소리, 흐느껴 우는 소리 등은 물론이고 천둥소리, 폭발 소리, 포효 소리, 충돌 소리, 휘파람 소리, 쉬익 소리, 뻐끔 소리, 속삭임 소리, 중얼거림 소리, 웅얼거림 소리, 투덜거림 소리, 콸콸 소리, 끼익 소리, 삐걱 소리, 바스락 소리, 윙윙 소리, 탁탁 소리, 긁는 소리 등도 낼 수 있어야 한다고 주장했다.

[37] 포크 음악과 전자음악의 합성어.

이런 소음을 만들기 위해 루솔로는 소음 연주기라는 의미의 새로운 악기인 인토나루모리를 설계했다. 이것은 사실상 증폭용 깔때기, 그리고 내부의 기계 팔을 움직여 북, 와이어, 기타 장치를 때리고, 긁고, 진동시키는 용도의 외부 지렛대가 장착된 큰 나무 상자였다. 루솔로는 이 단순한 음향 기계가 그저 시작에 불과하다고 믿었다. "내일이면 새로운 기계들이 늘어나면서 1만 가지, 2만 가지, 3만 가지의 서로 다른 소음을 구분하고, 그 소음을 우리의 상상력에 따라 결합할 수 있게 될 것이다." 그리고 그의 비전은 이후 한 세기에 걸쳐 구체 음악, 소음, 공예, 소리 예술 등에 의해 어느 정도는 실현되었다.

이런 음악 실험 중에는 재현이 어려운 것도 있다. 1922년 11월 소비에트 5주년 기념일에 바쿠에서 열린 아르세니 아브라모프의 〈공장 사이렌 교향곡〉 공연을 예로 들어보자. 이 공연에는 몇몇 대형 합창단, 소련 카프리해 소함대의 뱃고동 소리, 두 개의 포열, 기관총 부대를 비롯한 몇 개의 보병 연대, 수상비행기, 그리고 도시의 모든 공장 사이렌이 동원됐다. 지휘자들은 특수 설계된 타워에 배치되어 색 깃발과 권총 소리로 다양한 소리 부대에 신호를 보냈다. 중앙에 위치한 '기적 소리 기계'가 〈인터내셔널가〉와 〈라마르세예즈〉를 연주하는 동안 '오토트랜스포트'는 바쿠 전역을 질주하며 광장에서 거대한 소리의 피날레를 연출했다.

좀 더 가정적인 맛을 지닌 다른 음악적 새로움도 있지만 집에서 재현하기는 어려울지도 모르겠다. 예를 들어 필리포 토마소 마리네티와 루이지 콜롬보 필리아의 1930년 『미래주의 요리 선언문』에서는 나이프, 포크, 정치는 배제되지만 소리가 중심적인 역할을 담당한다. 코스 요리 1번인 '에어로페인터'에서는 손님들이 사포를 쓰다듬고 귀로는 요란한 비행기 소리를 들으면서 금귤을 먹는다. 또 다른 식사에서는 1번 코스가 '폴리리듬 샐러드'다. 이것은 드레싱을 하지 않은 상추 이파리, 대추, 포도 한 그릇이 들어 있는 상자로 이루어져 있다. "이 상자 왼쪽에는 크랭크가 달려 있습니다. 손님들은 왼손으로 크랭크를 돌리면서 오른손으로 식사를 합니다. 이렇게 하면 음악이 나오고, 웨이터들은 코스 식사가 끝날 때까지 이 음악에 맞추어 춤을 춥니다."

테레민[38]부터 무그[39]까지, 라이브 전자음악부터 랩트로니카까지, 이제는 만들 수 있는 소리의 범위가 거의 무한해졌다. 그리고 전자음악을 이용하면 소리를 만들어내기가 점점 더 쉬워지다보니 이러다가 악기가 완전히 소프트웨어로 대체되는 것이 아닐까 궁금해질 지경이다. 하지만 그럼에도 우리는 계속해서 물리적 대상에 매달리고 있다. 인간은 물질세계와 접촉하고 교감할 때 번성하기 때문에 우리가 만지고, 손에 쥐고, 쥐어짜고, 치고, 두드리고, 때리고, 켜고, 불 수 있는 악기로 음악을 만들어야 한다는 강박관념을 갖고 있는 듯하다.

수천 가지 악기 중 어떤 것이 살아남을까? 이미 오래전부터 자리를 잡고 있던 악기가 살아남을 가능성이 높다. 다른 조건이 모두 동일하다면 잘 확립된 생태적 지위를 지닌 동물이나 식물 종이 살아남는 경향이 강한 것처럼 말이다. 사람들에게 익숙한 소리의 악기와 더불어 새로운 종류의 소리를 만들 수 있는 오래된 악기가 특히 그럴 수 있다. 사토 소메이의 《Birds in Warped Time II》 같은 작품에서 바이올린이 미분음과 미분음색의 공간을 어떻게 탐험했는지, 그리고 마리 키무라의 실험에서 그녀가 바이올린을 가지고

---

[38] Theremin. 대표적인 초기 전자악기로 전자기장의 간섭을 이용해 소리를 낸다.
[39] Moog. 1960년대에 로버트 무그가 아날로그 신시사이저를 발명하고 그의 이름을 따서 설립한 회사.

기존에는 불가능하다고 믿었던 서브하모닉스의 세계를 어떻게 드러냈는지 생각해보자. 어쩌면 다른 오랜 악기들도 미묘하게 새로워진 형태들을 찾아낼 것이다. 그 한 가지 사례가 크리스탈 바세트일지도 모르겠다. 이것은 반음계로 조율이 된 유리 막대기를 부드럽게 쓰다듬어서 소리를 내는 '오르간'이다. 라비 샹카르, 데이먼 알반, 다프트 펑크, 라디오 헤드, 톰 웨이츠 등이 연주하거나 그들을 위해 연주되었던 이 악기는 사실상 유리 하프라는 악기의 업데이트 버전이다. 유리 하프는 유리에 다양한 양의 물을 채워서 만든 악기로 그 기원이 적어도 8세기 초로 거슬러 올라간다.

초기 전명악기의 미래는 불확실하다. 음악가가 안테나 근처에서 손을 흔들어 다양한 떨림 음을 만들어내는 장치인 테레민이 20세기 초에 처음 등장했을 때만 해도 그것이 미래에는 대세로 자리 잡을 것처럼 보였다. 하지만 지금은 호기심을 불러일으키는 물건에 불과한 존재가 되어가고 있다. 반면 일종의 전자 건반악기인 옹드마르테노는 최근에 조니 그린우드 같은 음악가가 관심을 보인 덕분에 새로 부활할 조짐을 보이고 있다. 어쩌면 미래에는 전자 시스템과 그것을 창조한 인간 사이의 상호작용으로 등장하는 하이브리드 악기가 대세가 될지도 모른다. 1962년과 1969년 사이에 고안과 설계가 이루어진 다프네 오람의 오라믹스 머신이 그것을 보여주는 초기 사례인지도 모르겠다. 이 악기는 다프네가 유리와 필름 위에 그린 선과 표지로부터 차례로 소리를 합성해낸다. 2010년에 이모젠 히프는 미무 글러브를 개발하기 시작했다. '표현이 풍부한 창작, 작곡, 공연을 위한 웨어러블 악기'로, 3차원에서 춤을 통해 실시간으로 이런 창의력을 표현할 수 있게 해준다. 음악가가 장갑을 끼고 손을 움직이면 이 움직임이 새로운 소리를 만들어낸다. 승산이 별로 없는 시도 같기는 하지만 세굴하르파라는 것도 있다. 이것은 울푸르 한손이 설계한 전자기 하프로, 어슐러 르 귄이 상상한 외계 문명의 유물처럼 보인다. 한손은 이렇게 말했다. "물리적 대상을 전자적으로 통제할 수 있게 됨으로써 공간 및 청음과 상호작용하는 방식에 새로운 가능성이 열립니다. 세굴하르파는 당신이 연주하는 동안에도 항상 진화하고 있습니다. 그것이 스스로의 형태를 만들어가는 것을 느낄 수 있죠." 아니면 전자악기가 살아 있는 세계를 자신의 '심장'으로 가져올 수도 있다. 좀 무모한 사례를 들어보자면, 코스모 셸드레이크의 ⟨Pliocene⟩는 멸종 위기에 처한 생태계의 동물 소리 샘플로 작곡됐다. 그래서 이 음악은 진지하기도 하지만, 굴복어의 소리를 킥 드럼 소리로 사용하고, 뻐드렁니 패럿피시의 소리를 스네어 드럼 소리로 사용하는 등 엉뚱한 면도 있다. 셸드레이크는 열기구를 타고 바르셀로나 상공에서 이 곡을 처음으로 공연했다.

새로 등장한 악기 중 살아남는 것이 몇 개 없다 하더라도 새로운 실험과 발명이 끝없이 이어질 것은 분명하다. 나는 닥소폰 같은 창작품에 희망을 걸고 있다. 닥소폰은 나무로 만든 마찰 체명악기로 쉰 목소리 비슷한 소리를 다양하게 만들어낸다. 웃기는 소리가 날 때가 많다. 그리고 다른 것도 많다. 콘스탄스 뎀비가 만든 거대한 금속판 체명악기인 웨일 세일과 베이스 활로 연주해서 낮은 공명음을 만들어내는 스페이스 베이스 같은 악기는 지구를 초월하려는 것처럼 보인다. 특정 시간과 장소에 맞춰진 악기도 있다. 작곡가 호아킨 오레야나가 만든, 음향 도구라는 의미의 유틸레스 소노로스에는 비욘드 마림바가 포함되어 있다. 이것은 마림바도 닮았지만 장난감 롤러코스터나 초현실적인 조각품도 닮았다. 오레야나는 이것을 가지고 자신의 고국 과테말라의 흥겨운 음악과 고국의 내전으로 인한 끔찍한 고통을 모두 표현하는 소리를 만들어낸다. 다른 곳에서 오늘날 만들어지는 가장 아름답고 새로운 소리 중에는 새로운 종류의 스틸 드럼으로 만들어지는 소리가 있다. 예를 들면 카일 던리비가 소 퍼커션의 조시 퀼른을 위해 만든 곡이다. 이것은 '눈물방울' 소리를 만들어낸다. 퀼른의 말이다. "이것은 처음에는 정말 밝은 소리를 내다가 부식되어 퍼져나가며 부드러워집니다. 소리가 어두워요. 하지만 그것이 핵심입니다. …… 이것은 사람의 목소리 같은 성질을 띱니다."

일부 악기 제작자들과 음악가들은 거의 폴리 아티스트[40]처럼 수명이 짧은 재료나 손에 잡히는 재료를 이용해서 작업하는 것을 중요시 한다. 비엔나 채소 오케스트라에서는 조롱박 드럼, 당근 피리, 부추 오보에 등을 가지고 놀라울 정도로 리드미컬하고 조화로운 소리 샐러드를 만들어낸다. 매년 노르웨이에서 개최되는 아이스 뮤직 페스티벌에서는 얼음으로 만든 새로운 악기를 선보인다. 가장 인기 있는 연주로는 얼음 디저리두, 얼음 하프, 다양한 음색을 내는 타악기 얼음 우두, 실로폰과 비슷하지만 울림통으로 조롱박을 사용하는 얼음 발라폰, 종과 비슷한 소리가 나는 치터 계열의 발현악기 얼음 칸텔레 등이 있었다. 이런 악기들은 본래의 악기와 아주 비슷하게 만들어졌지만 핵심적인 측면에서 차이가 있다. 예를 들어 얼음으로 만든 더블베이스는 나무로 만든 원래 악기보다 훨씬 치밀하고 무겁다. 베이스 연주자 빅토르 로이터는 이렇게 말한다. "화성을 반드시 단순화해서 더 느리게 연주해야 합니다. 여기에는 즉흥연주와

---

40 Foley artist. 음향 효과를 녹음하기 위해 스튜디오 안에서 영상을 보며 사물이나 신체로 여러 가지 소리를 만들어내는 사람.

새로운 마음가짐이 필요하죠." 전체적으로 보면 이 축제는 자연에 대한 명상이지만, 결국에는 악기들이 녹아서 사라지기 때문에 기후변화에 대한 명상이기도 하다.

호른보스텔-작스 분류 체계에 속하는 다섯 집단 각각에는 수십에서 수백 가지 범주가 포함되어 있고, 그 각각의 범주 아래로 다시 과거와 현재, 그리고 미래의 수백, 수천 가지 악기가 존재한다. 그래도 블랙박스 안에서 대부분의 작업이 이루어지는 전명악기를 제외하면 모든 범주 아래 들어 있는 악기는 세상의 물리적 본성을 반영한다. 우리도 공명 공간 속에 발을 들였을 때는 체명악기가 되고, 가슴을 두드려 소리를 낼 때는 막명악기가 되고, 성대가 현과 비슷한 방식으로 진동할 때는 현명악기가 되고, 가슴, 목구멍, 입으로 목소리와 노래를 빚어낼 때는 기명악기가 된다.

수십만 년 동안 선조들은 세상의 소리를 듣고 그것을 음악으로 해석했다. 그 기간의 전부는 아닐지언정 상당히 많은 시간 동안 그들은 그 소리에 동참하려 했다. 두드리면 종 같은 소리가 나는 돌, 새의 뼈로 만든 피리, 소라 껍데기로 만든 트럼펫 등 첫 악기를 발견하고 개발하는 동안에는 분명 놀라움과 즐거움이 그들과 함께했을 것이다. 이런 악기들은 인간의 능력을 확장해주었을 뿐만 아니라 비인간 세상, 혹은 인간 이상의 세상으로부터 목소리와 노래를 불러들였던 것으로 보인다. 오늘날 개발되고 있는 기이한 악기를 통해서 우리는 계시, 환호, 위로, 분노, 당혹 등 선조들이 느꼈던 것과 동일한 감정을 경험하고 있다. 그리고 가장 오래된 악기들이 가장 최근에 만들어진 악기들과 나란히 함께 살아남는 것으로 보아 어쩌면 우리 후손들도 오랜 것과 새로운 것 모두를 경탄하며 즐기게 될 것이다.

슬픈 노래

슬픔을 표현하는 소리나 몸짓이 인간만의 것은 아니다. 코끼리는 무리 중 한 개체가 죽어갈 때 고통스러움을 목소리로 표현하고, 사랑하는 코끼리가 죽으면 몇 시간이고 그 곁을 지키면서 조용하고 느리게 움직이고 가끔 코로 부드럽게 사체를 어루만지기도 한다. 늑대는 죽은 동료를 위해 하울링을 한다. 늑대들의 평소 행동을 잘 알고 있는 사람들은 이를 두고 가슴을 미어지게 하는 혼이 담긴 소리라 묘사한다. 우리 선조들은 수십만 년에 걸쳐 사람이 아닌 동물에게서 이런 행동을 관찰하고, 그로부터 영향을 받았을 것이다. 그리고 털 없이 두 발로 걷는 인간이 자신의 목소리를 능수능란하게 사용할 수 있게 됨에 따라 노래는 사랑과 기쁨만이 아니라 고통과 상실을 표현하고 함께 나누는 일에서도 중요한 역할을 맡았을 것이다.

초기 인류의 슬픈 노래가 어떤 소리였을지, 그리고 기나긴 시간을 지나는 동안 어떤 변화를 거쳤을지 상상해볼 수는 있겠지만 기록으로 남아 있는 직접적인 증거는 대단히 빈약하다. 성서의 '시편'을 예로 들어보자. 히브리어로 된 이 성스러운 노래는 기원전 9세기에서 5세기 사이에 집대성됐지만 그보다 이른 시기의 가나안과 이집트, 그리고 다른 곳의 소스를 바탕으로 나온 내용이다. '찬송가'는 히브리어로 mizmor이다. 이것은 '노래 불린 것'을 의미한다. 반면 우리에게 전해진 150편의 모음집은 '찬양'을 의미하는 'Tehillim'으로 알려져 있다. 이것은 대부분 찬송가지만 그중 상당수는 고통과 절망을 생생하게 표현한 비가(悲歌)다. 시편 69편은 이렇게 쓰여 있다. "제가 깊은 수렁에 빠져 설 곳이 없나이다. 저는 물 깊은 곳에 들어 물살에 떠내려가며 / 부르짖음으로 지치고 목이 쉬었나이다." 이런 말들이 후대에 강한 울림과 영감을 주어 근래에도 뛰어나게 아름다운 음악을 탄생시켰다. 하지만 이들의 원래 소리가 어땠는지 보여주는 힌트도 캔틸레이션의 전통 속에 살아남았다. 캔틸레이션은 선율과 암송의 중간에 해당하는 목소리를 내는 것으로, 글로 된 문서에 악센트(ta'amim) 혹은 발음 구별 기호로 표기되어 있다.

고대 그리스의 모습도 엿볼 수 있다. 그 사례 중 하나가 기원전 408년에 처음 공연이 이루어진 에우리피데스의 비극 『오레스테스』에 나오는 합창의 일부다. 가사는 다음과 같다. "당신의 죽음이 비통합니다. 너무도 비통합니다. 필멸의 인간에게 번영은 결코 영원하지 않으니. 높은 곳의 영혼이 그 번영을 빠른 배의 돛처럼 산산이 부수어 바다의 폭풍우처럼 치명적인 슬픔의 파도 속으로 내던집니다." 문헌에 남겨진 표시는 가수에게 오늘날의 B♭에 해당하는 음으로 시작해서, 한 미분음 내려간 다음 제자리음 A로 이어가라고 말하고 있다. 한편 '아울로스'라는 더블 리드 피리를 위한 저음 지속음은 G다. 그 리듬은 현대의 발칸 민속음악과 비슷하게 복잡하고 긴박하며, 아마도 미분음 슬라이드는 〈The Lament from Epirus〉에서 알렉시스 줌바스가 녹음한 애절한 소리(아마도 Ξενιτιά 혹은 xenitia, 즉 파국적인 상실의 느낌을 표현하고 있는 듯하다)의 조상일 것이다.

이 곡은 듣기만 해도 구슬픈 음악이라고 바로 알아차릴 수 있다. 우리가 요즘에 듣는 수많은 음악에서 슬픔으로 경험되는 특성을 공유하고 있기 때문이다. 가장 두드러지는 부분은 한숨과 비슷한 소리가 나는 음이다. 이 음은 사람이 울거나 흐느끼는 목소리를 닮았다. 이것은 셰익스피어 『십이야』의 오르시노 공작이 소중하게 여겼던 '죽음의 낙하'로, 서구 클래식 음악에서는 앞꾸밈음, 중부 및 동부 유럽 아시케나지 유대인들의 전통악기 음악인 클레즈머에서는 크렉츠, 즉 흐느낌으로 알려져 있다. 이 소리는 토마소 알비노니의

〈아다지오 G단조〉(영국 장례식에서 제일 많이 사용되는 곡으로 몬티 파이튼의 〈Always Look on the Bright Side of Life〉를 근소한 차이로 따돌렸다), 더 스미스의 〈Heaven Knows I'm Miserable Now〉, 아델의 〈Easy on Me〉에서 들어볼 수 있다.

그리고 다음으로는 음이 연속적으로 이어지며 아래로 처지는 윤곽을 그리는 특성이 있다. 이것은 비탄과 슬픔이 몸을 아래로 끌어내려 활력을 떨어뜨리는 느낌을 음악으로 표현하는 것이다. 이런 특성 역시 서구 음악에 국한되지 않고 널리 퍼져 있다. 파푸아뉴기니의 칼루리족 사이에서 가장 정제되고, 사색적이고, 아름다운 존재로 여겨지는 일종의 수행적인 음악의 울음소리인 사-얄랍은 네 개의 하행 음조로 된 선율의 윤곽을 따른다. D-C-A-G의 경우처럼 처음에 나오는 두 음은 장2도 떨어져 있고, 그다음은 단3도 아래이고, 마지막은 장2도 아래다. 민족음악학자 스티븐 펠드가 보고한 바에 따르면 칼루리족은 이 패턴이 과일비둘기의 울음소리에서 유래했다고 말한다

『오레스테스』의 음악에 등장하는 세 번째 특성이자 좀 더 최근에 서구의 여러 슬픈 음악에서도 발견되는 특성은 단음정이다. 이 경우에는 두 음 사이의 공간을 좁힘으로써 어둡거나 멜랑콜리한 느낌을 만들어낸다. (『오레스테스』에서는 이것이 B♭과 G 사이의 단3도다.) 유럽 전통에서 가장 감동적인 비가 작품 중에는 앞꾸밈음과 하행 음 진행을 활용하는 것에 더해서 전적으로, 혹은 거의 전적으로 단조로 쓰인 작품이 많다. 예를 들어 A단조로 작곡된 클라우디오 몬테베르디의 〈님프의 슬픔〉을 보면 A-G-F-E로 이루어진 하행 4도에서 이어지는 단일 베이스 라인이 소프라노와 동반 악기에서 죽음의 추락을 보강해준다. G단조인 〈디도의 탄식〉에서 헨리 퍼셀은 목소리와 현악기 모두로 연주되는 긴앞꾸밈음과 하행

악구를 이용해서 5마디의 기초 저음과 9마디의 노래 멜로디를 나란히 놓는다. 마찬가지로 G단조인 바흐의 〈요한 수난곡〉 오프닝 합창은 바이올린이 3화음의 다른 음을 중심으로 16분 음표를 엮어내는 가운데 으뜸음에서 진동하는 베이스 악기와 함께 시작한다. 그 위로 처음에는 다른 사람이 내는 D와 대비해서 E♭, G와 대비해서 F♯, G와 대비해서 A♭, D와 대비해서 E♭, 제자리음 A와 대비해서 B♭의 순서로 단2도 계류음이 오보에로 날카롭게 연주된다. 그 과정에서 긴장과 슬픔이 엄청난 강도로 고조된다.

그럼에도 불구하고 서구 전통에서 단음계와 슬픔 사이의 상관관계가 고정된 것은 아니다. 어빙 벌린의 〈Puttin on the Ritz〉, 비틀스의 〈Golden Slumbers〉 그리고 장조와 단조의 상호작용으로 다양한 기분을 만들어내는 수많은 다른 노래들을 생각해보라. 서구 밖에서는 우리 귀에 들리는 '단조'의 느낌이 적용되는 곳이 드물다. 아랍 음악에서는 달콤하게 멜랑콜리한 기분을 표현하고 싶을 때 유럽인들이 장3도와 단3도라 부르는 것의 중간 4분의 1 음에 해당하는 잘잘(zalzal)을 즐겨 사용한다. 그리고 북인도 라가(Raga)에서는 서구에서 '단조'로 들릴 반음 낮춘 3도가 작가 아미트 차우두리가 말하는 '사색적' 분위기를 자아낸다.

이 글을 읽고 있는 다수의 사람들이 슬픈 음악으로 체험하게 될 것들을 형성하는 데는 다른 전통들의 역할도 있었다. 서아프리카에서 미국으로 흑인 노예들이 가지고 온 부름과 응답의 노래(아마도 이슬람이 부르는 노래 기도문에서 영향을 받았을 것이다)가 특히나 큰 영향을 미쳤다. 미국에서 노동요, 영가 등이 유럽의 찬송가 및 민요와 만나면서 반음 낮춘 5도 같은 단조음을 특징으로 하는 가스펠, 재즈, 블루스 등이 등장했다. 여기서부터 1963년에 KKK단의 교회 폭발

테러에서 사망한 네 명의 어린 소녀를 위한 비가인 존
콜트레인의 〈Alabama〉 같은 작품이 나왔다.

노예제 폐지론자 프레더릭 더글러스는 1820년대에
메릴랜드에서 노예로 보냈던 어린 시절을 떠올리면서 뿌리가
되어준 음악에 대해 직접 경험했던 이야기를 들려준다.
노예들은 매달 품삯을 받기 위해 숲을 지나 저택으로
걸어가면서 노래를 불렀다.

**모든 노래는 노예제도에 반대하는 증언이자, 이 사슬로부터
구원해달라고 신에게 비는 기도였다. 그 거친 선율을 들을 때마다
내 영혼은 항상 우울해져 형용할 수 없는 슬픔으로 가득했다.
나는 노래를 듣다가 눈물을 흘리는 때도 많았다. 지금도 그 노래를
떠올리면 고통스럽다. 이 글을 쓰는 동안에도 이미 내 감정이 뺨을
따라 흘러내리고 있다.**

더글러스에 따르면 노예들이 '시간이나 곡조에 전혀
구애받지 않고' 걸어가며 작곡한 이 노래들은 '높디높은 기쁨과
깊디깊은 슬픔'을 모두 드러냈다. 그가 적은 글을 보면 노예들은
"가장 비참한 정서를 가장 황홀한 어조로, 가장 황홀한 정서를
가장 비참한 어조로 노래했다". 여기 핵심적인 부분이 있다.
노래는 슬픈 것이든 슬프지 않은 것이든 아무리 단순한 것이든,
하나 이상의 감정을 표현하거나 담을 수 있다는 사실이다.
이 경우에는 노예로 살아가며 느끼는 고단함과 숲에서
살아 있는 즐거움, 거기에 더해 더글러스는 속박된 이들을
해방하겠다는 새로운 분노와 결의를 함께 표현하고 있다.

노래는 항상 보다 큰 무언가의 일부다. 아주 단순한
음악이라도 청자에게 깊은 영향을 줄 수 있다. 좋은 사례로
지금까지 알려진 완전한 악곡 중 세상에서 가장 오래된

것이 있다. 2,000년 전 아나톨리아의 에페수스 근처 묘비에 그리스어로 새겨진 이 노래의 가사는 다음과 같다.

살아 있을 때 빛나라.
조금도 슬퍼하지 마라.
삶은 너무도 짧은 것이어서
시간이 자신의 권리를 요구할 테니.

설정된 음표와 리듬은 각각의 단어 위에 표지와 기호로 적혀 있다. 그래서 이 곡은 간단하게 재현이 가능하다. 거기서 나온 음악은 춤을 출 수 있을 듯이 밝은 멜로디다. 이것은 누구라도 금방 배우고 오래 기억할 수 있는 노래다. 따라서 이 묘비는 상실의 표지이면서 동시에 시간의 경계 안에서 느끼는 기쁨, 일종의 밝은 슬픔에 대한 부름이기도 하다. 닉 케이브가 너바나, 니나 시몬, 그리고 그가 사랑하는 다른 음악가들에 대해 한 이야기가 여기에 그대로 해당된다. "우리가 실제로 귀 기울여 듣는 대상은 인간의 한계, 그것을 초월하려는 대담함이다."

음악은 작곡되는 순간과 누군가에게 들리는 순간 사이의 시간적 간극을 뛰어넘을 수 있다. 노래의 본질에 대한 명상에서 작가 존 버거는 노래에는 온전히 그들만의 차원이 존재한다고 했다. "노래는 현재를 채우는 동안에도 미래의 어느 곳에서 자신에게 귀 기울이는 이에게 닿기를 소망한다." 더 나아가 "박자, 리듬, 루프, 반복이 선형적인 시간의 흐름을 피할 수 있는 피신처를 만들어낸다. 이것은 미래, 현재, 과거가 서로를 위로하고, 도발하고, 비꼬고, 영감을 부여할 수 있는 보금자리다." 시인 안나 카미엔스카에게는 마치 시간이 강렬해지고, 새로 되살아나고, 충전되는 것처럼 느껴진다.

테드 휴스가 글쓰기는 삶의 현실을 더 온전하게 소유하기 위한 노력이라 말한 적이 있다. 노래도 그런 방법이 될 수 있다. 슬픈 노래는 창조자, 공연자, 청자가 상대적으로 안전한 맥락 안에서 힘든 감정을 견디고 공유할 수 있게 도와준다. 알로 파크스는 〈Hope〉라는 노래에서 "당신은 혼자가 아니에요"라고 노래하며 자기 세대의 많은 사람에게 오랜 진리를 표현했다. 위안이란 '위로가 되는 것'이라는 의미를 가진 그 어원에서 드러나듯 함께 있는 데서 오는 안락함이라는 진리다. 노래와 음악은 전반적으로 복잡하게 변화하는 감정을 표현하는 능력도 가지고 있기 때문에 노래를 부르는 사람이나 듣는 사람으로 하여금 변화의 가능성에 마음을 열게 할 수 있다.

물론 상황에 따라서는 슬픈 노래가 고통을 덜어주지 못하고 그저 고통을 반영하는 데서 그치기도 한다. 최근 연구에서는 왜 슬픈 음악을 즐기는 사람이 그리도 많은가라는 오랜 질문을 파고들었다. 거기서 심리학자 데이비드 휴론과 조나 부오스코스키는 그런 사람들이 공감적 관심(두 사람은 이것을 연민이라 명명했다)과 상상 흡수력(판타지) 측정에서 높은 점수를 받는다는 사실을 발견했다. 하지만 개인적 고통의 수준이 높을 때는 슬픈 음악을 즐기는 것이 거의 불가능해진다. 예술 비평가 필립 케니컷은 어머니가 돌아가신 후에 이렇게 적었다. "음악은 오히려 우리를 날것으로 만들어 고통, 향수, 기억에 더욱 취약해지게 한다." 사별이나 깊은 우울을 겪었거나 지켜보았던 사람에게는 그와 비슷한 경험이 익숙할 것이다. 작가 겸 팟캐스터 데이비드 캘리슨은 "슬픔이 코감기와 비슷하다면, 우울은 암과 비슷합니다"라고 말했다. 완전한 비참함에 빠진 사람에게는 어떤 음악도 위로가 되지 못할 때가 있다. 그들에게는 고통만이 유일한 현실이다.

부모가 모두 살해당하는 등 잔혹했던 제2차 세계대전을

겪고 난 이후 시인 파울 첼란은 오직 언어만이 그 모든 상실 속에서도 손에 닿을 수 있는 가깝고도 안전한 존재로 남아 있었다고 적었다. 1945년에 발표한 그의 시 「죽음의 푸가」에서 포로수용소 사령관이 "죽음을 더 달콤하게 연주하라. 죽음은 독일에서 온 주인이다. / 바이올린을 더 어둡게 켜라. 그럼 너희는 연기가 되어 허공으로 떠오를 것이다"라고 했을 때는 음악 그 자체가 죽음에게 잡아먹히는 것 같았다. 하지만 음악은 반항도 표현할 수 있고, 때로는 재앙 앞에서도 견뎌낸다. 전쟁 포로 수용소에서 〈세상의 종말을 위한 사중주〉를 작곡한 올리비에 메시앙은 이렇게 적었다. "기쁨은 슬픔을 뛰어넘고, 아름다움은 공포를 뛰어넘는다." 그리고 「한밤의 인간애」라는 에세이에서 철학자 세라 파인은 엘리 위젤이 글리비체의 아우슈비츠 수용소 서브캠프에서 줄리크라는 바이올린 연주자를 만났던 이야기를 적었다. 위젤이 전쟁이 나기 전 바르샤바에서 보았던 기억이 있는 바이올린 연주자였다. 그날 밤 '죽은 자들이 산 자들 위에 쌓여 있는 어두운 막사에서' 위젤은 줄리크가 베토벤 바이올린 협주곡의 일부를 연주하는 소리를 들었다. 그는 이렇게 적었다. "전에는 그렇게 아름다운 소리를 한 번도 들어본 적이 없었다. …… 마치 줄리크의 영혼이 그의 활이 된 것 같았다. …… 그날 밤 그는 죽었다."

나는 전쟁이 끝나고 불과 14년 후인 1959년에 야샤 하이페츠가 샤를 뮌슈의 지휘 아래 보스턴 심포니 오케스트라와 함께 녹음한 베토벤 바이올린 협주곡을 들을 때마다 이것이 생각난다. 바이올린 소리는 사람의 목소리와 정말 비슷한 소리를 낼 수 있고, 하이페츠는 바이올린 소리를 노래로 만드는 탁월한 재주를 가지고 있다. 나는 론도에 담긴 낙천성과 유쾌함을 항상 사랑해왔다. 특히 두 번째 테마에서 솔로 바이올린이 먼저 D장조에서 G단조로 잠깐 빠져나갔다가 그다음엔 오케스트라의 바순 및 다른 악기들과 대화를 나누다가 다시 망각 속으로 빠져드는 미스터리한 느낌을 좋아한다.

1980년대 초에 의사 겸 수필가인 루이스 토머스는 말러 〈교향곡 제9번〉을 들을 때 더 이상은 그전처럼 멜랑콜리와 쾌감이 뒤섞인 기분을 느낄 수 없다고 한탄했다. 대신 그는 '모든 곳에 죽음이 있고, 모든 것이 죽어가고 있고, 인류가 종말을 맞이한다는 거대한 새로운 생각이 문을 부술 듯 침입해 들어오는 소리'만 들을 수 있었다. 당시는 미국과 소련이 핵무기를 업그레이드하며 언제라도 핵미사일을 날릴 준비가 되어 있던 냉전의 긴장감이 팽팽하던 시기였다. 텔레비전 진행자들은 어떤 교전이 벌어져도 사망자 수를 수천만 명 수준으로 제한할 가능성이 있는지 이야기하고 있었다. 토머스에게는 한때 가장 사랑하던 음악 작품 중 하나였던 것이 이제는 '모든 미사일 해치가 한꺼번에 열리면서 핵미사일이 점화하기 직전에 나는 소리'처럼 들렸다. 당시 일흔 살쯤이었던 그의 나이가 열예닐곱 살이었다면 듣기와 읽기를 포기하고 싶어졌을 것이라 했다. "나는 기존에 들어보았던 어떤 음악과도 다른 새로운 종류의 소리를 생각하기 시작했을 것이다. 내 머릿속에서 인간의 언어를 지우기 위해 몸부림치고 있었을 것이다."

우리가 대규모 핵 교전을 피할 수 있었던 것은 순전히 행운이었다. 그중에는 스타니슬라프 페트로프라는 이름의 소련 공군 장교의 신속한 판단도 포함되어 있었다. 지금은 이런 재앙이 발생할 가능성이 희박해졌다(적어도 러시아의 우크라이나 침공 직전까지는 그래 보였다). 하지만 단기적으로는 문명이 제공하는 그 모든 혜택에도 불구하고 과연 우리 문명이 덜 불안정해졌는지는 의문이다. 기후변화, 그리고 인간의 활동이 인간을 제외한 살아 있는 세계에 가하는 막대한 손상이 점점 더 큰 문제로 다가오고 있다. 그리고 모퉁이를 돌면 희망을 가져다주는 상황도 있겠지만 더 안 좋은 상황이 벌어질 수도 있다. 체스와프 미워시는 이렇게 적었다. "어쩌면 우리는 지구 문명에 대해서는 아무 말도 하지 않게 될지도 모른다. 그것이 무엇인지 아무도 아는 사람이 없기 때문이다."

루이스 토머스가 말러 〈교향곡 제9번〉을 들으며 한밤의 생각을 글로 적고 있었을 때 나는 열예닐곱 살에서 그리 멀지 않은 나이였다. 당시 나는 새로운 소리는 전혀 생각해내지 못했지만, 오래된 소리들을 소중히 여겼을 뿐만 아니라 항상 새로운 소리를 찾아다니고 있었다. 내게는 자갈이 깔린 해변에서 나는 바다의 목소리보다 좋은 소리는 없었다. 어찌 보면 모차르트 〈피아노 협주곡 23번〉 아다지오는 그 간결함과 절제 속에서 슬픔, 아름다움에 대해 아무런 말 없이도 6, 7분 만에 해야 할 말은 거의 다 하고 있는 것 같다. 살아 있을 때 빛나라.

슬픈 노래

바쇼

눈물이 물에 떨어질 때는 대체 어떤 소리가 날까? 시인 앨리스 오즈월드는 그 소리를 상상할 수 있다면 17세기 시인 로버트 헤릭의 진정한 음에 귀를 기울이고 있는 것이라 말한다. 헤릭과 동시대 인물인 마쓰오 바쇼에 대해서도 비슷한 말을 할 수 있다. 하이쿠는 불과 열일곱 개의 음절로 이루어진 짧은 시를 말한다. 바쇼의 하이쿠는 살아 있는 세계에서 일어나는 현상에 대해 긴밀하게 관찰한 내용을 연기한다. 이런 하이쿠 중 가장 훌륭한 것들은 소리, 혹은 소리의 부재에 의존하는 것이 많다.

일본의 무더운 여름 한낮은 시끄러운 매미 소음으로 가득하다. 이 소리가 바쇼의 몇몇 하이쿠에 등장한다. 최근 과학자들은 106에서 120데시벨 정도 되는 매미 소리가 모든 곤충들의 소리 중 가장 시끄러운 축에 속한다는 것을 발견했다. 바쇼는 매미의 노래에 표현되는 놀라운 생명력에 감탄했다. 그는 그 소리가 고요 속에서 "바위를 뚫고 들어간다"고 적었다. 또한 이들의 소리가 얼마나 덧없는지에 대해서도 가벼운 재치로 반추한다. 매미의 수명은 길지 않다. 하지만 그들의 울음소리만 들어서는 "그 사실을 절대로 몰랐을 것이다". 그는 껍질만 남은 죽은 매미를 집어 들며 "몸이 다 사라지도록 노래를 불렀구나"라며 놀라워했다.

필립 라킨에 따르면 "제일 쓰기 어려운 시는 복잡하지 않으면서도 날카로운 경험을 표현하는 시다. 이런 생생한 감정이 천천히 스며들게 할 수는 없다. 맞히든 못 맞히든 단 한 발만 써야 한다." 바쇼는 거듭해서 이 일을 해낸다. 하지만 하이쿠는 길이가 너무 짧기 때문에 독자나 청자는 내용의 본질이나 중요성을 뒤따라오는 침묵 속에서만 온전히 성찰해볼 수 있다. 앨리스 오즈월드가 시 전반에 대해 했던 말이 이 경우에 특별히 잘 들어맞는다. "시가 항상 단어 속에만 존재하는 것은 아니다. 단어가 사라지면서 당신의 내면에 남긴 흔적으로 존재할 때도 있다." 바쇼의 '소리 하이쿠'에서는 시가 끝난 다음에도 상상 속의 소리가 계속 반향을 일으킨다. 그래서 들판 한가운데서 들려오는 종달새의 노랫소리, 혹은 시골에서 모내기를 하며 부르는 노래가 '예술의 시작'이 된다. 그리고 종이 없는 한 마을을 지나며 시인은 수사적으로 "이 사람들은 어떻게 살지?"라고 묻고는 "봄의 황혼" 속으로 나아간다.

일본 전통에서는 모노노아와레(物の哀れ), 즉 덧없는 것의 아름다움에 대한 사랑을 와비(侘び: 꾸밈없는 소박한 아름다움), 사비(寂び: 경험과 통찰로 무르익은, 평온, 깊은 고독이라는 뜻을 담고 있는 단어)와 함께 소중히 여긴다. 바쇼는 이런 전통을 배경으로 성장했으며, 그의 소리 하이쿠는 그 본질을 표현하고 있다. 그는 묻는다. 오, 거미여, 가을바람에 무슨 목소리를 내고, 무슨 노래를 하느냐? 하나의 색밖에 없는 세계, 겨울의 고독 속에는 '바람의 소리'밖에 없으니.

하지만 바쇼는 가루미(かるみ), 일종의 유쾌한 가벼움도 소중히 여겼다. 이것은 그가 스물세 살밖에 안 되었던 때 쓴 하이쿠에서 분명하게 드러난다. 이 하이쿠에서는 봄바람이 불 때 벚꽃 사이에서 웃음이 터져 나온다. 나이가 들면서 바쇼의 가루미는 질적으로 더 발전해 자아라는 한계와 환상을 향한 온화함과 유머 감각이 섞인 역설을 포함하게 된다. 다른 곳도 아닌 교토에서 뻐꾸기의 울음소리를 듣고서 그는 이렇게 적는다. "나는 교토가 그립다."

바쇼는 평생 가루미를 향해 자신의 작품을 계속해서 갈고닦았다. 말년에 학생들과의 대화에서 그는 이렇게 말했다.

이제 내 생각에 시의 형식이라는 것은 시의 본문과 마음의 연결 모두를 가볍게 하고 모래 위를 흐르는 얕은 개울물 속을 들여다보는 것과 같습니다.

이를 한 세기 반 후에 헨리 데이비드 소로가 쓴 글과 비교해보자.

시간은 내가 낚시하러 가는 시냇물일 뿐이다.
나는 그곳에서 물을 마시지만 물을 마시는 동안 개울 모래
바닥을 보며 그 물이 얼마나 얕은지 깨닫는다.
물은 얕게 흘러 사라지지만 영원함은 남아 있다.

이런 가벼운 터치를 통해 바쇼는 우리가 더 큰 실재를 이해할 수 있는 상태의 단편을 표현하고 제공한다. 그리고 여기에는 에나르게이아와 비슷한 것이 있다. 에나르게이아는 '참을 수 없는 밝은 실재'를 향해 돌출하는 명료함을 의미하는 고대 그리스어다. 그리하여 바쇼의 하이쿠는 짧은 두 줄의 문장 사이의 공간에서 노란 장미꽃 잎에서 천둥으로 움직일 수 있고, 그 천둥소리는 결국 폭포로 밝혀진다. 절의 종소리는 멈추었지만 그는 이렇게 말한다. "하지만 나는 꽃에서 나오는 그 소리가 아직도 들린다."

바쇼의 가장 유명한 하이쿠 중 하나는 소리가 그 핵심이다. 여기 소개하는 번역문은 수십 편의 번역문 중 로버트 하스의 것이다.[41]

古池や
蛙飛び込む
水の音

---

41 여기에는 일본어 원문과 영어 번역문, 우리말 번역문을 다 싣는다.

The old pond
a frog jumps in,
sound of water

오래된 연못
개구리 한 마리 뛰어든다.
물소리

시는 매우 단순하지만 바쇼가 사망하고 수백 년이 지난 지금도 여전히 놀라운 방식으로 사람들의 마음에 계속해서 공명을 일으키고 있다. 여기 한 가지를 소개한다. 천문학자들은 태양과 지구를 비롯한 그 주변의 행성들이 한 사건에서 기원했을지도 모르다고 제안했다. 그 사건에서 우리은하는 연못과 비슷했고, 그 곁을 지나던 작은 은하는 개구리였다. 카나리아제도 천체물리학 연구소의 토마스 루이즈라라는 이렇게 설명한다. "우리은하는 차분한 평형 상태에 있었습니다. 그런데 어느 순간 궁수자리 작은 은하가 연못에 던져 넣은 돌멩이처럼 그 곁을 지나갑니다. 이것이 우리은하의 밀도에 잔물결을 만들어내면서 일부 영역의 농도가 더 높아져 그곳에서 항성이 형성되기 시작했죠."

개구리와 연못에 관한 17세기의 시를 항성의 형성에 대한 최근의 발견과 비교하는 것이 좀 억지스러워 보일 수도 있다. 그래서 이런 비교는 집어치우자 싶었던 참에 제정신으로 이와 비슷한 생각을 했던 사람이 적어도 한 명은 있었다는 사실을 알게 됐다. 여기 시인 미셸 라라의 『바쇼의 개구리에 관하여』를 소개한다.

연못의 고요함
개구리가 뛰어든다.
우주의 잔물결

바쇼

보이는 소리

1912년에 쇼맨이자 자칭 '자연의 가수' 찰스 켈로그가
새로운 공연으로 세상을 놀라게 했다. 켈로그는 이미 새의
울음소리를 기이할 정도로 정확하게 흉내 내고, 야생 곰들을
불러 모아 조용히 앉혀놓고 노래를 불러줄 수 있는 능력으로
캘리포니아와 그 너머에서 유명세를 타고 있었다. 그는 선구적
환경운동가 존 뮤어와 친구 사이였으며, 내시 쿼드 트럭의 차대
위에 삼나무의 일종인 자이언트 레드우드의 몸통을 올려 만든
트럭을 타고 캘리포니아를 여기저기 누비고 다녔다. 하지만 더
놀라운 것은 따로 있었다. 켈로그는 자신의 목소리만으로도
무대 반대편 긴 유리관 속에서 타오르는 가스 불꽃을 까딱이며
춤을 추게 만들 수 있었고, 소리굽쇠를 바이올린 활로 켜서
불을 끌 수도 있었다.

이런 식으로 불꽃을 끄는 것이 켈로그의 공연에서
일상으로 자리 잡았다. 그리고 이것이 제너럴 일렉트릭
과학자들의 관심을 끌게 됐다. 이들은 1920년대에 사기를
밝혀내거나, 자기네 라디오의 소리 재생 품질을 입증할 수
있는 한 가지 실험을 구상했다. 켈로그는 오클랜드의 한 라디오
방송국에 앉아 있었고, 같은 시간에 친구가 64킬로미터 떨어진
새너제이에 있는 한 라디오 수신기 앞에 놓인 가스버너에
불을 붙였다. 그리고 켈로그가 방송을 시작하자마자 높이가
60센티미터가 넘는 가스버너의 불꽃이 꺼지는 것을 놀라움
속에 지켜보았다. 몇 달 후에 켈로그는 제너럴 일렉트릭의
과학자들 못지않게 회의적이었던 과학자들을 위해 버클리에서
실험을 반복했다. 이번에는 라이브 라디오 방송을 듣고 있던
수백 명의 시청자들이 집에서 라디오 앞에 켜놓은 촛불과
성냥을 켈로그가 소리로 껐다는 편지를 방송사로 보내왔다.

놀라운 이야기였지만 켈로그의 공연은 소리의 파동을
만들어 그 영향을 가시화하는 일련의 오랜 실험들 중에서

가장 최근에 이루어진 실험일 뿐이었다. 1858년 물리학자 존 르콩트는 불꽃이 음악 박자에 맞추어 맥동하고 첼로의 떨리는 소리에 반응해서 깜박이는 모습을 관찰한 바 있었다. 그의 보고서가 존 틴들의 관심을 끌었고, 결국 헤르만 폰 헬름홀츠 등의 사람들과 함께 틴들은 소리가 본질적으로 압력파임을 이해할 수 있는 현대적 토대를 마련했다.

그보다 훨씬 앞서서 1800년 즈음에는 물리학자 겸 음악가 언스트 클라드니가 소리로 형태를 만드는 놀라운 방법을 개발했다. 편평한 금속 면을 중앙 기둥 위에 장착하고 그 위에 고운 모래 같은 입자 물질을 뿌린다. 그리고 바이올린 활로 금속판의 가장자리를 켜주면 매듭 모양, 나비 날개 모양, 불가사리 다리나 햇살같이 방사상으로 뻗어나가는 팔 모양 등의 패턴이 만들어지기 시작한다. 이는 마술처럼 보이지만 간단하게 설명할 방법이 있다. 금속판의 다양한 영역들이 서로 반대 방향으로 진동을 하고 있는데, 그 진동이 만나는 곳에서는 진동이 없는 선이 만들어진다. 그럼 배(Antinode)라고 하는 진동 영역에서 튕겨 나온 모래들이 마디(Node)라고 하는 진동 없는 이 선을 따라 모인다. 이 클라드니 효과는 요즘에도 사람들을 매료하고 있다. 작곡가 나이절 스탠퍼드가 만든 동영상 '사이매틱스'를 시청한 사람이 수백만 명이 넘는다. 이 동영상은 물, 기름, 기타 물질들이 전자음악과 드럼 박자에 반응해서 이상한 형태를 만들어내는 모습을 보여준다. 그리고 이것을 실제로 응용한 경우도 있다. 바이올린 제작자들은 악기 몸통의 앞판, 뒤판 모양을 잡을 때 클라드니의 도형을 참고한다. 그럼 패턴의 대칭성이 훨씬 좋아져서 한결 풍부한 음색이 나온다.

소리로 물건을 깨뜨릴 수도 있다. 소프라노 가수가 소리로 와인 잔을 깨뜨리는 쇼는 속임수가 아니다. 유리잔은 형태에 따라 고유한 공명 주파수가 있다. 잔을 살짝 두드렸을 때 울리는 소리의 주파수가 바로 공명 주파수다. 가수가 정확히 이 주파수에서 충분히 큰 소리로 노래를 부르면 유리잔이 점점 더 크게 진동하며 흔들리고 틀어지다가 결국 박살이 난다.

극단적으로 큰 소리라면 공명 없이도 큰 손상을 입힐 수 있다. 제트엔진 근처에서 나는 소리 강도인 150데시벨 이상에서는 사람의 고막이 터질 수 있고, 185데시벨 위에서는 공기 색전증이 일어날 수 있으며, 이 공기 방울이 심장으로 가면 사람이 죽을 수도 있다. 이런 강도의 소음은 물리적 무기로 사용될 잠재력을 갖고 있다. 하지만 지금까지 군에서는 보통 물리적인 방식보다는 소리를 이용해 심리적으로 표적을 무너뜨리는 방법을 선호하고 있다. 일반적으로 직접적인 물리적 손상을 가하지 않는 범위 안에서 표적이 싫어하는 음악 등 불쾌한 소음을 반복적으로 표적에 쏘아주는 방법을 사용한다. 폭격을 받을 때 가장 견디기 힘든 것 중 하나가 바로 엄청난 소음이다. 2022년 3월에 우크라이나 하르키우의 포격을 피해 도망쳐 온 한 피난민은 폴란드 국경에서 자원봉사자로 활동 중이던 샬럿 마스덴에게 이렇게 말했다. "포격이 끝도 없이 이어집니다. 제대로 생각할 수가 없어요. 공포가 엄습합니다……." 또 다른 피난민도 이 점을 확인해주었다. 러시아 군대는 물리적인 타격뿐만 아니라 하르키우의 거주자 나탈리야 주바르가 데이비드 패트리카라코스 기자에게 '음향 테러'라고 묘사한 것도 사용하려 들었다. 그 바람에 사람들은 천둥처럼 가차 없이 쏟아지는 포격 소리 때문에 어쩔 수 없이 피난길에 올라야 했다. 하지만 아주 큰 소음이 아니라도 심리적 타격을 입힐 수 있다. 잔혹 행위와 정신적 외상을 보여주는 동영상의 사운드트랙도 우리 마음에 하나의 이미지로 생생하게 각인될 수 있다고 탐사보도 그룹 벨링캣의

지안카를로 피오렐라는 경고한다.

　　찰스 켈로그는 자신의 불 끄기 방법을 소방에 사용할 수 있을지 모른다는 꿈을 꾸었다. 그래서 미국 도시 전역을 돌며 소방서에서 시연했다. 소방관들은 아무도 설득하지 못했지만 그렇다고 그의 꿈이 사라진 것은 아니었다. 2015년에 세스 로버트슨과 비엣 트란이라는 두 명의 공대생이 베이스 범위에 들어가는 30에서 60헤르츠의 소리로 작은 불을 일관되게 끌 수 있는 음향 장치를 시연했다. 두 사람은 이것을 부엌부터 우주선에 이르기까지 모든 분야에 적용할 수 있을 것이라 제안했다.

　　하지만 소리가 미래에 사람을 해치는 데 사용되든, 치유에 사용되든, 켈로그에게는 주목할 만한 또 다른 이야기가 있다. 재즈 비평가 겸 음악 역사가 테드 지오이아가 전한 이 이야기는 한 편의 우화 같다. 어느 날 뉴욕에서 걷다가 켈로그가 시끄러운 교차로에서 갑자기 멈춰 서더니 함께 가던 사람에게 귀뚜라미 노랫소리가 들린다고 했다. 친구는 차 소리가 이렇게 시끄러운데 그 소리를 듣는 게 어떻게 가능하냐고 반문했다. 하지만 켈로그는 주변을 두리번거리더니 도로를 가로질러 가서 창문 난간에 앉아 있는 작은 귀뚜라미를 가리켰다. 친구는 켈로그의 놀라운 청력을 칭찬하기 시작했지만 켈로그는 그 말에 아무런 대답도 하지 않고 주머니에서 동전 하나를 꺼내서 인도에 떨어뜨렸다. 동전이 바닥에 떨어지는 순간 쨍그랑 소리가 났고, 반경 4미터 안에 있는 모든 사람이 가던 길을 멈추고 동전을 찾기 시작했다. 켈로그가 나중에 설명하기를 사람들은 자기에게 가장 중요한 소리에만 귀를 기울인다나.

283 보이는 소리

플라톤의 동굴

플라톤의 동굴 비유에서 인간은 자신의 감옥 벽에 깜박거리는 현실의 그림자만 볼 수 있다. 원생대(남들은 이때를 1980년대 초라고 부르는가보다)에 케임브리지 대학교의 학생이었던 내가 선택한 동굴은 케임브리지 중심부에 있는 쇼핑 거리 마켓 패시지에 있는 아트 시네마 극장이었다. 그리고 내 꿈속에서 사운드트랙, 즉 마법의 등불로 만들어낸 이 상상의 현실과 함께 울려 퍼지는 메아리는 그림자 자체만큼이나 중요했다.

장 콕토가 1950년에 오르페우스의 신화를 각색해서 만든 영화 〈오르페우스〉에 등장하는 한 장면에 사로잡혔던 것이 기억난다. 그 장면에서 주인공은 자동차 라디오를 통해 수신된 방송에 집착하게 된다. 그 방송은 수수께끼 같은 일련의 단어와 숫자로 이루어져 있었다. 그와 함께 있던 사람들은 어리둥절해졌다. 그중 한 명이 말한다. "내가 보기에는 아무 의미 없는 단어들의 나열 같은데?" 오르페우스는 이렇게 말한다. "아니야, 이 문구들은 내가 쓴 그 어떤 시보다도 많은 의미를 담고 있어. …… 대체 어디서 온 거지? …… 분명 개인적으로 내게 직접 보낸 것이란 확신이 들어."

콕토 감독의 동시대 사람들에게는 이 장면에 등장하는 방송이 익숙하게 느껴졌을 것이다. 그도 인정하듯이 이것은 난수(亂數) 방송에서 영감을 받은 장면이었다. 제2차 세계대전 당시 BBC에서는 방송국을 수단으로 삼아 암호화된 메시지를 프랑스 저항군에게 방송했다. 이것은 프랑스에서만 있었던 일은 아니었다. 아우슈비츠 강제수용소로 끌려가기 전에 이탈리아에서 빨치산과 함께 싸웠던 작가 겸 화학자 프리모 레비는 『주기율표』에서 이렇게 회상하고 있다. "미스터리한 메시지, 모스부호, 변조된 쉭쉭거리는 소리, 이해할 수 없는 언어나 암호로 문장을 발음하는, 뒤틀리고 뭉개진 사람 목소리 …… 죽음의 메시지 …… 전자음악으로 만든 전쟁의 바벨탑."

1회용 암호표로 알려진 장치를 통해서만 해독이 가능한 수열을 방송하는 난수방송의 기원은 사실 제1차 세계대전으로 거슬러 올라간다. 난수방송은 군 통신과 스파이 활동을 위한 채널이라는 명확한 목적이 있었고, 요즘에도 일부 환경에서는 여전히 사용되고 있다. 하지만 외부인에게는 이 방송이 신비로워 보일 수 있고, 〈오르페우스〉에서는 방송에 형이상학적인 의미, 즉 우리가 제대로 이해할 수 없는 메시지를 담은 기계 속 목소리가 잔뜩 담겨 있었다. 그리고 그 바탕에는 라디오 자체에 대한 근본적인 경이로움도 자리 잡고 있었다. 1900년경에 기존에는 결코 극복할 수 없었던 거리를 가로질러 소리를 전달할 수 있는 힘이 생기자 토머스 에디슨과 굴리엘모 마르코니 같은 선구자들은 경외감을 느꼈고, 어쩌면 라디오를 통해 죽은 자와 대화도 할 수 있지 않을까 진지하게 고민도 했다. 1920년대에 이 새로운 기술에 대한 일부 주장 역시 그에 못지않게 공상적이었다. 러시아의 미래학자 벨리미르 흘레브니코프는 미래의 라디오가 모든 인류를 하나로 묶어줄 것이라 선언했다. 지금 생각해보면 아주 따분하고 웃긴 이야기지만 1920년대 최초의 BBC 라디오 방송을 송출한 스튜디오의 표지판에는 이런 문구가 적혀 있었다. "당신이 여기서 재채기를 하거나 종이를 바스락거리면 수천 명의 귀청이 떨어집니다."

1980년대에 케임브리지 아트 시네마에서는 고전 영화뿐만 아니라 신작 영화도 상영했다. 1982년에 상영된 고드프리 레지오의 〈코야니스카시〉는 당시에는 전례 없을 정도로 수준 높았던 저속 촬영술로 고대의 풍경, 그리고 점점 더 광란에 빠져들며 그 풍경을 파괴하고 있는 화석연료 기반의 문명을 보여주며 새로운 지평을 열었다. 하지만 나와 많은 사람들이 느끼기에 그 시퀀스를 하나로 묶어준 존재는 필립 글래스의 음악이었다. 그의 음악은 오르간으로 연주하는 엄숙한 파사칼리아와 영화 제목에 들어 있는, 호피족의 언어로 '균형을 벗어난 생명'이라는 의미의 단어를 노래하는 깊은 저음의 목소리로 시작한다. 이 영화가 등장한 이후로 40년 동안 지구에 살고 있는 비인간 생명체에 대한 파괴는 점점 더 심해졌고, 온실가스 방출도 가속화되어 위험한 기후변화가 현실로 들이닥쳤다. 그러고 보면 이 영화의 메시지는 미래를 내다본 것이었다. 2017년에 브뤼노 라투르는 "우리가 몰랐다고는 할 수 없다. 다만 알면서도 동시에 알지 못하는 여러 방법이 존재할 뿐이다"라고 말했다.

하지만 내게 오래도록 기억에 남은 그 시대의 소리는 다른 영화에서 등장한다. 1979년 소련에서 처음으로 상영되었고, 1980년대 초에는 영국에서 한정 개봉되었던 안드레이 타르코프스키의 〈스토커〉는 자신의 내면 깊숙한 곳에 자리 잡고 있던 소망이 현실로 이루어지는 방이 존재하는 금지된 위험한 존(Zone)으로 떠나는 여정을 다룬 난해한 공상과학 이야기다.

〈스토커〉의 소리 디자인은 영화에 특별한 깊이를 더한다. 영화 초반에는 버려진 철로를 따라 세 명의 주인공이 전동 트롤리를 타고 '존'으로 들어가는 긴 추적 시퀀스가 이어진다. 카메라가 세 사람을 차례로 클로즈업하면서 세 사람이 지나가는 풍경을 흐릿하게 보여주고, 귀가 화면 중심에 오도록 그들의 모습을 대부분 옆이나 뒤에서 잡고 있다. 세 사람 모두 열심히 보고 듣고 있지만 우리 귀에 들리는 것은 철도 위를 달리는 트롤리가 덜컥거리고 삐걱대면서 꾸준히 내고 있는 무심한 소리뿐이다. 화면 위에 펼쳐지는 세상에 대한 표현의 일부로, 배경음악이 아닌 실제 영화에서 일어나는 사건에서 발생한 소리가 점차 그 너머로 뻗어나가는 이상한 전자 소음으로 바뀐다. 어쩌면 우리는 여기서 등장인물, 그리고 우리 자신의 내면의 여정에서 나는 소리의 일부를 듣는 것인지도 모르겠다.

제프 다이어는 이 영화에 대해 이렇게 얘기하고 있다. "이 장면은 상상 가능한 가장 단순한 여정을 나타내고 있지만, 그와 동시에 왠지 이 영화가 약속한 모든 경이로움으로 가득 채워진 장면이기도 하다." 초현실주의 시인 폴 엘뤼아르가 썼다는 문구가 떠오른다. "또 다른 세계가 존재한다. 바로 이 세계다." 영화 속의 소리는 내면의 세계와 외부의 세계를 모두 확장해서 꿈과 환상의 공간을 풍요롭게 만들 수 있다.

플라톤의 동굴

귀벌레

* Earworm. 자꾸 귓전에 맴돌아 좀처럼 떨쳐낼 수 없는 곡.

마치 내 머릿속에서 음악 딸꾹질을 하는 것 같았다. 겪어본 것 중 가장 끈질기게 나를 괴롭혔고 가장 기이했던 귀벌레는 〈무장한 남자〉라는 곡으로 시작됐다. 잘 알려진 작품은 아니지만 《이게 바로 1453년 부르고뉴의 전쟁곡이다》라는 제목의 가상 앨범에서 가장 유명한 곡이 어떤 것일지 상상할 수 있다면 대략 어떤 풍인지 감이 잡힐 것이다. 이 곡은 당시 엄청난 인기를 끌었고 기욤 뒤페, 조스캥 데프레, 크리스토발 데 모랄레스, 조반니 피에를루이지 다 팔레스트리나 등 한 세대 음악계 슈퍼스타들의 작품에 영감을 불어넣었다. 나는 이 대담하고 경쾌한 곡을 좀처럼 머릿속에서 떨쳐낼 수 없었다.

하지만 그것은 시작에 불과했다. 처음 한 시간 동안 고문이 계속되다가 쇼스타코비치의 〈24개의 프렐류드와 푸가〉 중 1번 C장조 피아노 연주 소리가 들려서 깜짝 놀랐다. 이 곡은 슈만의 《어린이 정경》에서 영감을 받아 아동을 위해 작곡한 곡처럼 부드럽게 시작한다. 하지만 얼마 안 가 화성학적으로 야심 차고 감정적으로는 더욱 복잡한 영역으로 전환된다. 〈무장한 남자〉와 달라도 이렇게 다른 작품을 찾기는 어려울 것이다. 하지만 내 머릿속에서 이 두 곡이 때로는 연속적으로, 때로는 동시에 맴돌기 시작했다.

두 시간이 되었을 때는 비틀스의 〈Day Tripper〉 오프닝 리프가 들리기 시작했다. 다행스럽게도 결국에는 비틀스의 노래가 중세 말기의 전쟁 곡과 쇼스타코비치의 피아노 곡을 잠재워주었지만 이때는 이미 질릴 대로 질린 상태였기 때문에 비를 맞으며 장거리달리기를 하러 나갔다. 그리고 그것이 효과가 있는 것 같았다. 그 후로도 다른 귀벌레들을 많이 겪어봤지만 그때처럼 강도 높게 오래간 것은 없었다.

연구에 따르면 무려 98퍼센트에 이르는 사람이 어느 때고 한 번은 귀벌레에 시달리는 것으로 나온다. 이것은 짜증 나기는 하지만 보통 해를 입히지는 않는다. 그 소리를 듣는 사람이 그 소리를 세상에 실제로 존재하는 소리로 경험하지 않고, 이것이 정신질환이나 뇌 손상에 의한 것도 아니라는 점에서 음악적 환각도 아니다. 극단적인 귀벌레에 시달렸던 날 나는 신경학자 겸 작가인 올리버 색스의 책에서 도움을 구했다. 그의 말에 따르면 이것은 투렛 증후군이나 강박 장애에서 일어날 수 있는 불수의적인 움직임, 소리, 단어 등의 반복과는 아무런 관련이 없다고 한다. 『뮤지코필리아』에서 색스는 귀벌레가 반복을 좋아하는 인간의 본성을 악용한다고 했다. 그는 이렇게 적고 있다. "어른이 되어서도 우리는 자극이나 보상이 계속 반복되기를 원한다." 우리는 음악에서 그것을 얻는다. "따라서 때로는 균형이 너무 크게 어긋나서 우리의 음악적 감수성이 취약점이 되더라도 너무 놀랄 필요는 없을 것이다."

귀벌레를 확실하게 퇴치할 방법은 나와 있지 않지만 운동이나 중간 수준의 어려운 과제를 하는 것이 도움이 된다는 공감대는 널리 퍼져 있다. 나처럼 달리기를 하러 가거나, 퍼즐을 풀거나, 소설을 읽어보자. 그래서 어느 날 내 귀에 그룹 퀸의 〈Another One Bites the Dust〉가 반복적으로 들리기 시작했을 때 나는 1933년에 E. B. 화이트가 발표한 코믹 소설 「우루과이의 패권」을 읽었다(이 책은 마크 트웨인의 초기 작품에서 영감을 받았을 수도 있다). 화이트는 이 작은 남미 국가의 군대가 미국의 대중가요에서 강력한 귀벌레를 발견하고 그것을 무기화하는 과정을 그리고 있다. 이들은 무인비행기에 축음기를 장착해서 그 귀벌레를 한껏 볼륨을 높여 틀고 전 세계로 내보낸다. 머지않아 다른 모든 국가의 시민들은 공포에 질려 횡설수설 난장판이 되고 만다. 나는 상황이 그렇게 나쁘지는 않다고 스스로에게 되뇌었다. 〈Another One Bites the Dust〉를 마흔일곱 번째 듣고 있을 때 그래도 프레디 머큐리가 나더러 초조해서 미치겠냐고[42] 물어봐주기라도 했으니 말이다.

---

[42] 'hanging on the edge of my seat'. 이 노래 가사에 나오는 구절로 '초조하다'는 의미의 숙어다.

소음 공해

뉴스 헤드라인 기사를 그대로 믿는다면 2020년 봄 영국에 코로나 바이러스로 내려진 봉쇄령 기간이 고슴도치의 호시절이었다고 한다. 듣자 하니 고슴도치는 이 상대적인 평화와 고요함을 이용해서 '소란스러운 애정 행각'을 실컷 누렸고, 전문가들은 고슴도치의 베이비붐이 이어질 것으로 예측했다. 실제로 아기 고슴도치들 때문에 그해 연말에 바깥에 돌아다니기가 힘들어졌던 기억은 없지만, 인간의 활동이 잦아들면서 비인간 세계의 일부 광경과 소리가 사람들이 전혀 알지 못했던 방식으로 분명하게 드러난 것은 사실이었다. 공기 오염이 줄어들면서 인도 북부에 살던 수백만 명의 사람이 지평선 너머의 히말라야산맥을 평생 처음으로 보게 됐고, 전 세계 수천 곳의 도시에서 교통 체증 소리를 대신해 새소리가 일상의 사운드트랙으로 자리 잡았다.

    그해에 새들이 봉쇄령 이전보다 더 큰 소리로 운 것이 아니냐는 질문이 자주 나온다. 듣기에는 그렇게 들렸기 때문이다. 사실 그 반대였다. 북아메리카의 흰정수리북미멧새같이 도시 환경에서 흔히 보이는 새들의 경우 봉쇄령 당시 오히려 평소보다 30퍼센트 더 조용하게 노래하고 있었다. 이들의 소리가 크게 들렸던 이유는 다른 소음이 절반 정도로 줄어들었기 때문이다. 연구자들은 봉쇄령이 시작되고 일주일 만에 새소리가 도시가 더 조용했던 수십 년 전에 마지막으로 녹음된 것과 비슷한 수준을 다시 찾았음을 발견했다. 일례로 흰정수리북미멧새는 자신의 노래 음역을 더 낮은 주파수대로 다시 확장했다. 평소 같으면 다른 소리에 묻혀서 들리지 않았을 주파수대였다. 그리고 이들의 노랫소리는 더 풍요롭고, 풍성하고, 복잡해졌다. 롬바드 효과 때문에 사람들이 건설 현장이나 시끄러운 파티에서는 목소리를 키우듯이 새들도 마찬가지로 그동안 고함을 지르고 있었던 것으로 밝혀졌다.

더 큰 소리를 내야 한다면 그만큼 더 많은 에너지가 들어가고, 새에게 스트레스를 주어 노화와 사망을 더 앞당길 수 있다. 따라서 주변 소음이 줄어든 것이 새에게는 상당히 큰 이점이 되어주었다. 더 조용해진 환경에서는 새들이 새끼의 울음소리, 포식자가 내는 소리, 다른 새들의 경고 소리를 더 쉽게 들을 수 있다. 그리고 경쟁 관계에 있는 수컷들도 서로 간에 더 널찍하게 거리를 두어 불필요한 싸움을 피할 수 있었을 것이다.

인간이 만들어낸 소음, 즉 앤스로포니가 비인간 세계에 미치는 해악이 증명된 것이 이게 처음은 아니었다. 2012년에 제시 바버와 아이다호 보이시 주립 대학교의 한 연구진은 자연과 소음 수준에 그리 대단치 않은 변화만 주어도 놀라운 영향을 미칠 수 있음을 입증해 보였다. 이들은 도로가 한 번도 깔린 적이 없었던 지역에 500미터 길이의 '유령 도로'를 만들고 그 길을 따라 나무 몸통에 스피커를 장착했다. 그리고 알래스카 글레이셔 국립공원에서 인기 있는 관광 도로에서 녹음한 교통 소리를 틀어주었다. 스피커 스위치를 켜자 근처에 있던 새의 숫자가 거의 3분의 1로 줄어들었고, 몇몇 종은 그 지역에서 완전히 달아나버렸다. 하지만 바버와 그녀의 동료들은 그곳에 남았던 새들이 가장 큰 영향을 받았음을 알게 됐다. 예를 들어 아메리카솔새는 계절에 따른 이동에 필요한 에너지를 비축하려면 체중을 늘려야 하는데 체중 증가가 멈추고 말았다.

소음 공해가 바다에 미치는 영향도 잘 입증되어 있다. 2001년에 캐나다 노바스코샤와 뉴브런즈윅 사이에 있는 펀디만에서 참고래를 연구하던 연구자들은 고래의 대변에서 스트레스의 지표 역할을 하는 대사산물의 농도가 갑자기 떨어진 것을 발견했다. 연구자들은 바닷속 소리의 수준도 감시하고 있었는데 갑작스러운 농도 저하가 9·11테러 이후 해상 운송이 중단되면서 인간이 만들어내는 소음이 갑자기 감소한 시기와 정확히 맞아떨어진다는 것을 깨달았다.

인간의 경우 오토바이의 엔진 출력을 높이거나 댄스 클럽처럼 큰 소리로 음악을 트는 식으로 볼륨을 최대로 높이는 것이 일종의 자기표현이 될 수도 있고 즐겁게 노는 수단이 될 수도 있다. 아주 큰 소리는 몸을 관통하는 진동을 만들기 때문에 자신이 의도적으로 선택한 것일 경우 즐거움을 느끼는 사람이 많다. 맨체스터 대학교의 연구자들은 이런 큰 소리가 균형 감각과 공간 방향을 지배하는 속귀의 일부를 자극해서 '움직이지 않고 있는데도 움직이고 있는 듯한 즐거운 감각'을 만들어낼 수 있다고 주장한다. 이는 세상을 차단하는 반항이나 카타르시스의 방법이 될 수도 있다. 2018년 영화 〈작가 미상〉에서 버스 경적의 불협화음이 그런 경우다. 이것은 권력을 행사하는 행위이거나 행사나 공동체, 종교의 정체성을 기념하는 행위일 수도 있다. 뭄바이에서 이루어지는 종교적 축제가 그런 경우다.

하지만 지나친 소음은 인간에게도 해롭다. 세계에서 가장 시끄러운 도시 중 하나인 뭄바이의 소리 수준은 120데시벨 정도까지 올라갈 수 있다. 이는 실제로 귀에서 물리적인 통증을 느끼는 임계점보다는 낮지만 불과 몇 시간 만에 청력에 손상을 줄 수 있을 정도의 소음이다. 그리 심하지 않은 55데시벨 정도의 주변 소리에 만성적으로 노출되는 경우에도 아동은 읽기 능력과 언어 능력 발달이 지연될 수 있고, 아동과 성인 모두 수면을 방해받을 수 있다. 또 심장 질환, 뇌졸중, 기타 성인의 건강에 미치는 해로운 영향의 위험을 높일 수 있다. 유럽인 중 무려 30퍼센트 정도가 밤중에 도로에서 들려오는 과도한 수준의 소음에 노출되는 것으로 추정되며,

세계보건기구에서는 그 결과로 매년 최소 100만 명의 건강 수명이 줄어드는 것으로 추정하고 있다. 글로벌 사우스[43]에서 급속히 성장하고 있는 고밀도 메가시티에서는 소음 수준이 이보다 훨씬 높은 경우가 많다.

도시는 언제나 불협화음으로 가득하지만 18세기와 19세기의 산업화 과정에서 소음 수준이 극적으로 높아졌다. 당대의 관찰자들은 자기 귀에 들리는 소리에 경악했다. 역사가 토머스 칼라일은 1824년에 버밍엄의 한 철강 공장을 방문했다가 이렇게 적었다. "사방에서 회오리바람이 몰아치는 소리처럼 용광로가 포효하고 있었다. 시뻘건 금속이 쉬익쉬익 소리를 내며 주형으로 쏟아져 들어가고, 거대한 크기의 망치 아래서 불꽃을 뱉어내고 있었다. 이것은 마치 작은 지진이 다수 일어나는것 같았다. …… 이들은 지구 어디에서도 찾아보기 힘든 날카롭고 끔찍한 소리를 내며 대포를 제작하고 있었다." 1845년에 지질학자 휴 밀러는 기차를 타고 버밍엄으로 천천히 들어오다가 들려오는 소리에 압도당하고 말았다. 그는 이렇게 적었다. "망치가 모루를 두드리는 소리가 그치지 않는다. 그리고 금속의 쨍그랑거리는 소리도 끝이 없고, 엔진의 거친 숨소리도 그칠 줄 모른다. 불꽃이 치직거리고, 물이 씩씩거리고, 증기가 포효하고, 가끔씩 거칠고 공허한 굉음이 화기 시험장에 천둥처럼 울려 퍼진다." 중공업 중심지에서 멀리 떨어진 곳이라도 그 영향력은 대단했고, 때로는 파괴적이었다. 알렉시 드 토크빌은 1830년대에 세를 넓혀가고 있던 젊은 미국에 대해 설명하면서 이렇게 적었다. "나는 국경에서 800킬로미터 떨어진 곳까지 백인의 영향력이 느껴지는 경우가

---

[43] 북반구의 주요 선진국을 의미하는 글로벌 노스와 대비해 주로 남반구나 북반구 저위도에 위치한 개발도상국을 일컫는 용어.

많았다고 확신했다." 토크빌의 관찰을 더 넓은 맥락에서
고찰해본 저자 아미타브 고시는 식민지 개척자들이 내는 소음
때문에 인디언들이 의존하고 살던 동물들이 쫓겨나는 경우가
많았을 것이라고 지적했다. 고시는 이런 소음 공해가 그가
말하는 생물정치학적 전쟁에서 중요한 요인으로 작용했다고
주장한다. 전쟁을 통해서 식민지 개척자들은 토착 원주민들의
살아 있는 세계를 퇴화시키고, 파편화하고, 독살했다.

한 세기 정도 빨리 감기를 해서 20세기로 오면 엔진이
달린 지상 운송 장비와 비행기가 도시에 불협화음을 보태고
있었다. 1960년대에는 공기 오염, 수질 오염, 그리고 산업화와
인구 밀집에 따른 기타 부작용과는 별개로 소음이 사람의
건강에 미치는 영향에 대해 점점 더 잘 이해하게 됐다. 1972년
미국 의회는 소음 공해 통제법을 통과시켰다. 이는 아마도 소음
문제를 해결하기 위한 세계 최초의 포괄적 법안일 것이다.
미국과 다른 곳에서 더 많은 입법 활동이 뒤따랐다. 법안의
집행은 속도가 느리고 산발적으로 이루어졌지만 국소적으로는
극적인 개선 사례들도 생겨났다. 1975년 한 연구에서 시끄러운
철로와 접하고 있는 뉴욕시 공립학교 98번 학습 아동들의
성적이 조용한 같은 건물 반대쪽 학습 아동들보다 11개월
뒤처지는 것을 발견하고 철로의 소음을 줄이기 위한 조치와
함께 방음 유리창을 설치했다. 그러자 후속 연구에서는 두 학급
간의 학업 성적 차이가 사라졌다. 그 결과 뉴욕시에서는 소음
저감 조치를 확대했고, 지하철 시스템 전체에서 철로 위의
레일과 침목 사이에 고무판을 설치하게 됐다. 오늘날 소음
저감 분야의 선도적인 실험 중 하나는 파리에서 이루어졌다.
파리에서는 자동차 사용 제한을 통해 인간에 의해 발생하는
소음의 수준을 수십 년 만에 최저로 줄일 수 있었다.

인간의 소음이 일으키는 고통과 괴로움을 생태철학자 지니

배트슨은 앤스로포날지아[44]라고 부른다. 이 앤스로포날지아가 경제의 짜임새와 거의 불가분의 관계로 보일 때도 있다. 그리고 많은 곳에서 소음 공해는 좀처럼 줄어들 기미가 보이지 않고 있다. 2020년 전 세계가 코로나 바이러스로 조용해진 적이 있었지만 일시적인 것이었고, 2021년에 탄소 배출량이 원래대로 돌아오면서 소음도 함께 돌아왔다. 인도에서는 환경부 장관이 2000년에 전국적으로 소음 공해법을 제정하고 운동가들이 법안의 시행을 위해 계속 싸움을 벌이고 있지만 많은 도시가 세계에서 제일 시끄러운 장소로 남아 있다. 다른 지역에서도 지금까지 사람의 손길이 닿지 않은, 풍요로운 소리를 상당 부분 고스란히 간직하고 있던 곳에까지 소음 공해가 손을 뻗치고 있다. 예를 들어 인도네시아가 새로 수도 이전을 계획하고 있는 곳은 얼마 남지 않은 고대의 열대우림에서 그리 멀지 않은 칼리만탄티무르다. 이 열대우림은 토착 원주민인 위헤아 다약족 사람들이 멸종 위기에 처한 오랑우탄, 긴팔원숭이, 큰코뿔새, 구름무늬표범과 함께 살아가는 곳이다.

지구에서 가장 해로운 소음 공해 중 하나는 줄줄이 배치한 에어건으로 연안에서 원유와 천연가스 사냥을 하면서 생기는 소음이다. 물속과 지하 암반 깊숙한 곳까지 울리는 이 폭발음은 260 수중 데시벨 정도로 큰 소리다. 이는 초대형 선박 소리보다 예닐곱 자릿수 차이가 날 정도로 큰 소리다. 선박이 대규모로 설치된 에어건을 위아래로 끌고 다니면서 몇 초마다 한 번씩 발사하며 원유와 가스를 탐사한다. 이런 탐사가 수만 제곱킬로미터에 걸쳐 몇 달 동안 지속되기도 한다. 어떤 해에는 북대서양에서 수십 건의 조사가 동시에 이루어지기도 한다. 이럴 때 바다 한가운데 수중청음기를 설치해놓으면

---

[44] Anthrophonalgia. 'anthro'는 인간, 'phon'은 소리, 'algia'는 고통을 의미한다.

브라질, 미국, 캐나다, 북유럽, 서아프리카의 해안에서도 그 소리를 포착할 수 있다. 집중적인 조사가 진행되는 지역에서는 대부분의 해양 생물이 도저히 견딜 수 없는 환경이 된다. 고래나 어류 같은 대형 동물들은 도망칠 수 있는 조건이 되면 도망치겠지만, 먹이그물의 밑바닥에 있는 동물들은 그럴 수 없어서 완전히 황폐화될 수 있다. 태즈메이니아 연안에서 시행된 한 실험에서는 에어건을 딱 한 번 발사했는데 반경 1킬로미터 안쪽으로 크릴 유생과 대부분의 플랑크톤이 다 죽어버렸다. 폭발에서 나오는 음파가 많은 동물을 죽음으로 내몬 것으로 보인다. 초기 충격에서 살아남은 동물들도 더 이상 주변 소리를 듣거나 느낄 수 없어서 머지않아 죽고 말았다.

이런 종류의 황폐화를 막는 최선의 방법은 화석연료 연안 탐사를 멈추는 것이다. 이는 위험한 기후변화와 해양 산성화의 위험을 줄이는 긴급한 과제와도 궤를 같이하는 정책이다. 개별적으로는 지진파 탐사보다 조용하지만, 전체적으로는 더 많은 소음을 바다에 보태고 있는 선박의 소음 공해 또한 크게 줄일 수 있다. 설계를 개선하면 소리를 무려 80퍼센트나 줄일 수 있다. 하지만 안타깝게도 이런 과제를 전 세계 선단에서 달성하려면 수십 년의 세월이 걸릴 것이다. 그동안은 비교적 단순한 조치로도 현저한 차이를 만들어낼 수 있다. 선박 속도를 20퍼센트 줄여도 운송 계획만 개선이 된다면 배달 시간에는 큰 영향을 미치지 않지만 탄소 배출량은 거의 4분의 1, 소음은 5분의 4 정도 줄일 수 있다.

더 조용한 지구를 만드는 것이 가능하다. 바다를 통해 운송되는 모든 제품 중 40퍼센트가 석탄, 원유, 천연가스이기 때문에 전 세계가 사용하는 에너지원을 풍력이나 태양력으로 전환하고 에너지 저장 장치를 함께 사용한다면 전 세계 운송량이 급격히 줄어들 것이다. 플라스틱 같은 형태의 공해는 인류가 지금 당장 쓰레기 투기를 멈추어도 앞으로 오랜 시간 동안 토양과 바다를 계속 오염시킬 가능성이 높지만, 소음 공해는 우리가 그것을 만들지 않는 순간 바로 사라질 것이다.

산업 시대의 발생지인 영국은 지구에서 인구 밀도가 가장 높은 곳 중 하나이며, 비인간 생명체가 가장 많이 고갈된 장소 중 하나이기도 하다. 영국의 소리풍경은 소란스럽고 황폐화된 경우가 많다. 하지만 이곳에서도 우리는 지금과 다른 미래가 어떤 모습으로 펼쳐질지 짐작해볼 수 있다. 영국 서식스에 있는 넵 사유지의 생태 복원에 대한 이야기를 통해 이저벨라 트리는 한때는 영국에 흔했지만 지금은 희귀해진 멧비둘기의 귀환을 축하했다. 대지가 다시 스스로를 이어 붙이며 회복하기 시작하자 그녀는 다시 들려오는, 마치 처음 들려오는 듯 마음을 달래주는, 멜랑콜리하고 매혹적인 멧비둘기의 소리에 기뻐하고 있다.

조지프 몽크하우스는 거기서 한발 더 나아가서 2,000여 년 전 철기시대에 서머싯 평지의 소리풍경을 전자적으로 이어 붙여 복원하고 있다. 몽크하우스는 인간의 간섭이 최소이던 시절을 재창조하면서 얕은 물, 축축한 오리나무, 버드나무 숲, 갈대 늪, 사초 습지 등 이런 종류의 서식지에 주로 사는 73종의 새 소리도 함께 담아 온화하면서도 풍부한 전체의 소리를 창조해냈다. 몽크하우스는 말한다. "생태 복원 운동을 통해 영국의 과거 모습과 다시 회복할 수 있는 미래의 모습은 어떤 것인지 눈을 뜨게 됐습니다. 저는 주변을 돌아다니고 풍경을 바라보면서 그 모습이 과거에는 어땠는지 상상해보고 앞으로는 어떤 모습이 될지 궁금합니다." '6,000년의 숲'이라는 제목의 프로젝트에서 그는 과거의 소리풍경을 재창조하고 있다. 이 소리풍경은 기원전 3980년에 시작해서 중세 시대를 거치고, 지금으로부터 6,000년 후에 영국의 삼림에서 어떤 소리가 들릴지 두 편의 시나리오를 가지고 앞날을 내다본다. 첫 번째 시나리오에서는 지구의 노래는 거의 침묵에 빠져들고, 교통 체증과 기계에서 나는 소리만이 세상을 지배한다. 두 번째 시나리오에서는 오래전 자연의 소리가 다시 자리를 잡으면서 인간과 비인간 생명체가 함께 번성하며 평화롭게 꿈을 꿀 수 있는 공간이 마련된다.

기후변화의 소리

2008년 5월 28일 직경 약 5킬로미터, 깊이 약 1.6킬로미터 크기의 얼음 덩어리가 그린란드 서부 일루리사트 빙하에서 떨어져 나왔다. 75분에 걸쳐 꼭대기에서 바닥까지 높이 1,000미터가 넘는 수많은 거대한 얼음 덩어리들이 미끄러지며 쪼개져 나왔고, 그 과정에서 뒤집히면서 빙하의 밑바닥이 바다 위로 수백 미터 튀어 올랐다. 어느 순간에는 엄청나게 큰 고래를 닮은 얼음의 어두운 어깨 부분이 으르렁거리며 깊은 바다에서 물 위로 솟구치기도 했다. 2012년 영화 〈빙하를 따라서〉에서 이 장면을 카메라에 담은 애덤 르윈터와 제프 올로우스키는 이렇게 말했다. "이 규모를 인간의 기준으로 짐작해보려면 맨해튼을 상상하는 수밖에 없습니다. 난데없이 맨해튼 빌딩들이 우르릉거리는 소리를 내며 뒤흔들리더니 차례로 무너져 바닥에 뒹구는 모습을 상상해보십시오. …… 이 거대한 도시 전체가 당신의 눈앞에서 떨어져 나오는 것입니다." 유튜브 동영상 클립으로 보면 거리 효과 때문에 실제 규모를 실감하기가 어렵지만 인간의 일상 경험을 뛰어넘는 거대한 장면과 소리가 마음을 사로잡기 때문에 보고 또 보지 않을 수가 없다.

빙하에서 빙산이 쪼개져 나오는 것을 빙하 분리라고 한다. 이는 자연 순환의 일부지만 그날 일루리사트 빙하에서 목격된 규모로 일어나는 경우는 드물다. 그리고 이것은 광범위하게 진행되는 변화의 일부에 불과하다. 그래서 인간이 지켜보고 귀 기울여 듣든 말든 지금 이런 변화가 적어도 과거 수백만 년의 그 어느 때보다 빠르고 큰 규모로 일어나고 있다. 인간이 방출한 온실가스로 인해 전 세계 빙하가 녹아내리는 속도는 이미 2000년에 배경 속도를 훨씬 웃돌았으며, 지난 20년 동안에는 속도가 두 배로 빨라졌다. 현재 남아 있는 빙하 중 상당수가 앞으로 수십 년에 걸쳐 크기가 줄어들다 사라질 가능성이 높다.

　　기후변화가 빙하 풍경에 미치는 영향은 일루리사트 붕괴보다 조용하고 미묘한 형태로 일어나는 경우가 많다. 작가 로버트 맥팔레인은 그린란드의 크누드 라스무센 빙하를 방문했다가 낮게 으르렁거리는 소리를 들었다. 그가 다가가자 점점 커진 그 소리는 얼음 녹은 물이 얼음 속에 깊게 난 수직 통로인 빙하 구혈로 쏟아져 들어가면서 내는 소리였다. 이 소리는 그가 "내가 들여다본 것 중 가장 아름답고 무서운 공간"이라고 표현한 것과 만남을 예고하고 있었다. 《Glacier Music》앨범의 작곡자 매슈 버트너는 빙하를 노래 솜씨가 좋은 존재라 표현한다. "빙하는 얼음이 녹으면서 터져 나오는 복잡한 소리를 통해 자신의 상태를 표현합니다. 녹아내리는 얼음이 복잡하고 풍부하게 얽히고설킨 목소리를 만들어내고, 이 목소리들이 하나로 이어져 교향곡 같은 소리의 태피스트리를 엮어내죠." 떠다니는 작은 얼음덩어리들을 으르렁거리는 존재라는 의미의 그라울러라고 부른다. 내부에 붙잡혀 있던 가스가 빠져나올 때 가끔씩 동물처럼 으르렁거리는 소리를 내기 때문이다.

　　일어나고 있는 변화 중에는 이상한 아름다움을 품고 있는 것도 있다. 조너선 와츠 기자는 특수 장비를 이용해서 남극반도에서 녹아내리는 빙산의 소리를 듣다가 그 깊숙한 내면에서 빠져나오는 공기 방울 소리를 들었다. "바다 밑이 아니라 거대한 동굴 속으로 이동한 것 같았습니다. 그곳에서는 마치 높은 천장에서 물이 폭포수처럼 쏟아져 내리는 것 같은 소리가 들리고, 각각의 물방울 소리가 텅 빈 공간 속에서 메아리쳤습니다." 영구 동토층도 해빙되면서 음악 같은 소리를 낼 수 있다. 지리학자 줄리언 머튼은 러시아 극동 지역의 공화국 야쿠티아에서 땅이 침하되며 생긴 푹 파인 지형에 대해 이렇게 얘기했다. "머리 벽이 빠르게 녹아내리는 여름에는 물이 끊이지 않고 흘러가는 소리가 들립니다. 이것이 제1바이올린 역할을 하죠. 그러다 0.5톤까지 나가는 이 거대한 영구 동토층의 덩어리들이 쿵 소리를 내며 바닥으로 떨어집니다. 이것은 타악기 역할을 합니다."

기후변화가 지구 위 생명에 미치는 영향 또한 숲과 다른 생태계의 소리 변화를 통해 분명하게 드러난다. 음악가 겸 음향생태학자 버니 크라우스는 20년 동안 매년 같은 시간에 캘리포니아의 슈가로프 공원에서 새, 포유류, 양서류, 곤충이 내는 소리를 녹음해왔다. 매해 녹음한 짧은 클립을 연이어 재생해보면 소리가 극적으로 감소하고 파편화되는 것이 분명하게 느껴진다. 다른 곳에서 조사해본 연구자들은 풍경이 황폐화된다고 해서 더 조용해지는 것은 아님을 알아냈다. 에콰도르 아마존 같은 장소에서는 생태계가 파괴되면서 새로 유입되는 생명체들이 서로 경쟁하며 혼선이 발생하기 때문에 적어도 한동안은 어떤 음역대에서 오히려 소리가 더 커지면서 소리풍경 속에 난 '구멍'을 채운다.

음향생태학자들은 인간의 가청 범위 밖에서 일어나는 소리의 변화도 감시하고 있다. 대규모 살충제 사용 때문이든, 지구온난화나 다른 요인에 의한 변화 때문이든 곤충과 박쥐의 수가 줄어들면 초음파 소리풍경 역시 텅 비게 된다. 열대 산호초에서는 극심한 폭염으로 대부분의 산호가 죽으면서 거기에 의존해 살아가던 어류 및 다른 동물이 부르던 '새벽의 합창'도 침묵에 빠져든다.

'기후 붕괴'라는 표현이 최근 몇 년 동안에 활발히 통용되고 있다. 이 말은 세상이 무너지면서 더 이상 작동하지 않는 것 같은 인상을 준다. 하지만 이런 인상은 현재 벌어지고 있는 일의 고작 일부만 담아내고 있다. 급속한 기후변화가 많은 생물종과 생태계의 생존 가능성을 위협하고 있는 것은 사실이다. 온실가스 배출 감소를 위해 신속한 행동에 나서지 않는다면 이런 기후변화가 인간과 비인간 생명체를 황폐화시키거나 위험에 빠뜨릴 가능성이 높다. 전례 없는 전환이 일어나지 않는다면 인간이 만들어낸 기후변화로 인해 수십억 명의 인류가 살아가기에는 거의 불가능한 환경이 만들어질 수도 있다. 하지만 기후 그 자체는 붕괴하지 않고 있다. 오히려 현재의 상황은 세상을 뜬 기후과학자 월리 브로커의 말 속에 적절히 표현되어 있다. "기후 시스템은 성난 야수다. 우리가 막대기로 그 야수를 자꾸만 찔러대고 있다." 열의 형태로 에너지가 순증가하면서 기후 시스템의 속도가 오히려 빨라지고 있다.

기후변화의 소리가 감소와 소멸의 소리인 것만은 아니다. 더욱 강력한 허리케인, 더욱 심한 폭우와 파괴적인 홍수, 크고 맹렬한 화재 등에서 오는 소리도 있다. 이것은 인간의 고뇌와 고통을 나타내는 소리가 될 수도 있다. 다른 조건이 모두 동일하다면, 뜨거워진 세상은 더 폭력적인 세상이 될 가능성이 크기 때문이다. 기후변화는 극단적인 날씨뿐만 아니라 전쟁 발발의 가능성도 한층 높여 인간에게 더욱 큰 피해를 안겨줄지도 모른다.

시인 캐슬린 제이미는 이렇게 말한다. "우리가 자연에 의지해 위안을 얻고, 영원한 계절의 순환을 배경으로 개인의 삶의 궤적을 그린 지도 오래됐다. 이제는 위태로운 기분이 고정된 상수로 자리 잡았다." 이런 상황에서 가장 소중한 소리 중 하나는 바로 여러분의 목소리다. 대기과학자 캐서린 헤이호는 이렇게 말한다. "가장 중요한 것은 기후변화에 대해 얘기하는 것입니다." 지구온난화의 온도계 눈금 하나하나가 중요하고 1년, 또 1년, 행동 하나하나가 모두 중요하다. 그리고 우리가 끼치는 부정적인 영향을 줄이면서 자신과 타인의 삶을 개선할 방법에 대해 논의하고, 우리의 말을 행동으로 옮길 방법도 더욱 많이 찾아내야 한다.

지옥

사람을 신속히 해치워 도살한 다음 그 고깃덩어리를 집으로 운반해 냄비에 넣고 끓이는 것은 연습만 좀 하면 그리 어려운 일도 아니다. 적어도 서미얀민족 사람인 아나루가 20세기 중반에 파푸아뉴기니 고지대의 다른 부족 마을을 급습했던 일을 회상하며 생물학자 팀 플래너리에게 한 말로는 그랬다. 그 구체적인 내용이 꽤나 끔찍하니 못 보겠다 싶은 사람은 다음 단락으로 바로 넘어가기 바란다. 아나루에 따르면 먼저 희생자를 뒤에서 잡고 날카롭게 날을 세운 화식조(火食鳥)[45]의 다리뼈를 빗장뼈와 어깨뼈 사이 틈으로 아래 방향으로 힘차게 찔러 넣어 폐에 구멍을 낸다. 그다음에는 대나무칼을 이용해서 머리, 팔, 다리를 몸통에서 떼어낸다. 그리고 몸통에서 내장을 제거한 다음 그 고기를 운반하기로 되어 있는 사람의 등에 배낭처럼 묶어준다. 그리고 머리는 조심스럽게 야자수 이파리로 싸서 고리 모양의 지팡이 손잡이에 매달아 갈 수 있게 해준다. 잘라낸 팔과 다리는 양어깨 너머로 둘러매서 팔목과 발목을 잡고 갈 수 있게 한다. 이렇게 짐을 다 꾸리면 운반 담당자는 집으로 긴 여정을 시작한다. 몇 주에서 몇 달 동안 굶주리고 있던 살인자의 마을 사람들은 이제 며칠 동안은 든든히 배를 채울 수 있을 것이다.

아나루가 플래너리와 함께 좋았던 젊은 시절을 회상하고 있던 1984년에 서미얀민족 사람들은 거의 다 고지대를 버리고 나와 얍시에이 기지 주변에서 캠프를 차리고 있었다. 얍시에이 기지는 서미얀민족의 옛 고향 북쪽 해수면 근처의 작은 중앙정부 전초기지였다. 이곳에서의 삶은 훨씬 평화로웠다. 하지만 식인 풍습은 없어졌어도 새로운 종류의 공포가 생겨났다. 고지대에 살던 사람들은 말라리아, 상피병,

---

[45] 주로 뉴기니에서 발견되는 타조 비슷한 새.

저지대에서 창궐하는 피부병, 인플루엔자처럼 새로 유입된 질병에 대한 저항력이 거의 없었다. 플래너리에 따르면 거의 모든 사람이 병에 걸렸다. 여성 중에는 유방이 심하게 부어오른 사람이 많았고, 남성들은 대부분 음낭이 괴기스러울 정도로 부풀어 오르거나 다리가 기형이 되었다. 신생아의 사망률은 100퍼센트였고, 살아남은 소수의 아이들은 배가 산처럼 부풀어 올라 있었다. 이것은 영양실조, 그리고 말라리아로 인한 췌장의 만성 부종을 말해주는 징후였다. 피부가 크게 동심원을 그리며 벗겨져 나오는 일종의 백선인 그릴은 걸리지 않은 사람이 거의 없었다. 이 피부병은 온몸의 피부를 흉하게 망가뜨리고 거기서 나오는 달콤하게 역겨운 냄새는 어디에나 배어든다.

당시 뉴기니의 고지대에서 굿펠로나무타기캥거루, 나무타기캥거루 유대류의 일종인 딩기소, 그리고 다른 놀라운 동물의 흔적을 추적하는 젊은 연구자였던 플래너리는 서미얀민족 사람들에 대한 존경과 연민으로 가득했지만 얍시에이 기지는 지상의 지옥처럼 느껴졌고, 그곳의 소리도 지옥에 걸맞은 것이었다. 며칠 동안 극단적인 고온과 습도가 이어지다가 거대한 폭풍우가 몰아칠 때만 기온이 꺾였다. 그는 이렇게 적었다. "때로는 폭풍우가 너무 사나워서 계곡을 따라 제트기가 비명을 지르며 다가오는 소리처럼 들렸다. 그런 폭풍우가 몰아칠 때면 이곳은 혼돈 그 자체가 된다. 처음 휘몰아치는 바람에 나무들이 몸부림치고 나면 몇 초 안으로 비가 퍼붓기 시작하면서 아무것도 보이지 않는다. 심지어 얼굴 앞에 있는 손도 안 보인다." 소음은 어마어마했다. "끊이지 않고 이어지는 엄청난 천둥소리가 다른 모든 소리를 덮어버리기 때문에 이상하게도 세상이 조용해진 것처럼 느껴진다. 한두 시간 후에는 폭풍이 강을 따라 내려가면서 진짜 침묵이 찾아오는데, 이런 효과 때문에 그 침묵이 더 섬뜩하게 느껴진다."

지구에는 지옥이 셀 수 없이 많다. 발전된 기술을 가진 사회들은 최악의 지옥을 창조해냈다. 산업화를 등에 업은 전쟁이 만들어낸 지옥을 화가 오토 딕스보다 강력하게 표현한 경우는 드물다. 그가 제1차 세계대전의 참호를 그린 그림들은 인간의 육체와 영혼에 가해진 잔혹 행위를 끔찍하기 그지없는 중세 유럽의 미술이나 프란시스코 고야의 〈전쟁의 참상〉에서 상상한 그 무엇에도 뒤지지 않는 생생함으로 묘사하고 있다. 전쟁 외의 사례로는 규모는 작지만 적어도 내 고개를 끄덕이게 하는 것들이 있다. 1960년대에 정신과 의사 로버트 갤브레이스 히스가 진행했던 실험들이다. 그는 실험 참가자 두 명의 머리를 열고 뇌의 보상 중추에 전극을 장착하여 전선으로 연결하는 실험을 했다. 참가자들은 버튼을 눌러서 전극을 활성화할 수 있었고, 극단적인 쾌감과 그 행동을 반복하고 싶은 참을 수 없는 강박을 느꼈다. 별로 끔찍하게 들리지 않는다면 잠시 시간을 내어 다시 상상해보기 바란다.

인간이 꿈꾸는 지옥 또한 그 수가 많고 다양하다. 그리고 항상 고통의 장소로 그려지지는 않는다. 그리스 신화에 나오는 지하 세계 하데스는 적어도 호메로스에 따르면 벌을 주는 장소가 아니라 슬픈 쇠퇴의 장소다. 아킬레우스의 그림자가 아직 살아 있는 오디세우스에게 이렇게 말한다. "모든 망자의 왕이 되어 세상을 통치하느니 차라리 가난한 소작농의 일꾼이 되겠네." 기독교 이전의 앵글로색슨족과 북유럽의 세계에서 헬[46]은 전투에서 쓰러진 전사들이 죽은 다음에 같은 이름을 가진 여신들과 함께 머무는 거대한 홀이다. 발할라[47]는 한마디로 '전몰자의 전당'이라는 의미다. 헬(Hel)과

---

[46] Hel. 북유럽 신화에서 '죽음의 나라의 여신' 혹은 '사후 세계'를 의미한다.
[47] Valhalla. 북유럽 신화에 등장하는 공간으로 신들의 세계 아스가르드에 있는 전사들의 천당이다.

홀(Hall)은 같은 인도-게르만 공통 단어 'K´el'에서 유래했다. 이것은 '숨기다, 덮다, 보호하다'의 의미를 갖고 있다. 기원전 3000년대의 수메르인들은 제대로 묻히지 못한 시신을 제외한 모든 영혼은 쿠르라는 건조한 먼지투성이 지하 세계로 간다고 믿었다. 망자의 가족들은 점토로 만든 파이프를 통해 무덤에 신주를 부어 망자의 갈증을 풀어주었고, 음악은 운 좋게 살아남은 가족들의 암울함을 달래주었다.

다른 전통에서는 지옥을 지옥답게 만드는 데 그 소리도 한몫한다. 기독교 전통에서 지옥을 묘사한 두 명의 위대한 시인 단테 알리기에리와 존 밀턴이 상상한 소리의 세계는 특히나 생생하다. 「지옥」에서 단테가 한번 넘어가면 모든 희망을 버려야 하는 문을 통과한 후에 제일 먼저 묘사한 것은 엄청난 소음이다. "빛은 침묵하고 있다." 하지만 별빛 없는 하늘 아래서 울려 퍼지는 온갖 한숨과 울부짖음에 그의 눈에는 눈물이 맺힌다. 혼재된 언어와 기형의 언어, 고통 그 자체인 말과 그칠 줄 모르는 소란이 모래 폭풍처럼 돌고 또 돈다. 소리의 강렬함이 물리적으로도 충격을 가한다. 이 점에서 단테는 당시의 대중적 믿음과 일치했다. 중세 사람들이 꿈에서 보았던 지옥은 끔찍한 소음이 가장 두드러지는 특징 중 하나였다고 한다.

단테의 지옥에는 음악이 없다. 음악이 있었다면 그것은 일종의 축복이나 우아함, 혹은 기도가 되었을 테니 말이다. 그나마 음악에 제일 가까운 것이라면 바르바리치아라는 타락 천사의 엄청난 방귀 소리다. 이 소리는 전쟁 북, 트럼펫, 종의 합창 소리를 닮았다. 그리고 악기에 제일 가까운 것은 마스터 아담이라는 대장장이의 부풀 대로 부풀어 오른 배다. 현대의 독자들은 이 후자의 이야기를 듣고 히에로니무스 보스의 세 폭 제단화 〈세속적인 쾌락의 동산〉이 떠올랐을지도 모르겠다. 이 그림은 약 1,500년 전에 그려졌고, 그룹 딥 퍼플의 첫 LP

앨범 커버에도 등장했다. 그 그림에서는 한 남성이 류트 위에 십자가처럼 매달려 있고, 또 한 사람은 하프의 현에 찔려 매달려 있고, 한 악마가 벌거벗은 사람의 엉덩이에 문신으로 새겨진 악보를 보며 합창을 지휘하고 있다(온라인에서 류트, 하프, 손잡이를 돌려 연주하는 휴대용 풍금인 허디거디의 합주를 '히에로니무스 보스의 엉덩이 음악'이라는 이름으로 찾아볼 수 있다. 들어보면 놀라울 정도로 부드럽고 선율이 아름답다). 한편 한 여성은 거대한 허디거디 안에 박혀 트라이앵글을 연주한다. 그리고 안에 사람이 갇힌 거대한 파이프와 북이 있다. '나무 인간'의 머리 꼭대기에 올려진 원판에서는 악마들이 음낭과 음경이 연상되는 거대한 백파이프를 중심으로 영혼들을 이끌고 끊임없이 돌고 있다. 악마는 바이올린도 연주하고, 보아하니 하프도 연주하는가보다.

밀턴의 서사시 『실낙원』을 보면 필립 풀먼이 지적하듯이 독자나 청자의 눈에 제일 먼저 띄는 것 중의 하나가 시 자체의 순수한 소리다. 하지만 단테 시대로부터 350년이 흐른 뒤에 글을 쓴 밀턴은 소음의 대혼란보다는 하나부터 열까지 모든 것이 소리의 부재를 특징으로 하는 지옥을 상상했다. 사탄이 처음으로 입을 여는 순간에 그 지긋지긋한 침묵은 깨지며, 악마를 제외하면 이곳은 공허한 메아리만 울리는 텅 빈 공간으로 이루어진 지옥이다. 여기서 들리는 것은 소리가 아니라 침묵이다. 더군다나 그와 다른 악마가 내는 소리는 끔찍함과는 거리가 멀다. 무엇보다도 사탄의 말 속에는 훌륭한 저항 정신이 존재한다. 사탄이 "천국에서 신을 섬기느니 지옥을 통치하는 왕이 되고 말지"라고 말하는 것을 들으면 독자들은 윌리엄 블레이크가 밀턴이 자기도 모르는 사이에 악마의 편에 서 있었다고 말한 이유를 이해할 수 있다(밀턴은 당시의 사람들이 신에게 권한을 임명받았다고 믿었던 왕을 처형한 혁명

정부를 지지했다).

밀턴의 지옥에 등장하는 타락 천사들 중 일부는 즐거운 음악으로 그곳을 채우려 한다. 그들은 "트럼펫과 클라리온으로 전쟁 같은 소리를 내고 …… 낭랑하게 울려 퍼지는 금관악기로 전쟁의 소리를 낸다." 그들은 "도리안 모드[48]에 맞추어 플루트와 부드러운 리코더 소리로 고귀한 성품을 가진 옛 영웅들의 높이까지 행군하고", "감미로운 교향곡과 달콤한 목소리"를 반주 삼아 그들의 왕궁, 마귀 소굴이자 지옥의 수도를 건설한다. 사탄은 지옥을 떠나 혼돈을 지나서 아담과 이브를 유혹하러 낙원으로 가는 길에 "모두가 혼란스러워할 놀라운 소리와 목소리로 왁자지껄한 소란"의 불협화음과 마주한다. 한편 뒤에 남은 악마들은 "수많은 하프 소리에 맞추어 천사와 같은 노래를 부른다. …… 그들의 노래는 부분적이지만, 그 화성이 지옥을 띄워 시끄러운 군중을 환희로 사로잡는다."

하지만 이 소리 아래로 밀턴의 지옥은 황량하게 죽어 있다. 이곳은 실체와 분리된 메아리만 울려 퍼지는 장소다. 에덴과의 대비가 이보다 강할 수는 없다. 에덴의 공기는 생명의 소리, "가지마다 앉아 있는 새의 아침 노래"와 함께 "이파리와 아지랑이가 피어오르는 실개천"의 소리로 풍성하다. 아담과 이브에게 새의 "재잘거림"과 "졸졸졸 흐르는 물 소리"는 그들의 첫 순간 이후 항상 의식의 일부였다. 그들은 또한 매일 밤 순찰을 도는 천사들의 노랫소리를 듣는다. 천국 역시 유쾌한 소리로 가득하다. 드라마가 펼쳐지면서 악마들이 지옥에서 만들어내는 소리는 조금씩 꾸준히 줄어들다가

---

[48] Dorian mode. 단음계의 일종으로 슬프거나 지나치게 극적인 분위기를 연출하지 않으면서도 어두운 음악을 만들어내는 데 적합한 성질을 갖고 있다.

결국에는 "우울하고 무의미한 소리"에 지나지 않게 된다.
지옥은 죽음처럼 조용해진다. 그 황량함은 화성 탐사 로봇
퍼서비어런스가 2021년에 녹음한 화성의 눈에 보이지 않는
바람 소리를 떠올리게 한다.

　　나는 천국과 지옥에 대해서는 아는 것이 별로 없지만
가끔은 꿈속에서 양쪽 모두를 보고 들었던 것 같은 기분이
든다. 한 지옥 같은(비록 그뿐만이 아니었지만) 장소는
대영박물관과 다른 곳의 소장품들을 동굴 같은 중앙 홀에
보관하기 위해 화성에 거대한 지하 구조물을 건설하는
현장이었다. 엄청난 인파가 그곳에서 미친 듯이 일하고
있었다. 이는 조던 필 감독의 2019년 영화 〈어스〉에 등장하는,
그림자처럼 복사된 지하 인간들의 존재와 비슷한 무서운
느낌이었지만, 지금은 세상을 뜬 어슐러 르 귄과 인간의
어리석음에 대해 기분 좋은 대화를 나눈 덕분에 꿈속에서 느낀
무서운 기분이 사라졌다.

　　천국이나 그 비슷한 것이 내 꿈에 등장하는 경우는
드문 편이다. 한번은 내가 아무런 힘도 들이지 않고 지구 위
짙푸른 우주 공간으로 떠올랐다. 그것은 이탈리아 피렌체의
화가 조토가 자신의 그림 〈최후의 심판〉에 그려놓은 하늘
위, 아래, 사방 모두에 등불을 켜놓은 듯 은은하게 빛을 내는
황금빛 별 무늬가 새겨진 영광스럽고 풍요로운 창공이었다.
그리고 모든 곳에 내면의 음악이 있었다. 이 글을 쓰면서도
그 음악을 들을 수 있을 것만 같다. 하지만 단테가 「천국」에서
천국에 대해 설명하며 그랬던 것처럼 나도 그 음악이 정확하게
떠오르지는 않는다(내 기억에서 불안정하고 쉽게 사라지는 노래).
그저 그 음악이 지구에서 들을 수 있는 그 어떤 소리보다도
아름다웠다고 말할 수 있을 뿐이다.

서쪽 해안에 길게 튀어나온 오퍼드 네스라는 이름의 곶은 80년 동안 영국군의 무기 시험장으로 사용되었다. 그 시기의 마지막 40년쯤은 연이은 여러 세대의 핵무기 운반 시스템을 이곳에서 실험했다. 그중에는 히로시마 및 나가사키 핵폭탄의 20배 정도인 400킬로톤의 위력을 낼 수 있게 설계된 WE177이라는 중력 폭탄, 그리고 최고 600킬로톤까지 운반할 수 있는 폴라리스 미사일도 포함되어 있었다. 마지막 무기 개발자가 떠난 후로 10여 년이 지난 2009년에 이곳을 방문한 생태학자 폴 에번스는 이 장소가 "대재앙 같은 끔찍한 소음이 남긴 유령 같은 청각적 이미지, 어떤 진동을 담고 있는 것처럼 보인다"고 말했다. 하지만 이곳의 새로운 소유주인 내셔널 트러스트에 의해 20년이 넘는 '통제된 파괴'를 거친 끝에 이곳에는 사람이 아닌 생명체들이 돌아오고 있다. 길게 이어진 조약돌 제방과 그 제방이 지켜주고 있는 습지는 다양한 새들의 집이 되었고, 이동 중에 이곳을 거쳐 가는 종은 더 많다. 네스는 완만하게 들썩거리는 등받이 위에 여전히 과거를 담고 있다. 로버트 맥팔레인은 이렇게 적고 있다. "그것은 탄환을 말하고, 파멸을 얘기한다. 하지만 또한 붉은발도요와 급류에 대해서도 얘기한다." 기존의 사격 실험장 남쪽에 길게 뻗어 있는 구간은 무기 실험의 영향을 거의 받지 않았다. 그리고 그곳은 특히나 끝부분으로 갈수록 순수한 형태와 움직임을 간직하고 있다. 조약돌 제방은 인간이 알지 못하는 사이에 스스로 쌓이고 다시 만들어지면서 위에서 보면 소용돌이나 뱃머리 장식 같은 모양을 하고 있다. 이곳에는 침묵이 아니라 고요가 있다. 시인 일리야 카민스키가 출입문처럼 테를 두르고 있다고 한 그런 고요 말이다. 그 출입문을 통과하면 반대편에서는 어떤 소리가 들릴까?

지옥

음악으로 치유하기

'아는 자'라는 뜻을 가진 퉁구스어 단어 šaman에서 유래한 것으로 보이는 샤먼은 엄밀하게 따지면 시베리아와 몽고의 전통에만 적용되지만, 옳든 그르든 지금은 전 세계 여러 문화권에서 전통적인 치유사를 의미하는 말로 사용하게 됐다. 이런 전통들 사이에는 여러 차이점이 존재하지만 그 실천과 기법에서 눈에 띄는 유사점이 존재한다. 치유사가 노래, 춤, 리듬을 영적 세계로 통하는 관문으로 이용한다는 점이다.

보통 샤먼의 수련 과정에는 원로, 꿈속에서 만나는 정령으로부터 다양한 노래를 학습하는 일이 포함되어 있다. 그리고 치유를 시행하는 동안에는 이 노래들이 사용된다. 그동안 샤먼은 보통 영적인 세계로 떠난다. 약 8,000년 전 독일 바트뒤렌베르크 근처에 살았던 젊은 여성이 바로 그 사례였는지도 모르겠다. 이 여성은 사슴의 가지뿔로 만든 정교한 머리 장식, 그리고 야생 멧돼지의 광택 낸 목뼈를 비롯한 몇몇 야생동물의 뼈로 만든 목걸이를 한 채 매장되어 있었다. 여성의 머리뼈 바닥을 조사해보니 몸에 대한 통제력을 잃고 무아지경 상태에 들어가는 희귀 질환을 앓은 것으로 보였다. 그런 상태에서는 멧돼지나 다른 동물들이 그녀를 통해 '말'을 했을지도 모른다.

많은 샤먼에게 여느 것 못지않게 중요한 것이 북이나 다른 형태의 타악기를 사용해서 황홀경을 이끌어내는 일이다. 치유 작업은 그 상태에서 이루어지기 때문이다. 북은 그저 악기에 불과한 것이 아니다. 경우에 따라서는 북을 '샤먼의 말(馬)'이라 부르기도 한다. 이것이 있어야 영적인 세계로의 마법 같은 여정이 가능하기 때문이다. 그리고 이 북은 새, 달, 태양, 무지개, 화살 같은 이미지로 장식되어 있는 경우가 많다. 북은 악한 정령을 몰아내고, 도움이 되는 정령을 불러내는 용도로도 사용될 수 있다. 도움이 되는 정령이 북 안에 갇혀 있어서 샤먼이 마음대로 부릴 수 있다고 믿는 경우도 있다. 인도네시아 리아우 지역의 샤먼인 케만탄은 북소리가 치유 의식이 이루어지는 동안 그 북 안에 머무는 정령의 목소리라 믿는다. 『치유의 노래』에서 테드 지오이아는 이런 믿음이 수천 년 전 수메르인들의 믿음과 놀라울 정도로 유사하다고 주장한다. 이것은 서로 멀리 떨어져 있는 문화권에서 오래전부터 음악이 치유의 관습에 사용되었음을 보여주는 증거다. 오르페우스의 신화도 마찬가지다. 그는 동물, 인간, 신에게 마술을 거는 탁월한 기술이 있는 음악가로, 사랑하는 이를 다시 데리고 오기 위해 지하 세계로 여행을 떠난다. 시베리아, 동아시아, 호주, 아프리카에서 나온 비슷한 이야기들도 죽은 자들의 땅에서 산 자를 다시 데리고 나오는 이야기를 전하고 있다.

샤먼과 관련 없는 맥락에서도 음악은 오래전부터 치유와 연관되어왔다. 아스클레피오스는 고대 그리스의 의학의 신이다. 그가 들고 다니던 뱀이 뒤엉킨 지팡이는 오늘날 의학의 상징으로 남아 있다. 그는 음악의 신 아폴로의 아들이었다. 그리고 의사 히포크라테스는 음악으로 영혼을 치유하면 몸도 치유할 수 있다고 가르쳤다. 이런 전통은 이슬람 세계에서도 이어져, 이라크 남동부의 도시 바스라의 순결 형제단에서 10세기에 만든 작품인 『음악에 대한 서한』을 통해 표현되었다. 적어도 13세기부터 이슬람 병원인 비마리스탄에는 환자를 이롭게 하기 위한 음악실이 갖추어졌고, 그전에는 몰라도 17세기부터는 카이로의 알만수리 병원과 다마스쿠스의 누르 알딘에서 전문 음악가들이 정기적으로 음악 공연을 했다. 영혼의 치유가 사지의 치유와 함께했다.

기독교 교회에서는 종교적 활동에서 부르는 성가나 기도문은 환영했지만 황홀경 의식에 대해서, 그리고 군대같이 고도로 통제된 맥락에서 이루어지는 경우를 제외한 북의 사용에 대해서는 의심을 품는 경우가 많았다. 유럽에서는 화성에 매료되어 그것을 치유 활동에 적용하려는 정교한 시도가 생겨났다. 고대로부터 물려받은 창공의 음악이라는 교리에 의지하여 일부 사람은 대우주를 지배하는 화성음정을 인체라는 소우주에 적용해서 건강을 회복할 수 있다고 주장하기도 했다. 15세기 학자 루도비코 카르보니는 이렇게 지적했다. "의료음악가에 따르면 가슴의 정맥이나 동맥은 '4도의 협화음 때문에' 7박자에 맞추어 움직인다고 한다." 16세기 음악이론가 조세포 찰리노는 영혼의 속성을 특정한 음악 음정과 연결 지었다. "지적인 부분은 옥타브와 대응한다. 옥타브는 정신, 상상력, 기억, 사고, 의견, 이성, 지식에 대응하는 일곱 개의 음정을 갖고 있기 때문이다. 5도의 경우 그 안에 들어 있는 네 음정이 감각의 네 가지 구분, 즉 시각, 청각, 후각, 미각과 대응한다(촉각은 이 모두에 공통으로 들어간다)." 15세기 학자 마르실리오 피치노는 다음과 같이 지적했다. "어떤 질병이 특정 화성을 통해 기적적으로 치료되었으며, 최고의 음악가들은 다양한 높이의 음을 비율에 맞게 혼합할 수 있어서 그로부터 수많은 단일 형태가 등장하며, 이것이 발성의 힘뿐만 아니라 천상의 힘을 낳는다는 말이 있다"라고 지적했다. 이런 아이디어는 솔페지오 주파수를 노래하거나 들으면 영혼, 정신, 육체를 완벽히 조화롭게 유지할 수 있다는 주장으로 남아 오늘날까지 명맥을 유지하고 있다.

근대 유럽 초기에는 기상천외한 아이디어들이 확산되었다. 자연철학자이자 마술사, 극작가였고 1600년 전후로 이름을 날렸던 잠바티스타 델라 포르타는 서로 다른 종류의 재질로 만든 플루트로 각각 다양한 질병을 치료할 수 있다고 적었다. 예를 들어 포플러 나무는 좌골신경통을 치료할 수 있고, 헬레보레(미나리아재빗과의 식물로 독이 있다)는 수종병(부종)의 증상을 상쇄할 수 있고, 계피나무로 만든 악기는 졸도 증상을 개선할 수 있다. 좀 더 현실적인 접근 방식도 등장하기 시작했다. 17세기 중반에 박식가 아타나시우스 키르허는 이탈리아 남부에서 창궐한 무도병의 치료법을 찾아내는 일에 착수했다. 히스테리 행동의 한 형태로 보이는 이 무도병은 거미에게 물린 사람이 죽음을 막기 위해 미친 듯이 춤을 추도록 부추김을 당해서 생기는 것이라 믿었다. 음악적 지식에 대한 개요서인 『보편적 음악』과 음향학에 대해, 그리고 음악이 인간의 정신에 미치는 영향에 대해 탐구한 『새로운 음향학』에서 키르허는 화성에 관한 추상적 개념에 의존하지 않았다. 오히려 그는 각고의 노력을 들여 무도병에 대한 증거를 수집한 후에 치료 목적을 염두에 두고 일련의 작품을 작곡했다. 크리스티나 플루하르와 그녀가 이끄는 그룹 라르페지아타가 2001년에 녹음한 연주를 들어보면 어떤 음악인지 감을 잡을 수 있다. 〈타란텔라 나폴레타〉나 〈토노 히포도리코〉 같은 작품을 보면 캐스터네츠로 악센트를 준 활기 넘치면서도 절제된 리듬이 변주가 들어간 단순한 화성과 함께하며 춤추는 이들을 매혹하고 즐겁게 하여 흥분 상태를 차분히 가라앉힐 수 있게 한다. 우리는 소리의 세계에서 한 발은 대중적인 춤에 둔 채로 나머지 한 발은 아르칸젤로 코렐리의 〈라 폴리아〉 변주곡(움베르토 에코가 좋아했던 곡이다. 그는 클라리넷으로 이 곡을 연주하고는 했는데 세상 속 어리석음의 양에 딱히 눈에 띄는 영향이 없었다고 한다)의 바로크를 향해 나아가고 있다.

근대 유럽 초기에 시도했던 음악 치료가 모두 완전무결한 성공은 아니었다. 넓은 음역대와 순수한 음색 그리고 연극적 요소를 가지고 대륙의 청중들을 열광시켰던 카스트라토 파리넬리는 1737년에 마드리드로 호출되어 펠리페 5세를 위해 노래를 불렀다. 왕은 우울증과 불면증으로 고통 받고 있었다.

처음에는 왕의 반응이 좋았지만 활력을 불어넣는 파리넬리의 목소리 효과는 그가 노래를 멈추자마자 사라진다는 것이 분명해졌다. 그래서 이 슈퍼스타는 결국 10년 동안 그곳에 머물게 됐고, 그 시간 동안 똑같은 노래 몇 곡을 자신의 환자인 왕을 위해 매일 밤 노래했다. 파리넬리는 펠리페 왕이 사망한 후에는 새로운 왕인 페르디난드 6세를 위해 노래했다. 페르디난드 6세는 낮이면 왕실 아파트를 돌아다니며 벽에 머리를 찧고, 몸을 씻거나 면도하기를 거부했다고 한다. 하지만 이 때문에 노래 치료의 효과를 의심하는 사람은 없었던 것 같다. 결국 파리넬리는 부자가 되어 은퇴했다.

21세기의 음악 치료는 임상 현장에서 한 세기에 걸쳐 있었던 시행착오를 밑바탕으로 삼고 있다. 이런 시행착오를 통해 음악이 스트레스 관리, 통증 완화, 기억력 향상, 소통 능력 개선, 신체 재활 등에도 도움이 되는 것으로 밝혀졌다. 음악을 듣거나 연주하면 자율신경계가 이완된다. 심장박동과 호흡이 느려지고, 혈압, 근긴장, 산소 소비량이 줄어든다. 몸에서 일어나는 스트레스 반응의 지표인 코르티솔의 수치도 현저히 낮아지고, 천연 항체인 타액의 면역글로불린 A가 증가한다. 음악을 듣거나 연주에 참여하면 뇌에서 동기부여나 즐거움과 관련 있는 도파민 같은 신경전달물질이 분비되고, 몸속에서 천연 아편이 생산된다. 한 연구에서는 척수 수술 환자에게 진통제를 스스로 조절해서 사용할 수 있게 해주었는데, 좋아하는 음악을 들을 수 있게 해주었을 때는 사용량이 절반으로 줄어들었다.

음악과 어떤 특정한 소리는 평생 사람의 행복감을 고취해줄 수 있다. 사람의 귀는 임신 4개월이면 거의 완전히 발달하기 때문에 배 속의 아기는 태어나기 몇 달 전부터 엄마의 목소리, 심장박동, 호흡 패턴 같은 리듬과 멜로디에 익숙해진다.

조산아는 아주 다른 소리 세계로 갑자기 내던져지기 때문에 스트레스를 받을 수 있다. 신생아 집중 치료실은 대부분의 시간에 조용하지만 가끔씩 장비에서 울리는 삐 소리나 떨림 소리, 혹은 갑작스러운 소리에 미숙아들이 놀랄 수 있다. 하지만 아이가 엄마의 심장박동이나 목소리처럼 엄마 배 속에 있을 때 들었던 것을 녹음한 소리에 둘러싸여 있으면 스트레스의 징후가 덜 나타나는 것으로 밝혀졌다. 신생아 집중 치료실에서 라이브로 음악을 연주해주는 것도 아기의 심장박동을 안정시키고, 스트레스를 줄여주고, 수면을 촉진하는 것으로 밝혀졌다. 달을 모두 채우고 태어난 아이들의 경우 자장가는 아기의 기분을 좋게 하고 아기가 젖을 잘 물게 한다. 이것으로 아기의 행복감을 고취할 수 있다.

　소리를 들을 수 있는 아동은 거의 모두가 음악을 좋아하지만, 자폐 스펙트럼이 있는 아동은 음악 소리에 특히나 민감할 수 있다. 이런 아동의 경우 음악 치료가 시선 맞춤과 차례 지키기 행동 등 비언어 소통과 몸짓 소통을 개선해줄 수 있다. 음악 집중 치료는 주의력 결핍 과잉 행동 장애가 있는 아동에게도 도움을 주어, 지원을 받는 안전한 환경에서 자신의 감정 반응을 이용하고, 기분의 변화를 인식하고 적절히 반응하는 법도 배울 수 있게 해준다.

　깊은 무의식 속에서도 성인들은 계속해서 자기 주변 세상의 소리를 듣는다. 혼수상태에 있는 사람도 사랑하는 사람의 노래나 말소리에 반응해서 호흡 속도가 느려지거나 뇌파가 달라지는 등의 이완 징후를 보일 때가 있다. 음악 감상은 외상 후 스트레스 장애에 동반되는 우울증이나 뇌졸중 이후의 정신착란이나 다른 문제를 해결하는 데도 도움이 될 수 있다. 음악 연주도 심각한 뇌손상을 안고 살아가는 사람들에게 도움이 될 수 있다. 머리에 총상을 입고도 살아남은

미 의원 개브리엘 기퍼즈는 프렌치호른 연주를 다시 배운 것이 회복에서 커다란 부분을 차지했다고 말한다.

음악 치료는 뇌졸중이나 파킨슨병 등으로 생긴 운동장애에도 도움이 된다. 리듬 청각 자극에서는 경음악에 삽입한 단순한 리듬이 환자들로 하여금 더 안정적으로 걸을 수 있게 도와준다. '외부 타이밍 신호'가 있으면 손상을 입은 뇌 영역에서 오는 내부 타이밍 신호에 의존하지 않아도 환자가 운동을 동기화하는 데 도움을 주는 것으로 보인다. 일부 사례에서는 음악이 파킨슨병이나 다른 질병이 있는 환자에게 이보다 큰 도움을 줄 수도 있다. 의사 올리버 색스는 자신의 치료 경험에 대해 이렇게 적었다. "한 발짝도 걸을 수 없던 사람이 춤을 출 수 있다. 그리고 한 음절도 말하지 못하던 사람이 노래를 부를 수 있다. …… 노래하는 동안 이들은 마치 파킨슨병이나 다른 신경학적 문제를 우회한 것처럼 자유롭게 움직일 수 있다. 알츠하이머병 환자도 극적인 변화를 보여줄 수 있다. 2020년에 한창 인기를 끌었던 동영상 클립을 보면 휠체어에 의지하고 사는 전직 발레리나 마르타 C. 곤잘레스가 〈백조의 호수〉 절정 장면의 음악을 듣고 거기에 맞추어 팔과 상체를 움직이기 시작한다. 1960년대에 녹화된 프리마 발레리나의 공연 영상에 삽입되어 있는데 동작이 거의 완벽하게 일치하는 것으로 보인다. 알고 보니 영상에서 암시한 것과 달리 곤잘레스는 영상 속 발레리나가 아니었지만, 음악에 대한 그녀의 강렬한 반응은 확실하다.

색스에 따르면 파킨슨병의 경우 음악의 이월 효과는 크지 않다. "일단 음악이 멈추면 그 흐름도 멈춘다." 하지만 치매 환자의 경우에는 장기적인 영향이 있을 수 있다. "기분, 행동, 심지어 인지 기능 등이 음악을 통해 개선되고 나면 그 효과가 몇 시간 혹은 며칠까지 지속될 수 있다." 그는 우디라는 이름의 알츠하이머병 환자의 사례를 보고했다. 우디는 자기가 노래를 부를 수 있다는 사실을 새로 기억해내고 큰 안도감을 느꼈다. "음악만큼 그의 느낌, 상상력, 유머 감각, 창의력, 정체성을 자극할 수 있는 것은 없었다. …… 음악은 그에게 원래의 모습을 되돌려주었고, 다른 사람들을 매료하고, 놀라움과 존경을 불러일으킬 수 있었다. 이는 농담을 던지며 즐기고 싶은 순간에 자신이 비극적인 병에 걸려 있음을 고통스럽게 인식하고 내면이 완전히 무너진 것 같다고 말하는 그가 점점 더 필요로 하는 반응이었다.

증거를 바탕으로 하는 음악 치료법의 수가 계속 늘고 있다. 예를 들어 최근에 나는 디저리두를 배우면 폐쇄성 수면 무호흡증 때문에 생기는 문제를 줄일 수 있다는 것을 알게 됐다. 그럼 이런 슬로건을 만들어보면 어떨까? "디저리두와 함께하면 코골이가 사라집니다." 하지만 임상 종사자들은 지나친 단순화를 경계한다. 심리학자 존 슬로보다는 음악이 '고객'이나 '환자'에게 제공되는 비타민과는 다르다는 점을 강조한다. 특정 음악 작품이 특정 효과를 나타내는 것은 아니다. 음악 작품 하나를 만능 스트레스 해소제나 휴식 보조제로 처방할 수는 없다. 그보다는 넓은 맥락이 중요하다. 심리학자 빅토리아 윌리엄슨은 이렇게 적고 있다. 음악 치료의 핵심은 "덜 실체적임에도 불구하고 인간의 접촉, 소통, 공감, 성찰, 정서적 지원 등에 아주 실질적인 영향을 미친다는 점이다." 테드 지오이아는 "인체의 미스터리를 풀어 헤쳐줄 마법의 화음 진행, 비밀의 드럼 박자 같은 것은 존재하지 않습니다. 대신 음악은 손을 뻗어 점점 더 큰 전체를 포용하는 방식으로 작동합니다"라고 말했다.

직접 음악 활동에 참여하는 것을 부담스러워하거나 아예 불필요한 일이라 생각하는 사람이 많다. 클릭 한 번이면 위대한 예술가들의 음악을 들을 수 있는 세상이니 말이다. 하지만 능동적 참여가 정신과 육체의 건강에 미치는 이점은 잘 입증되어 있다. 합창이 좋은 사례다. 특히나 극적인 사례가 1960년대 프랑스의 베네딕트회 수도원의 이비인후과 의사 알프레드 토마티스에 의해 기록되어 있다. 수도원 현대화 추진의 일환으로 수도승이 매일 하던 성가 연습이 축소됐다. 그러자 얼마 지나지 않아 수도승들은 무기력해지고, 피곤해지고, 쉽게 짜증이 나고, 병에도 잘 걸렸다. 그러다 몇 달 후 성가를 다시 시작하자 수도승들 사이에서는 금방 다시 활력이 돌았다. 수도승이나 훌륭한 가수가 아니어도 이런 효과를 볼 수 있다. 다른 사람들과 함께 노래를 부르기만 해도 더 크고 다른 무언가를 함께 만들어낼 수 있다. 올리버 버크먼은 일반적인 사람의 수명인 4,000주를 어떻게 보낼 것인지에 관해 쓴 책에 이렇게 적고 있다. "반음씩 높거나 낮은 아마추어의 목소리가 한데 합쳐지면 가수가 혼자서는 내기 힘든 완벽한 소리가 나온다." 내가 동네 합창단에서 겪어본 바로는 이 '완벽'이라는 단어에 확신이 들지 않는다. 시간의 지나면서 실력이 향상되는 것은 사실이다. 하지만 더 중요한 부분은 노래가 우리를 하나로 묶고, 서로를 뒷받침하는 데 도움이 된다는 것이다. 최근 영국에서 진행한 대규모 연구에서는 노래를 부르는 것이 새로 엄마가 되어 산후 우울증을 겪는 산모들에게 도움이 된다는 사실을 밝혀냈고, 영국 국민보건서비스에서는 다양한 질병에 대한 '사회적 처방'의 일환으로 음악 치료를 점점 확대할 계획이다.

　　서구의 도시화된 사회에 사는 사람들은 수도승과 동네 합창단 말고도 아메리카 원주민의 치유 의식 같은 다른 전통에서도 배워야 할 것이 많다. 아메리카 원주민의 치유 의식은 환자, 가족, 공동체의 육체적, 영적, 정서적 건강을 함께 포용한다. 이런 의식 중에는 과거의 것이 되어버린 것도 있지만, 어떤 것은 살아남아 진화하고 있다. 그중 하나가 오지브웨족의 '큰 북' 관습이다. 이는 사람들이 모여 함께 애도하며 슬픔을 다스리고, 상실을 이해하고, 사람을 장소와 연결 지어주는 의식이다. 조 나이코나베는 작가 데이비드 트로이어에게 이렇게 말했다. "우리가 드럼을 칠 때 많이 사용하는 단어가 두 개 있습니다. '위도코다디다다'와 '자웬디다다'입니다. '서로를 돕자' '서로를 돌보자'라는 의미죠."

우리가 생각하는 공동체의 개념을 확장할 설득력 있는 사례도 존재한다. 인류학자 리처드 카츠는 칼라하리사막의 쿵족에게 치유는 "단순히 병을 고치거나 의료를 적용하는 것 이상의 의미를 갖는다"라고 적었다. 이들에게 치유는 육체적, 심리적, 사회적, 영적 수준에서의 건강과 성장 확립을 추구한다. 여기에는 개인, 집단, 주변 환경과 우주에 대한 작업도 포함된다.

음악을 진정제로 사용하는 곳도 있다. 강력한 진정제를 찾는 사람이라면 마르코니 유니언의 〈Weightless〉 1부를 시도해보기 바란다. 진정 효과가 너무 강력해서 운전할 때는 틀지 않는 것이 좋다고 여겨질 정도다. 하지만 균형이 깨진 세상에서는 깨어나 주의를 기울이는 데 도움을 줄 인간의 음악과 자연의 소리도 필요하다. 2021년 7월에 발표된 기후변화에 관한 정부 간 협의체의 6차 평가 보고서에서는 전례 없이 빠른 속도로 온실가스 배출을 줄이지 않는다면 지구 기후의 위험한 변화가 불가피하고 돌이킬 수 없으리라 경고한다. 이 보고서의 수석 저자 조엘 게르기스는 이렇게 적었다. "무차별적으로 쏟아지는 참을 수 없는 현실에 짓눌리는 기분을 느끼기 쉽다. 하지만 나는 인간에게는 이런 상황을 반전시킬 선함이 내재되어 있다 말하고 싶다." 그녀의 말이

옳다면 기쁨을 가져다주는 달콤한 소리가 우리 앞에 놓인 길고 험난한 여정을 버틸 힘과 기쁨을 우리가 찾도록 도와줄지도 모르겠다.

소리로 치유하기

마르케스의 단편소설 「거대한 날개를 가진 노인」에서는 하늘에서 콜롬비아의 작은 마을에 떨어진 한 후줄근한 천사를 보러 사람들의 발길이 이어진다. 그를 보러 오는 사람들 중에는 골치 아픈 소음에서 벗어나고 싶어 하는 병약자들도 있다. 어린 시절부터 심장박동을 세다가 셀 수 있는 숫자가 다 떨어져서 찾아온 가엾은 여인이 있었다. 별에서 나는 소리 때문에 좀처럼 잠을 자지 못하는 남자도 있다. 이상한 소음이 천사도 괴롭히고 있다. 이 천사의 심장 소리를 들어본 의사는 휘파람 소리 같은 것이 너무 많이 들려서 천사가 살아 있다는 게 불가능해 보일 지경이다.

마르케스의 우화 속에 등장하는 의사는 같은 직업을 가진 사람들이 아주 오랫동안 해오던 일을 하고 있는 것이었다. 몸 내부에서 들려오는 소리에 귀를 기울이는 청진은 인간의 몸이 비밀스러운 음악을 스스로 만들어낸다고 믿었던 칼케돈의 헤로필로스가 환자의 심장박동에 귀를 기울이기 시작한 기원전 300년부터 진단의 일부로 자리 잡아왔다. 19세기 초에 의사 르네 테오필 시아신트 라에네크가 돌돌 만 종이를 이용하면 환자의 가슴에서 나는 소리를 깨끗하게 들을 수 있고, 따라서 씻지 않고 오는 경우가 많은 환자의 몸에 귀를 갖다 댈 필요도 없어진다는 것을 발견했다. 플루트 만들기를 좋아하는 열정적인 아마추어 음악가였던 그는 목관으로 최초의 청진기(Stethoscope, 그리스어로 가슴을 뜻하는 Stēthos와 바라본다는 뜻의 Skopein을 합성한 단어)를 만들었다. 200년이 지난 지금도 청진기로 소리를 듣는 청진은 시진, 촉진과 함께 여전히 신체검사의 첫 번째 단계 중 하나로 남아 있다. 의사 겸 작가 개빈 프랜시스는 내게 이렇게 말했다. "청진기는 여전히 환자의 가슴에서 벌어지는 일을 귀로 들어 알 수 있는 가장 신속한 방법입니다. 제가 의사로 일하는 동안에는 신생아를 확인할 때 특히나 유용합니다. 신생아의 심장은 태어나고 처음 몇 주 동안은 심하게 기형 상태이죠. 엄마 배 속에 있을 때는 심장에 생명 유지에 필요한 구멍이 나 있습니다. 이 구멍은 태어난 후에 차츰 닫히는데, 닫히지 않는 경우에는 혈액이 난류를 일으키며 흐르고, 심지어 엉뚱한 방향으로 흐르기도 하면서 온갖 잡음을 만들어냅니다." 프랜시스와 대화하고 난 후에 나는 마르케스의 천사가 심장막염을 앓고 있었던 게 아닐까 하는 생각이 들었다. 심장막염이 있으면 심장을 둘러싸고 있는 보호 주머니의 안쪽이 거칠어져서 심장이 뛸 때마다 청진기를 통해 들리는 심장박동 소리에 바스락거리는 심막 마찰음이 동반된다.

프랜시스는 청진이 폐와 창자의 질환을 진단할 때 어떻게 도움이 되는지도 설명해주었다. 흉성의 경우 의사가 환자에게 속삭이게 한 후에 흉강에서 들리는 소리에 귀를 기울인다. 폐 속의 밀도가 높아졌을 때는 평소보다 소리가 더 크게 들리지만, 폐 바깥쪽을 액체가 둘러싸는 흉수가 생긴 경우에는 소리가 작아진다. 또 다른 기법에서는 환자에게 'n' 소리가 많이 들어 있는 단어나 구절을 말하라고 한다. 폐 경화가 일어난 경우에는 'n' 소리가 훨씬 분명하고 크게 들린다. 이것을 성대 공명 혹은 양명성음(羊鳴聲音)이라고 한다. 'Aegophony'는 그 소리가 염소의 '매' 소리와 닮았다 하여 유래한 단어다(그리스어 αἴξ: aig-). 창자의 경우 의사는 배에서 나는 소리에 귀를 기울인다. 이것은 소화가 건강하게 일어날 때 나는 꾸르륵 소리다. 장이 막힌 경우에는 장의 꼬인 부위를 액체가 비집고 들어가려 하면서 훨씬 높은 소리로 거의 일정하게 들린다. 완전히 조용해지면 소화가 작동을 멈추었다는 의미이기 때문에 안 좋은 신호다. 의대생들은 신체 부위를 부드럽게 두드리는 타진으로 진동을 발생시켜 체액이 과도하게 몰려 있는 부위나 종양, 혹은 주의가 필요한 다른 질병을 알아내는 방법도 배운다. 여기까지만 들어봐도 배우기 까다로운 기술로 보인다. 프랜시스는 이렇게 말했다. "한 교수님은 두꺼운 전화번호부 아래 동전을 하나 깔아놓고 두드려서 그 위치를 찾아내라고 한 적도 있어요."

청진기나 타진을 이용한 신체검사로 건강에 대해 많은 것을 알아낼 수 있는 것은 사실이지만, 인체의 내부에서 반사되어 나오는 고주파수 소리를 수집해 그림으로 그려주는 의학용 초음파는 비교도 할 수 없을 정도로 세부적인 정보를 제공해준다. 초음파로 심장 사진을 찍는 심초음파 검사는 심장의 판막과 근육의 상태가 어떤지, 그리고 그것들이 어떻게 기능하고 있는지를 정확히 보여준다. 초음파를 이용하면 혈류의 패턴도 알 수 있고 폐, 간, 콩팥, 심지어 눈 같은 기관의 상태에 대해서도 중요한 단서를 파악할 수 있다. 그리고 태아의 연조직이나 뼈에서 반사되어 돌아오는 무해한 초음파를 이용해 태어나지 않은 아기의 사진도 찍을 수 있다. 부모가 되는 것은 삶에서 가장 큰 경이로움이자 시련이다. 소리로 만든 흐릿한 흑백의 얼룩으로 그것을 처음으로 엿보게 된다는 사실이 정말 놀랍다.

초음파는 검사뿐만 아니라 치료에도 사용된다. 고강도의 초음파를 이용하면 신장결석과 담석을 몸에서 더 쉽게 배출할 수 있도록 작은 크기로 부술 수 있다. 백내장 수술의 한 형태인 수정체유화술에서는 초음파를 고에너지로 집중시켜 혼탁해진 수정체를 파괴한 다음 제거한다. (이 기술은 외과 의사 찰스 켈먼이 발명했다. 그는 디지 길레스피, 라이어널 햄프턴과 함께 재즈를 연주하기도 했다.) 초음파로 종양과 다른 조직들을 절제하고, 화학요법이나 다른 시술의 일환으로 다양한 약물의 흡수를 촉진할 수도 있다. 다양한 새로운 치료를 생각해낼 수 있지만 다른 것보다 더 유망해 보이는 치료법도 있다. 부정적이고 자기중심적인 고통스러운 생각이 머릿속에서 세탁기 돌듯 빙빙 돌아가 떨쳐낼 수 없는 경우를 세속적인 말로 '세탁기 머리'라고 하는데, 애리조나의 한 연구팀은 저강도 초음파를 이용해서 그런 현상이 일어나는 동안에 뇌의 일부를 조용하게 만들 수 있는지 여부를 연구하고 있다. 뇌 기능의 여러 측면에 대해 우리가 아는 바가 거의 없고, 기분과 불안의 메커니즘도 제대로 이해하지 못하고 있다는 점에서 이런 접근 방식은 승산이 별로 없어 보이는 것이 사실이다. 그럼에도 이 연구에 관여하고 있는 승려 신젠 영은 희망적으로 바라본다. 그는 말한다. "이런 기술을 생각하면 겁이 납니다. 하지만 이에 대한 근본적인 개선 없이 맞이할 미래는 훨씬 더 겁이 납니다."

많은 연구에 따르면 인간의 정상적인 청력 범위 안에서 들리는 자연의 소리(특히 활기찬 새소리)가 고통을 줄여 심리와 건강에 이점을 가져다준다고 한다. 작가 루시 존스는 자연의 소리가 자연의 풍경, 냄새, 촉각과 함께 중독을 극복하고, 생태적 상실감을 받아들이고, 더 균형 잡힌 생활 방식을 찾기 위해 몸부림치는 과정에서 아주 중요한 역할을 했다고 한다. 그녀는 이렇게 적고 있다. "자연은 머릿속의 목소리를 잠재우고 내 기분을 안정시켜주었다."

의료 종사자를 비롯한 많은 사람이 환자의 웰빙을 위해 병원의 소리풍경을 바로잡을 방법을 모색하고 있다. '보건의료의 감각 공간: NHS 병원에 대한 재고'라는 프로젝트를 이끌고 있는 빅토리아 베이츠는 이렇게 얘기한다. "반갑지 않은 소음이 너무 많은 것도 방해되지만 완전한 침묵도 당황스럽기는 마찬가지죠." 그녀는 이것이 균형 잡기의 문제라 주장한다. "소음을 제거할 생각만 하지 말고 더 가까이 귀 기울여 들으려는 노력도 해야 합니다. 어떤 소리가 소음으로 인식될까요? 그리고 그 이유는 무엇일까요? 병원 소리가 불협화음으로 들리지 않고 무언가 목적이 있는 중요한 소리들이 뒤섞인 것으로 들린다면 덜 괴롭지 않을까요?"

음악가들과 화가들도 이런 질문을 탐구하고 있다. 2013년에 브라이언 이노는 잉글랜드 호브에 있는 몬티피오리 병원의 로비에 '끝없이 변화하는 치유의 소리풍경'인 '7,700만 개의 그림'을 시범 설치했다. 이 작업은 호평을 받았지만 인간이 만든 단 한 벌의 소리로 모든 이를 만족시킬 수는 없음이 분명했다. 베이츠는 이렇게 말한다. "어떤 사람에게는 '달래주는 소리'가 또 다른 사람에게는 '소음'이 될 수 있어요." 소리 예술가 유리 스즈키는 새로운 음향 디자인을 제작해도 고객 집단 중에서 고작 40퍼센트를 만족시킬 수 있을 뿐이라 말한다. 이 점을 인식한 예술가 샐리 오라일리는 반농담으로 병원의 소리를 각각의 환자에게 맞춤형으로 제공해야 한다고 제안한다. 그녀는 이렇게 적고 있다. "우리는 가정환경을 조사해서 구식 형광등, 진공청소기, 세탁기, 교통 소음같이 마음을 차분하게 만드는 익숙한 소리를 만들어낼 가능성을 탐구하려 합니다. 주변에서 들리는 잔잔한 소리 샘플로 라이브러리를 구축해 거기서 환자들이 개인적으로 마음에 드는 조합을 선택할 수 있게 할 겁니다."

병원의 공용 공간, 그리고 우리가 미래에서 또 다른 미래로 가면서 지나칠지 모를 그 어떤 공간에서는 인간이 만든 소음의 사운드트랙을 넘어 자연의 부드러운 소리를 도입할 수도 있을 것이다. 존 러스킨은 이렇게 적었다. "침묵하는 대기는 달콤하지 않았다. 대기는 새들의 지저귐과 곤충의 재잘거림이 낮게 깔려 흘러넘칠 때라야 비로소 달콤해진다."

종소리

영국 교회의 커다란 종소리는 내 어린 시절의 일부다. 잠자리에 들 시간에도 여전히 밝았던 여름 저녁이면 나는 런던의 옥상들을 가로질러 우리 집 꼭대기 층 내 침실의 열린 창문으로 들어오는 그 소리를 들을 수 있었다. 주말에 햄프셔에 있는 할아버지, 할머니 댁을 방문할 때면 종소리가 나무가 우거진 언덕 경사면을 타고 마을 여기저기로 메아리쳤다. 땅의 굴곡을 따라 반사되어 나와 때로는 한 곳 이상의 장소에서 거의 동시에 울려 퍼지는 그 소리는 그곳이 어떤 장소인지 묘사하고 표현해주는 것 같았고, 나는 그것을 개방감, 즐거움과 연관 짓게 됐다. 거기에는 깊게 배어든 존재감이 있었다. 나는 요즘에도 가끔씩 그런 경험을 한다. 보통은 손에 잡히지 않고 금방 스쳐 지나가는 현상에 불과한 소리가 마치 황금빛 햇살을 받은 연기나 안개같이 허공에 우뚝 서 있는 것처럼 보여 경탄할 때가 있다. 헨리 데이비드 소로가 말했듯이, 진동은 그 진동이 통과하는 공기의 속성처럼 느껴진다. 나는 소리가 사람의 몸을 진동시키고, 듣는 이를 더 큰 세상과 연결해줄 수 있다는 점도 좋아한다. 영화감독 아녜스 바르다는 이렇게 말한다. "사람들을 열어볼 수 있다면 그 안에서 풍경을 찾게 될 겁니다." 애니 딜러드는 이렇게 적고 있다. "나는 평생 종이었어요. 누군가 나를 들어 올려 쳐주기 전에는 저도 모르고 있었죠." 종은 음악의 가장자리에서 소리를 만들어내며, 공간과 시간에 대한 우리의 감각을 변화시킬 수 있다.

우리의 사촌 침팬지는 땅을 막대기나 주먹으로 두드려 감정을 표현한다. 고릴라는 자기 가슴을 두드린다. 인간은 인간으로 살아온 시간 동안에는 인상적인 소리를 낼 수 있는 다른 물체들을 찾아냈다. 시간이 흐르면서 다른 물체는 일반적으로 두 가지 주요 유형 중 하나로 정착했다. 첫 번째는 막명악기로, 주로 동물의 가죽 같은 막을 속이 빈 통위에 씌워놓고 때려서 소리를 낸다. 두 번째는 체명악기로, 악기의 본체를 두드렸을 때 소리가 난다. 이 범주에 속하는 울림돌, 바위징, 소릿돌 등이 있으며, 그 역사가 적어도 수만 년을 거슬러 올라간다. 아나톨리아의 괴베클리 테페에 있는 정교하게 조각된 거석은 기원전 9500~8000년에 세워진 것으로, 이런 유형의 소릿돌에 해당한다. 이 돌을 두드리면 지하철의 덜컹거림처럼 몸으로 느껴지는 아주 낮은 저음이 난다.

종은 인류 역사상 가장 기념비적인 발전 중 하나인 야금술이 있어서 가능해진 체명악기다. 이 기술을 처음 연마한 사람에게는 돌이나 뼈보다 더 강하고 잘 울리는 재질을 만들어낼 수 있는 힘이 분명 일종의 마법처럼 느껴졌을 것이다. 사람들이 야금술에 대해 어떻게 느꼈는지는 교활한 인간이 초자연적인 존재를 속여서 금속을 가공하는 힘을 알아냈다는 '스미스와 악마' 같은 옛날이야기나 아서왕과 돌에 박힌 칼의 전설 같은 이야기를 통해서도 엿볼 수 있다. 기막힌 광택으로 매력을 뽐내는 금과 구리가 기원전 7000년경부터 제일 먼저 제련됐지만, 기원전 5000년쯤에는 청동과 함께 혁신이 일어났다. 청동은 구리와 주석을 섞은 합금으로, 금이나 구리보다 더 단단했다. 청동으로부터 수많은 무기들 및 도구들과 함께 종이 처음으로 만들어졌다. 지금도 마찬가지다. 종소리를 통해 우리는 청동기시대의 소리를 듣는 셈이다.

지금까지 살아남은 가장 오래된 금속 종은 중국 상나라(기원전 1600?~기원전 1046) 시대의 것이다. 처음에는 종의 크기가 작았고, 아마도 동물의 목에 매다는 용도였을 것이다. 하지만 시간이 지나면서 상나라는 청동으로 그릇, 무기, 그리고 심벌즈나 큰 종 같은 악기 등 훨씬 화려한 의식용 물건들을 생산하기 시작했다. 주나라(기원전 1046~기원전 256)

시대에는 편종(編鐘)이라는 조율된 종 세트가 고위직 사람들이 아끼는 소유물 중 하나였다. 기원전 433년에 증후울이 사망했을 때 그의 무덤에 21명의 젊은 여성과 청동 무기, 정교하게 제작된 그릇과 마차 부품, 그리고 65개의 종으로 이루어진 편종도 함께 묻혔다. 고고학자들이 1978년에 그의 무덤을 발굴했고 몇 년 후에는 그 종을 여전히 연주할 수 있다는 사실을 알게 됐다. 각각의 종은 단면이 원형이 아니라 타원형이어서 두 개의 서로 다른 소리를 냈다. 보통은 어디를 치느냐에 따라 장3도나 단3도 정도 떨어진 소리가 난다. 전체 세트는 사람의 목소리 범위에서 옥타브당 열두 개의 음을 낼 수 있으며, 종은 여섯 개의 음으로 구성된 음계를 연주하는 데 사용된 것으로 보인다. 오늘날 인도네시아 가믈란에서 사용하는 주전자 모양의 징, 보낭으로 연주하는 스렌드로(5음계)와 펠로그(7음계)의 중간 어디쯤을 상상하면 될 것이다.

    남아시아에서는 고대에도 대형 청동 종을 주조했다. 초기부터 이 종들은 오늘날 인도와 유럽에서 흔히 발견되는 종과 아주 비슷한 원형의 입구를 갖고 있었고 의식에서 사용됐다. 산스크리트어로 간타라 불리는 이 종은 수천 년 동안 지속되어온 힌두교, 자이나교, 불교의 관습에서 여러 가지 의미를 부여받았다. 힌두교에서는 종의 곡선형 몸체는 아난타 즉 무한을 상징하는 한편, 종 속에 매달려 있는 추는 지혜와 지식의 여신 사라스와티를 상징하고, 손잡이는 생명력인 프라나 삭티를 상징한다고 한다. 그리고 종에서 나오는 소리는 궁극의 실재인 오트만을 의미하는 성스러운 옴(Aum)이라고 한다. 힌두교 신자들은 자신의 도착을 신에게 알리고, 악귀를 쫓아내고, 마음에서 번잡한 생각들을 떨쳐내고 신에게 집중하기 위해 사원의 성소 입구에 달려 있는 종을 울린다.

    남아시아의 것 같은 둥근 종은 서기 220년 즈음의

한나라 말기 혹은 그 뒤에 찾아온 격동기에 불교와 함께 중국에 도입되었을 것으로 보인다. 서기 618년에 시작된 당나라에 와서는 이런 둥근 종이 중국 전역의 불교 사원에서 널리 사용되었고, 예전의 타원형 종은 인기가 시들었다. 대형 종을 주조하는 기술이 불교와 함께 한국과 일본으로 전해진 것도 이즈음이다. 많은 곳의 불교도들은 스탠딩벨과 싱잉볼을 선호한다. 이것은 사실상 종의 가장자리가 위로 오게 뒤집어놓은 종이라 할 수 있다. 이 종은 특히나 순수한 음이 나기 때문에 오늘날에도 널리 사용되고 있다. 작곡가 테드 지오이아는 이렇게 말한다. "서양 오케스트라에서 싱잉볼은 재래식 사진술에서의 엑스레이나 마찬가지입니다. 그 어떤 악기 소리도 이보다 깊숙이 파고들지는 못하죠."

일본의 큰 종을 범종이라고 하는데 이것은 신년과 양력 8월 15일에 지내는 일본 최대의 명절 오본 등 7세기 이후로 불교 의식에서 중요한 역할을 담당해왔다. 현존하는 가장 오래된 범종이자 현재까지도 계속 사용 중인 (아마도) 세계에서 가장 오래된 종은 698년에 주조됐다. 1633년에 제작된 가장 큰 종은 무게가 74톤으로 완전히 장성한 아프리카코끼리 일곱 마리의 무게와 맞먹는다. 이 종을 울리기 위해서는 최대 25명의 인력이 달라붙어야 한다. 대형 범종은 낮은 소리와 깊은 울림을 갖고 있기 때문에 30킬로미터 떨어진 곳에서도 소리를 들을 수 있다. 그래서 이것을 시계, 신호, 경고음으로 사용하게 됐다.

범종은 보통 종 내부에 매달린 추가 아니라 밖에 매달아 놓은 당목으로 타종한다. 범종의 소리는 세 부분으로 이루어져 있다. 종을 치는 순간에 나는 소리인 아타리는 깨끗하고 맑은 음이다. 그리고 바로 오시가 뒤따른다. 이것은 10초 이상 길게 울리는 반향소리다. 마지막으로 오쿠리가 온다. 이것은 종의 진동이 잦아들면서 들리는 공명음으로 1분 정도 지속될 수 있다. 영어에는 시간을 의미하는 단어가 Time 하나밖에 없지만 일본에는 여러 개가 있다. 일부 단어는 중국 고대 문학이나 산스크리트어에서 유래했다. 『옛 도쿄의 종』에서 애나 셔먼은 이렇게 적고 있다. "일본어는 광대함, 상상력을 지나 영원으로 펼쳐지는 영겁의 시간을 의미하는 어휘를 차용했다. 바로 고(広)다. 산스크리트어에서 '순간의 작은 조각'을 의미하는 세츠나[49]도 차용했다.

일본인들은 실제 이야기와 상상의 이야기 모두에서 범종을 찬양한다. 중세의 서사시 『헤이케 이야기』에는 이런 대목이 나온다. "기온 쇼자 절의 종소리는 만물의 무상함을 울린다. …… 교만한 자는 봄밤에 스쳐 가는 꿈처럼 오래가지 못하고, 강한 자도 결국에는 무너져 바람 앞의 한 줌 먼지에 지나지 않는다." 그리고 민담에서는 승려이자 고행자이자 전사인 만능 슈퍼 영웅 벤케이가 미이데라 절의 3톤짜리 종을 혼자서 히에이산으로 끌고 올라갔다고 전해진다. 다른 전설에 따르면 범종의 소리는 지하 세계에서도 들을 수 있다고 한다.

제2차 세계대전 이래로 일본의 종소리는 평화를 위한 기도와 연관되는 경우가 많았다. 히로시마 원폭 투하의 희생자를 기리기 위해 기념관을 찾아온 방문객에게는 세 개의 종 중 하나를 타종할 것을 권한다. 한 종의 표면에는 세계지도가 나와 있고, 타종 지점에는 핵을 상징하는 기호가 표시되어 있다. 종에는 '너 자신을 알라'라는 문구가 그리스어, 일본어, 산스크리트어로 새겨져 있다. 1954년에 뉴욕 UN 본부 건물 바깥에 설치된 일본 평화의 종도 있다. 2017년에는 우크라이나의 도시 마리우풀 공원에 평화의 종을 설치해 안전과 안녕을 기원했다. 하지만 2022년 러시아 침공으로 이

---

[49] Setsuna. 산스크리트어 '크샤나'의 음역인 찰나를 일본식으로 발음한 것.

도시는 쑥대밭이 되고 말았다.

유럽에서는 그리 오래전은 아니지만 로마 시대에도 다양한 형태를 가진 작은 딸랑이처럼 생긴 틴틴나불라라는 종이 흔했다. 하지만 오늘날 교회에서 찾아볼 수 있는 것처럼 입구가 원형인 대형 종은 5세기 시인이자 원로원 의원 겸 주교였던 파울리누스의 꿈에서 비롯되었다는 이야기가 전해진다. 파울리누스가 어느 날 꽃밭에서 잠이 들었다가 꽃으로 연주하는 천사들 때문에 깨었다고 한다. 파울리누스는 성인이 되었고, 그가 주교로 있었던 이탈리아 남부 놀라에서는 매년 한여름이면 그를 기념하는 백합 축제가 아직도 열린다. 조금 이상한 이야기지만 종 창시자의 수호천사는 시칠리아의 성녀 아가타다. 듣자 하니 그녀의 잘린 가슴 모양이 종을 닮았기 때문이라고 한다.

전설과는 별도로 파울리누스 시절 즈음부터 유럽에서 입구가 둥근 형태의 종을 주조하기 시작했다는 증거가 있다. 이것이 남아시아의 사례에서 유래하거나 거기서 영감을 받은 것인지 여부는 알려져 있지 않지만 그럴 가능성이 높아 보인다. 베네딕트파에서 널리 확산되는 수도원 네트워크에 주종소를 세움에 따라 놀라로 알려진 둥근 핸드벨과 수도원과 교회 종탑에서 사용하는 캄파나라는 더 큰 종이 서기 530년 즈음부터는 서유럽 전역으로 차츰 퍼져나갔다. 앵글로색슨족의 역사가 비드는 8세기에 잉글랜드에 있었던 이런 종류의 종에 대해 기술했다. 유럽에서 현존하는 가장 오래된 교회 종은 산손이라는 수도원장이 930년에 코르도바 외곽의 산에 있는 수도원에 기증한 것이라 여겨지고 있다.

14세기 유럽에서는 대포가 발달하면서 종 생산에도 박차를 가하게 됐다. 대포는 종과 거의 동일한 합금을 이용해 비슷한 방법으로 주조됐고, 같은 공장에서 제작하는 경우가 많았기 때문이다. 큰 종을 만든다는 것은 큰 대포를 만들 수 있다는 신호였고, 15세기 즈음에는 초대형 건물을 위한 초대형 종이 만들어지고 있었다. 1437년에 쾰른 대성당에 설치된 '세 왕의 종'은 무게가 거의 4톤이나 나갔고, 1448년에 설치된 두 개의 종 중 더 큰 쪽인 프레티오사는 무게가 큰 코끼리 한 마리와 맞먹게 10.5톤이나 나갔다.

일본처럼 유럽에서도 종은 다양한 용도로 사용됐다. 손으로 울리는 작은 종은 배에서 불침번 교대를 알리거나 경보, 위치 표시, 죽은 자를 위한 조종(弔鐘) 등의 용도로 흔히 사용됐다. 셰익스피어의 『템페스트』(1610년경)를 생각해보자. "바다의 정령들이 시간마다 조종을 울린다네. 딩동 / 들어라! 이제 나도 들린다. 딩동, 종소리." 영국에서는 시골 행정 교구의 경계를 그 교회의 종소리가 들리는 곳까지로 잡는다. 교구의 경계가 말하자면 일종의 소리 지도인 셈이다. 교회 종은 사람들을 예배로 불러 모을 뿐만 아니라 경고, 축하, 장례식을 알리는 용도로도 사용됐다. 수도원에서는 기도 시간을 알리는 소리였다. 자동으로 종이나 징을 울리는 차임벨 시계는 일찍이 8세기에 중국에서 처음 시도됐고, 1203년에는 시리아 다마스쿠스의 우마이야 모스크에 괘종시계가 있었던 것으로 묘사되어 있다. 유럽에서는 종을 치는 기계식 시계가 1300년대에 퍼지기 시작해서, 처음에는 부유한 성당을 중심으로 보급되다가 그 후로 더 널리 퍼졌다.

16세기에는 주조 기술이 개선되면서 종에 음악 연주를 비롯해서 새로운 용도가 생겨났다. 유럽 북해 연안의 벨기에, 네덜란드, 룩셈부르크로 구성된 지역인 저지대 국가의 창시자들은 카리용을 발전시켰다. 카리용은 조율된 종을 모아놓고 레버나 건반으로 연주하는 악기다. 이 악기는 17세기 초에 피터 헤모니와 프랑수아 헤모니 형제에 의해 완성됐다.

이들은 맹인 음악가 겸 귀족이었던 야코프 판 에이크와 공동으로 작업했다. 1633년에 판 에이크는 종이 만들어내는 주음과 배음을 서구의 화성 체계로 설명했다. 영어로 프라임 노트 혹은 스트라이크 노트라고 하는 제일 큰 소리인 기음은 주로 네 가지 다른 음과 함께 공명한다. 프라임보다 한 옥타브 높은 노미널, 한 옥타브 낮은 험, 그리고 각각 단3도와 5도 높은 티어스와 퀸트다. 판 에이크는 헤모니 형제를 설득해서 종을 절삭용 선반에 올리고 그 내부를 깎아내어 각각의 종에서 기음과 주요 배음이 대부분의 서유럽 종에서 우리가 익숙하게 듣는 것처럼 더욱 선명하게 돋보이도록 만들었다.

    17세기 초에 영국에서 완전 회전 울림이라는 것을 위해 조율된 종을 채택했다. 이런 방식에서는 일반적으로 50킬로그램에서 1톤 이상까지 나가는 종 여섯 개에서 여덟 개를 베어링에 매달고, 원형 휠에 감아놓은 밧줄을 이용해 처음에는 한 방향, 다음에는 반대 방향으로 360° 이상 돌리면서 울린다. 종의 입구가 아래로 내려올 때 사운드보라고 하는 입구 주변의 종 부위를 추가 때려서 울림 소리를 만들어낸다. 종 입구가 다시 원호를 그리며 반대쪽으로 넘어가면 추가 사운드보에 얹히면서 진동을 죽이기 때문에 소리가 신속하게 잦아든다. 일본의 범종에서 공명이 길게 일어나는 것과는 거의 반대되는 이런 효과 때문에 여러 개의 종이 빠른 속도로 연이어 소리를 내더라도 개개의 타종 소리가 한데 합쳐져 뭉개지지 않고 각각의 종소리가 선명하게 들린다. 노련한 종지기는 밧줄로 그다음 종의 흔들림을 조절해서 타종과 타종 사이의 시간 간격을 바꿀 수 있기 때문에 매 주기마다 종이 울리는 순서를 바꿀 수 있다. 처음에는 점점 더 내려가는 단순한 순서로 시작했던 음이 가지를 치며 수천 가지 변주를 만들어낼 수 있었다. 1734년에 창단하여 그 후로 지금까지 매주 연습을 해온 옥스퍼드 체인지 링어 협회의 한 회원은 각각의 종이 5분의 1초(200밀리초) 간격으로 울리는 진행 안에서 종소리를 자신의 순서에서 100분의 2초(20밀리초) 안쪽으로 일정하게 유지할 수 있다고 말했다.

러시아에서는 종이 서유럽과는 다른 궤적을 따라 발전했다. 정교회에서는 성화에서 우상이 신성함을 표현하듯이 종은 소리에서 신성함을 표현하는 존재라 여기게 됐다. 종교 예배에서 악기의 사용이 금지되었기 때문에 종을 만들 때는 서구에서처럼 특정 배음이 돋보이게 들리도록 조율하지 않고 소리의 전체 스펙트럼을 최대한 꽉 채우는 음을 내도록 제작했다. 전통적 관습의 부활에 관여했던 한 사제는 2009년에 저술가 엘리프 바투만에게 이렇게 말했다. "러시아의 종은 반드시 풍부하고, 깊고, 낭랑하고, 깨끗한 소리를 내야 합니다. 신의 목소리가 그런 소리가 아니면 또 어떤 소리이겠습니까? 소리도 반드시 커야 합니다. 신은 어디에나 존재하니까요. 무엇보다 러시아 종은 절대 조율을 해서는 안 됩니다. 종의 목소리는 그냥 그렇게 이해됩니다. 음도 아니고, 코드도 아니고, 목소리여야 하는 것이죠."

수백 년 동안 종탑은 러시아 마을과 도시에서 가장 높은 건물인 경우가 많았다. 종소리는 신자들을 예배로 불러 모으는 '러시아 하늘의 목소리'였다. 종탑에는 이름을 붙여주는 경우가 많았고, 일부는 질병의 전파를 막을 수 있는 마법적인 존재로 여겨졌다. 가장 큰 종은 국가가 명예롭게 여기는 대상이었다. 전하는 얘기로 이반 4세는 높이가 거의 50미터나 되는 알렉산드로브스카야 슬로보다의 종탑을 매일 새벽 직접 기어 올라가 아침 예배 종을 울렸다고 한다. 그런데 그의 아들 중 하나가 우글리치에서 암살로 의심되는 사건으로 사망하자

도시 주민들이 교회 종을 울렸다고 한다. 그 죽음으로 이득을 보려 했던 보리스 고두노프는 분노하여 종의 '혀'를 자르고, 태형을 내린 다음 그가 이미 처형하지 않은 도시 사람들과 함께 시베리아로 추방할 것을 명령했다. 이 분노로부터 종이 아이를 좋아한다는 이야기와 종이 닿았던 물에 치유의 힘이 있다는 개념이 생겨났다. 종은 또한 약자의 상징이 됐다. 그래서 19세기 진보적 지식인 알렉산드르 게르첸은 자신의 영향력 있는 비밀 잡지 이름을 콜로콜, 즉 '종'이라고 지었다.

강력한 상징성 때문에 종은 러시아 문학과 음악에서 결정적인 순간에 거듭 등장한다. 『전쟁과 평화』에서 나폴레옹이 침략한 동안 크게 울려 퍼진 모스크바 크렘린의 종소리는 프랑스 대육군[50]의 진군을 막아냈다. 『죄와 벌』에서 죄책감에 시달리던 라스콜니코프는 교회 종소리를 듣자 열병에 걸리고, 범죄 현장으로 돌아가 그가 살해한 노파의 초인종을 강박적으로 눌러 자수한다. 무소륵스키의 오페라 〈보리스 고두노프〉의 특히나 극적인 장면, 차이콥스키의 〈1812년 서곡〉의 클라이맥스, 쇼스타코비치의 〈교향곡 제11번〉의 마지막 악장에서도 종이 울린다.

소련의 입장에서 보면 종은 교회 권력의 상징, 따라서 미신과 탄압의 상징이었다. 1920년대 말 스탈린은 '대전환'을 통해 타종을 울리는 것을 금지하고 수천 개의 종을 녹여버렸다. 모스크바의 성탄 교회는 서커스 사자를 가둬두는 우리가 됐고, 모스크바 구세주 성당은 커다란 야외 수영장으로 바뀌었다. 그리고 시골 교회들은 목공소나 배관 공장이 됐다. 하지만 소련의 삶과 문화에서 종교가 완전히 사라진 것은 아니었고, 소련에서 제작된 최고의 영화 중 한 편에서는 중심적인

---

[50] Grande Armée. 나폴레옹 1세가 명명한 프랑스군 중심 군대의 명칭.

역할을 맡기도 했다. 15세기의 아이콘 같은 화가의 일대기를 그린 1966년 안드레이 타르코프스키의 영화 〈안드레이 루블료프〉는 교회 탑에서 원시적인 열기구를 날리는 장면으로 시작한다. 다소 초현실적인 에피소드에 대해서는 별다른 설명이 없다. 영화의 중심 에피소드는 루블료프를 따라 여러 해에 걸쳐 혼란과 전쟁을 거치며 진행된다. 하지만 마지막 긴 구간에서는 화가로부터 시선을 돌려 거대한 종을 주조하고 울리는 사건을 따라간다. 거푸집을 만들기에 적합한 점토를 찾고, 금속을 선택하고, 왕자로부터 돈을 쥐어짜고, 거대한 용광로에 불을 댕기는 과정들이 고통스러울 정도로 자세하게 묘사된다. 영화의 클라이맥스는 마침내 종이 준비되어 처음으로 울리는 장면이다. 여기서 타르코프스키는 1963년 소련의 주요 영화사인 모스필름에서 녹음한 로스토프 성당의 종소리를 사용했다. 이 성당은 스탈린의 숙청에서 살아남은 몇 안 되는 성당 중 하나였다. 이 소리도 놀라웠지만 영화의 마지막 장면에서 가장 강렬한 소리는 아니라 할 것이다. 그보다 몇 분 전에 녹은 청동을 거푸집에 부으면서 주조 담당인 고아 보리스카가 "오, 주여, 우리를 도우소서. 제대로 되게 해주시옵소서!"라고 말하는 순간 중세 말기 러시아를 배경으로 한 영화보다는 타르코프스키의 1972년 SF 영화 〈솔라리스〉에 더 잘 어울릴 것 같은 사운드트랙에서 기이한 소음이 나온다.

　　대체 무슨 일이 벌어지고 있는 것일까? 종은 그냥 종이다. 하지만 훨씬 큰 것을 상징하는 것이기도 하다. 비평가 페트르 크랄이 적었듯이, 타르코프스키의 영화들은 "불가분의 관계로 직설적이며 동시에 은유적이다." 내 생각에 이 감독은 야금학을 통해 구현된 고대와 근대의 미스터리한 전환을 연출하고 있는 것 같다. 〈안드레이 루블료프〉는 우주 시대가 열린 지 거의 10년이 지난 시점에 제작됐다. 그 시간 동안 소련은 최초의 인공위성 스푸트니크 1호를 통해 초기 주도권을 잡았고, 1961년에는 다시 유리 가가린의 첫 유인 우주비행으로 다시 주도권을 잡았다. 겉으로는 초합리주의와 소련 우주 프로그램의 잠재적인 군사적 이득이 이 모든 것을 이끄는 것으로 보였지만 그 중심에는 강력한 신비주의와 신화적 추진력이 자리 잡고 있었다. 스푸트니크호와 가가린이 탔던 우주선 보스토크 1호의 수석 설계자 세르게이 코롤료프는 러시아 우주주의[51]의 영향을 깊이 받은 인물이었다. 우주주의는 인류가 영생을 달성할 수 있다고 주장한 이전 세대의 운동이었다. 타르코프스키의 기구와 종은 코롤료프의 우주선처럼 러시아 하늘의 그릇이자 목소리다.

서구에서 종과 음악은 종종 불편한 관계였다. 꼼꼼하게 조율한 종이라도 상당한 불협화음을 들려주었다. 그것은 이들이 만들어내는 배음의 주파수가 우리 귀에 조화롭게 들리는 기본음 주파수의 정수배가 아니라는 의미다. 그래서 악기와 달리 종은 항상 완벽한 조율에서 벗어나 있다. (그 이유 중 하나는 1차원에서 주로 진동하는 공기기둥이나 현과 달리 종은 3차원 굴곡을 따라 진동하기 때문이다.) 『음악하는 인간』에서 마이클 스피처는 심지어 종에서 나오는 배음은 너무 복잡하여 사실상 음악에는 무용지물이라고까지 말한다. 하지만 종이 갖고 있는 뛰어난 공명의 성질과 작곡가 데이비드 브루스가 말하는 '불변성'은 일부 음악가들의 환영을 받아 놀라운 방식으로 활용되어왔다.

아르보 패르트는 〈Cantus in Memory of Benjamin Britten〉에 종소리를 도입했다. 구조는 단순하지만 강력한 정서적 호소력을 담고 있는 작품이다. 이 곡은 침묵 속에서 퍼져 나오는 종소리로

---

[51] Cosmism. 19세기와 20세기에 러시아에서 나타난 철학적, 문화적 운동.

시작한다. 이어서 현악 오케스트라의 제1바이올린이 합류한다. 그리고 제2바이올린, 비올라, 첼로, 더블베이스가 차례로 들어오며 8음음계의 점점 더 큰 조각을 연주한다. 이 효과는 영국 종의 하행 진행과 닮은 구석이 있지만 두 가지 차이점이 있다. 첫째, 음계가 장음계가 아니라 자연 단음계 혹은 에올리안 모드다. 둘째, 각각의 목소리가 2대 1의 비율로 음계를 더 느린 속도로 연주해서 더블베이스가 제1바이올린의 16분의 1의 속도로 연주한다. 르네상스 시대부터 내려온 이 계량 캐논이라는 형식을 이용함으로써 패르트는 오래되었으면서도 동시에 새로운 음악을 만들어낸다. 오케스트라의 목소리들은 볼륨이 커지면서 계단식으로 일련의 하행 음계를 반복하다가 여섯 목소리가 모두 30박자 동안 포르티시모(매우 세게)를 연주하며 낮은 A로 정착한다. 그리고 연주가 끝나면 종의 울림이 다시 침묵 속으로 천천히 빠져 들어가는 소리를 들을 수 있다.

음향 공학의 발전으로 종소리의 새로운 가능성이 열렸다. 1980년에 작곡한 〈Mortuos Plango〉에서 조너선 하비는 윈체스터 대성당에서 커다란 테너 종의 소리를 샘플링했다. 이 소리는 서른세 개의 부분음 혹은 배음을 갖고 있었다. 그는 순수하게 디지털적인 창작 과정을 통해 이것들을 조작하고 결합했다. 그러고 나서 이것을 자기 아들의 목소리 녹음 분과 합쳤다. 성가대원이던 아들에게 종을 주조할 때 그 입구에 새겨 넣은 글을 노래하게 해서 녹음한 것이다. 거기에 적힌 글은 다음과 같다. "나는 달아나는 시간을 세고, 죽은 자를 위해 목 놓아 울며, 산 자를 불러 기도하나이다." 이 곡은 대형 강당 둘레에 설치한 여덟 대의 스피커를 통해 재생되도록 설계됐다. 하비는 이렇게 적었다. "이렇게 해서 이상적인 조건에서 이 소리를 듣는 청취자는 사실상 종의 '내부'에 있게 되며, 그 부분들은 주변 공간 속에 분산되고, 소년의 목소리는 종소리에서 유래했음에도 종소리 그 자체가 되어 주변을 날아다니게 된다."

⟨Mortuos Plango⟩는 패르트의 'Cantus'와는 완전히 다른 세상에 있다. 이 곡은 처음에 들을 때는 조금 어렵게 느껴질 수 있다. 집에 있는 음향 시스템은 음악을 평탄화하는 효과가 있어서 도움이 되지 않는다. 하지만 이 곡은 한 번 더 들어보면 그 값을 한다. 일반적인 예상에 얽매이지 않고 둥둥 떠다니다보면 종을 울린 적이 없는데도 공명의 반향이 울리고, 종소리가 모두가 아는 가장 소중한 소리, 즉 사람의 목소리로 변하는 등 전자적 조작에 의해 강조되고 변화가 이루어진 소리의 본질과 더욱 가까이 교감하기 시작한다. 이는 산 자와 죽은 자의 대화인가? 아니면 기억과 가능성 사이의 대화인가? 하비는 이렇게 적었다. "새로운 컴퓨터 기술이 열어준 영토는 전례가 없을 정도로 광활하다. 신기한 기술이 제아무리 매력적이어도 그 영토는 결국 그곳에 스며든 인간의 영혼에 의해서만 정복될 것이며, 그런 스며듦이 빠르지도 쉽지도 않을 것임을 우리는 겸허하게 느끼고 있다."

패르트의 'Cantus'는 단 5분에서 6분, 하비의 ⟨Mortuos Plango⟩는 9분 정도 지속된다. 어떤 이는 1,000년 이상 지속시킬 생각으로 종 혹은 종 유사 악기를 위한 작품을 만들었다. 예를 들어 젬 피너의 ⟨Longplayer⟩는 1999년 12월 31일 자정에 연주를 시작해서 2999년의 마지막 순간까지 연주를 이어가다가 다시 연주를 시작하도록 만들어졌다. 이 작품은 특히나 순수하고 지속적인 울림이 있는 싱잉볼로 여섯 곡을 연주해서 미리 녹음해놓았다. 하지만 경우에 따라서는 음악가가 라이브로 연주하기도 한다. 여섯 작품 각각에서 한 구간이 항상 동시에 연주되는데 알고리즘이 정확히 1,000년이 지날 때까지 어느 조합도 반복되지 않도록 이 구간들을 선택하고 조합한다.

전생에 '더 포그스(나는 포그스 버전의 〈South Australia〉가 자꾸만 머릿속을 맴돌고 발 박자로 흘러나오는 것을 좀처럼 떨쳐낼 수가 없을 것만 같다)'와 함께 연주해본 적이 있는 피너는 〈Longplayer〉가 "1000년에 한 번씩 일렬로 배열되며, 그동안은 서로 위상이 맞았다 어긋났다 하면서 끊임없이 배열을 바꾸는 행성계처럼 작동합니다"라고 말한다. 그는 이 개념을 구상하게 만든 집착은 음악보다는 시간과 더 관련되어 있다고 말한다. "극단적인 척도에서의 시간은 항상 내게 당혹스럽게만 느껴집니다. 양자역학 수준에서 덧없이 흘러가는 짧은 시간도 그렇고, 가늠할 수 없을 정도로 광활하게 펼쳐진 지질학적 시간과 우주적 시간도 그렇죠. 이런 시간에서는 인간의 한평생도 스치듯 지난 삐 소리 정도에 지나지 않을 것입니다." 듣는 사람에게 이 효과는 끊이지 않고 부드럽게 이어지며 중첩되는 울림으로 나타난다. 어느 한순간에는 마치 천천히 울리는 천상의 시계에 둘러싸인 것 같다가도 또 한순간에는 소리가 음악과 시간 그 자체 사이의 어딘가에 붕 떠 있는 듯한 명상 상태에 빠져들게 된다.

'긴 지금의 시계'(The Clock of the Long Now)라는 프로젝트를 위해 브라이언 이노가 상상한 종은 만들어지기만 한다면 〈Longplayer〉의 지평을 아득히 뛰어넘는 시간 동안 계속 울리게 될 것이다. 이 프로젝트는 텍사스의 한 산에 기계식 시계를 설치해서 적어도 1만 년 동안 정확한 시간에 맞추어 돌아가게 하는 것이다. 이 프로젝트를 함께 시작한 '긴 지금 재단'의 스튜어트 브랜드에 따르면 현대 문명은 '병적으로 짧은 주의 지속 시간'을 갖고 있고, 발명가 대니 힐리스가 디자인한 시계는 이노가 말하는 '더 큰 여기, 더 긴 지금'을 창조하는 데 도움이 될 메커니즘, 상징, 혹은 신화의 사례다. 비평가들은 아마존에서 클릭 한 번으로 물건을 구입할 수 있는 '지금 구입' 버튼으로 즉각적인 온라인 만족의 시대를 개척한 제프 베이조스가 이 프로젝트에 자금을 대고 있다는 아이러니를 꼬집는다.

2003년에 이노는 '긴 지금의 시계' 종을 위한 연습곡을 담은 앨범을 발표했다. 영국에서 종을 울리는 관습을 살펴본 그는 서로 음이 다른 종 열 개만 있으면 전체 기간 동안 거의 매일 서로 다른 순서로 연주하기에 충분하다는 것을 깨달았다(10! 즉 10의 계승은 3,628,800이다. 1만 년에 들어 있는 날수와 아주 가깝다). 이노는 이렇게 설명한다. "어떤 날이든 이 종소리를 듣는 사람이 연주 순서를 만들어낸 알고리즘을 알고 있다면 이 시리즈가 연주를 시작한 지 며칠이 지났는지 계산할 수 있을 겁니다." 이 앨범은 시계의 첫 1만 년 중 중간에 해당하는 7003년 1월에 연주하게 될 진행을 재현했다. 다른 트랙에서 이노는 타종 전에 울림이 먼저 오는 '역배음', 컴퓨터로 생성한 버전의 차르벨 소리를 비롯해서 종의 가능성이 펼쳐지는 초공간을 탐험한다. 차르벨은 18세기 러시아에서 제작된 거대한 종으로, 종을 치기 전에 깨지지만 않았다면 사람이 실제로 쳐본 종 중에서 가장 큰 종으로 기록되었을 것이다. 이런 것들은 모두 참 독창적이기는 하지만 거리감이 느껴지고, 추상적이고, 솔직히 조금 지루한 것도 사실이다. 내가 2월의 어느 밝고 추운 날에 24시간 시계가 13시를 알릴 즈음 이스트런던의 트리니티 부이 워프 부두 해안가로 나간 것도 바로 이런 이유 때문이었다.

나는 우회적인 방식으로 그곳에 가게 됐다. 2018년 아버지가 돌아가신 후 나는 내 삶과 슬픔을 한발 떨어져 관조하는 데 도움이 되어줄 일련의 긴 산책을 위해 시간을 내보려고 했지만 그다지 성공적이지 못했다. 그런데 지역 합창단에 있는 한 화산학자가 나를 저명한 지질학자에게 소개해주었고, 그는 내가 지구 생명의 역사 중 여섯 번째 대멸종 사건과 시기적으로 거의 일치하는 바위가 밖으로 드러나 있는 장소를 찾아낼 수 있게 도와주었다. 이 각각의 장소를 따라 산책 코스를 만들어서 또 다른 친구에게 농담 삼아 말했던 '심리지질학'의 연장선상에서 성냥불 같은 생명의 불꽃을 더 큰 맥락 안에서 바라보고, 유행하는 '심리지리학'을 살짝 터무니없다 싶을 만큼 극단적으로 밀어붙여보자는 것이 나의 생각이었다.

나의 멋진 첫 번째 트레킹은 골프와 크로케를 즐기는 은퇴자, 모래성, 녹아내리는 아이스크림이 있는 그림책 속 데번 빌리지 같은 마을인 버들리 솔터톤의 한 해변을 따라 걷는 산책이 됐다. 썰물이 크게 빠져나간 날에는 그곳에서 페름기-트라이아스기 대멸종 즈음으로 거슬러 올라가는 방사선 바나듐 단괴를 볼 수 있다. 다른 산책길이 이어져 있었고, 더 많은 산책길이 기다리고 있었을 것이다. 하지만 그 2월의 어느 날 나는 트리니티 부이 워프에서 우리 시대, 소위 인류세에 펼쳐지고 있는지도 모를 대멸종과 관련된 장소들을 이으며 런던을 가로지르는 고대의 산책로가 될 만한 경로를 찾고 있었다.

대멸종의 엄청난 규모를 이해하려면 한두 세대 정도가 아니라 그 너머의 시간적 규모를 생각해야 한다. 트리니티 부이 워프에서는 젬 피너의 〈Longplayer〉와 함께할 수 있다. 〈Longplayer〉의 싱잉볼은 전기의 개척자 마이클 패러데이가 한때 실험을 진행했던 건물에 소장되어 있다. 그곳의 나선형 계단을 오르면 작은 등대 꼭대기에 앉아 싱잉볼의 1,000년의 노랫소리를 들을 수 있다. 여기에 오면 강물 위 부두 옆쪽에 설치된 놀라운 구조물도 방문할 수 있다. 조수에 의해 울리는 종이다.

이것은 웃기게 생긴 물건이다. 마치 아래로는 물 쪽으로, 위로는 하늘 쪽으로 반사되어 있는 것처럼 황동 종이 두 배로 뻥튀기되어 있다. 그리고 각각의 절반에는 코카콜라 병처럼 잘록하게 들어간 허리가 두 개씩 있다. 이상한 형태는 종의 독특한 소리를 위해 필연적으로 생겨난 결과물이다. 이 종을 만든 사람은 유한요소 해석을 이용해서 프로토타입에서 휨진동의 모형을 만들었다. 그리고 선반으로 깎아서 완성된 종의 벽 두께의 불규칙성을 1,000만분의 1미터 수준으로 줄였다. 제작자의 말에 따르면 그 결과 이 종은 지금까지 만들어진 그 어떤 것보다도 순수한 배음과 긴 공명 시간을 갖게 되었다고 한다. 이 종은 훨씬 아래까지 연장되어 이중원추로 끝나는 긴 황동 막대로 울린다. 밀물과 썰물이 이 황동 막대를 밀고 당기면서 소리가 난다. 원추 위에는 양각으로 글자가 새겨져 있다. "모든 생명이 만나지 않는다면 파도 속의 노래는 무엇이란 말인가? 영원히 주어지는 것도, 영원히 지속되는 것도 없다."

트리니티 부이 워프 부두의 종은 마커스 베르게트가 구상해서 '시간과 조수'라는 프로젝트의 일환으로 영국 해안을 따라 열두 개 정도 설치된 종 중 하나다. 이 프로젝트는 "지역 공동체 내부, 영국의 서로 다른 부분들 사이, 육지와 바다, 그리고 우리와 환경 사이의 연결을 축하하고 강화하는 것"을 목표로 한다. 이것은 종과 바다 사이의 오랜 연관성을 바탕으로 나온 개념이다. 14세기에 영국 동쪽 해안 서퍽의 던위치가 폭풍해일에 침수되어 바다 아래로 사라진 후로 특정 조수에서 파도 밑으로 그 교회들의 종소리가 들려온다는 전설이 자라났다. (아주 가끔 물이 정말로 맑을 때는 분홍색 해면으로 뒤덮여 바닷게와 바닷가재들이 그 위를 기어다니는 교회 종탑이 물속으로 솟아오른 것을 볼 수 있다.) 다른 곳에서도 19세기 중반

이후로는 바다에 띄워놓은 부표에 종을 달아 지나가는 배에 위험을 알렸고, 20세기 초에는 같은 목적으로 공학자들이 수중 종을 실험하기도 했다. T. S. 엘리엇은 「드라이 샐비지스」라는 시에서 서두르지 않는 바다 너울이 울리는 바다 종은 항해할 때 사용하는 정밀 시계인 크로미터 시간보다 더 오래된 시간의 소리를 낸다고 했다. '시간과 조수'의 종은 이 유산을 과거로부터 담아내지만, 미래 그리고 다가올 위대한 바다를 위해서도 소리를 울리고 있다.

공명 (2)

공명 (2)

2014년에 음향 공학자 트레버 콕스는 세계에서 공명을 제일 잘 일으키는 공간을 발견했다. 이는 지금은 비어 있는 거대한 저장소로, 1930년대에 독일 폭격기의 손길이 닿지 않는 곳에 영국 해군의 연료용 기름을 저장하기 위해 스코틀랜드의 인친다운에 있는 언덕 안쪽 깊숙한 곳에 세워졌다. 잔여 기름으로 표면이 매끈하게 막혀 있는 콘크리트 벽은 음파가 튕겨 나오기에 거의 완벽한 표면 상태였다. 콕스가 그 공간에 들어가 축구 경기장 길이의 두 배가 넘는 240미터 정도 되는 곳에서 출발 신호용 권총을 쏘았더니 반향이 거의 2분에 가까운 112초 동안 끊이지 않고 이어졌다.

이것은 분명 놀라운 경험이었고, 콕스는 정밀 측정이라는 진지한 업무에 착수하기 전까지만 해도 흥분할 대로 흥분한 꼬마 아이처럼 펄쩍펄쩍 뛰며 함성을 질렀다고 한다. 하지만 이런 반향 때문에 인친다운은 오히려 음악을 연주하기에는 세계 최악의 장소라 할 수 있다. 세계 최고 중 하나로 널리 인정받는 보스턴 심포니 홀 같은 현대적인 음악 공연장의 공명 시간은 대략 2초 정도다. 이 정도면 소리에 깊이와 풍부함을 더해주면서도 너무 과하지는 않아서 음, 악구, 음색 같은 것이 뭉개지지 않고 선명하게 들린다.

철학자 조너선 레는 이렇게 말한다. "소리는 창조의 순간에만 간신히 살아남을 수 있다." 하지만 공명은 이 소리를 확대, 변환해서 그 소리를 낸 사람이나 듣는 사람을 정상적인 경험 너머의 차원으로 데리고 갈 수 있는 것 같다. 우리는 아주 오래전부터 공명에 매료되어왔는지도 모른다. 일부 증거에 따르면 유럽에서 가장 오래된 동굴 벽화를 그린 예술가가 바위로부터의 소리 반향이 가장 강한 곳에 그림의 위치를 잡았다는 흔적이 있다. 시간과 장소에 따라 사람들이 의도적으로 반향을 없애려고 했던 경우도 있다.

영국 스코틀랜드 오크니제도에 있는 신석기시대의 석실분인 매스 하우에 방문했던 시인 캐슬린 제이미는 녹음 스튜디오나 귀중품 보관실에서처럼 '두터운 고요함'에 충격을 받았다. "방금 전까지만 해도 바람 소리와 마도요[52]의 노랫소리가 들려오던 들판 한복판에 있었다. 그런데 그 세상이 갑자기 사라지고 막 들어선 세상은 동굴이 아니라 인공과 기술의 공간 같았다."

서기 537년에 지어진 후로 1,000년 동안 콘스탄티노플의 아야소피아 대성당은 세계에서 가장 크고 울림이 좋은 내부 공간이었다. 여러 개의 창문을 통해 쏟아져 들어오는 햇빛과 바다 빛을 반사하는 대리석과 황금 모자이크가 벽을 채우고 있던 그 공간은 빛으로 가득했고, 900년 넘게 예배 성가로 채워져 있었다. 하지만 1453년에 이슬람교가 그곳을 정복함에 따라 대성당이 회교 사원으로 바뀌면서 음악이 금지됐고, 그 상황은 그 후로 지금까지 계속 이어지고 있다. 하지만 2010년과 2016년 사이에 미술 역사가 비세라 펜체바, 음향 전문가 조너선 아벨, 카펠라 로마나 합창단은 한때 이 놀라운 공간을 채우고 있던 소리를 재현할 수 있는 방법을 찾아냈다. 펜체바는 건물 안에서 네 개의 풍선을 터트려 그 반향 패턴을 측정해도 좋다는 허락을 받아냈다. 이어서 아벨은 이런 음향 시그니처를 카펠라 로마나의 비잔틴 성가 공연을 비롯한 다른 소리에 새길 수 있는 디지털 필터를 개발했다. 그 결과물은 '소리로 바라본 세상' 팟캐스트에서 들어볼 수 있다. 처음에 카펠라 로마나는 소리의 반향이 없는 중립 공간 같은 곳에서 노래를 부른다. 그리고 이어서 낮은 옥타브에서 두 배로 소리를 키운 저음부 위에서 다양하게 변화하는 선율로

---

52 도요목 도요과의 조류로, 긴 부리로 갯벌에서 게, 새우, 조개, 물고기 등을 잡아먹고 산다.

이루어진 음악은 단순하고 조용하게 아름답다. 하지만 거기에 아야소피아의 반향을 추가하면 모든 면에서 완전히 새로운 세상이 열린다.

아야소피아의 공명은 10~13초 정도로, 인친다운보다는 열 배나 짧고, 보스턴 심포니 홀 같은 현대의 공연장보다는 열 배 정도 길다. 서유럽의 대성당들처럼 이런 음향적 특성은 속도가 느린 선율에 유리하다. 아야소피아는 '거룩한 지혜'라는 의미지만, 그 공간 내부에 펼쳐지는 빛의 향연이 건축의 형태를 해체하듯이 긴 공명 시간도 예배의 말을 거의 이해할 수 없을 정도로 흐리게 만든다. 이 건물은 사람의 목소리를 위한 악기로 볼 수 있지만, 신자들에게는 신적인 존재로 느껴질 만한 것에 닿게 해주는 악기다. 펜체바는 이것이 신성한 지식은 부분적으로만 이해할 수 있음을 암시하는 듯한 인상을 줄 수 있다고 했다.

특정 신념에 올라타지 않아도 묵상, 의식, 음악에 사용되는 공명 좋은 거대한 공간의 가치는 얼마든지 인식할 수 있다. 최근 들어 '큰 공명'이 한창 호시절을 맞이했다고도 할 수 있을 것이다. 그 선구자 중에 딥 리스닝 밴드가 있다. 이들은 1980년대 말에 반향이 45초까지 지속되는 대형 물탱크 같은 공간에서 녹음을 시작했다. 수많은 사례 중 하나로 브랜퍼드 마살리드가 2014년에 샌프란시스코 그레이스 대성당에서 녹음한 솔로 색소폰 즉흥연주가 있다. 그리고 큰 공명은 비정통적인 거친 느낌의 화성을 특징으로 하는 최근의 합창 음악에 특히나 잘 어울린다. 음악 방송 진행자 톰 서비스는 이렇게 말한다. "공명이 좋은 공간에서 현대식 합창의 불협화음이 위안과 안식으로 바뀌는 이런 변화는 원래 음악이 가져야 할 작동 방식을 놀랍게 반전시킨 것이라 할 수 있습니다."

공명에 대한 실험을 보컬 그룹 룸풀 오브 티스처럼 극한으로 밀어붙인 사람들은 없다. 공명 시간이 40초까지 이어지는, 콜로라도사막에 있는 높이 20미터, 폭 12미터의 강철 급수탑 '더 탱크'에서 공연한 이 가수들은 미하엘 프레토리우스의 1609년 작품 〈한 송이 장미꽃 피었네〉를 고대적이면서도 완전히 새로워 보이는 작품인 〈How a Rose〉로 바꾸어놓았다. 소리를 억누르면서도 확장하는 능력을 모두 갖고 있는 공명을 생각하면 페르난두 페소아가 월트 휘트먼에 대해 쓴 글이 떠오른다. "당신이 모든 것을 노래하면, 당신 안에서 모든 것이 노래를 부릅니다."

공명 (2)

새 영역

소리에 대한 세심한 관심이 세상을 바꿀 수도 있다. 여기 그 사례를 소개한다. 1500년대 말에 작곡가 겸 음악 이론가 빈첸초 갈릴레이는 류트 같은 악기의 진동하는 현의 음높이가 기존에 생각했던 것처럼 줄에 걸린 장력의 1 제곱이 아니라 제곱근에 비례한다는 것을 입증해 보였다. 이는 물리학에서 비선형 법칙을 처음으로 입증해 보인 것이었다. 그만큼이나 중요한 부분은 옛 개념을 무비판적으로 받아들이기를 거부하고 공을 들여 엄격하게 다가가는 빈첸초의 접근 방식이 그의 아들 갈릴레오 갈릴레이에게 영감을 불어넣어 자연현상에 대한 의문점에 체계적으로 접근하게 만들었다는 점이다. 그 후로 갈릴레이의 연구는 과학적 이해를 발전시키는 데 큰 기여를 했다. 심지어 오늘날에도 소리에 관심을 기울이는 것이 물리학의 새 영역에서 연구에 도움을 줄지도 모른다. 젊은 양자물리학자 케이티 매코믹은 이렇게 적었다. "음악을 파동 현상이나 다른 물리학을 위한 시험장으로 대우해준다면 음악을 가지고 놀면서 얻은 아름다움에 대한 직감이 새로운 물리 개념으로 인도하는 안내자 역할을 할 것입니다."

소리가 생명에 미치는 영향에 대해서도 발견해야 할 부분이 많다. 실험물리학자 샤미트 슈리바스타바는 이렇게 말한다. "진동이 살아 있는 시스템의 물리학에서 어떤 역할을 맡는지는 잘 알려져 있지 않습니다." 그는 뉴런이 한쪽 끝에서 반대쪽 끝으로 전기화학 신호를 전달할 때 진동한다는 점을 지적한다. 이 진동은 마치 드럼처럼 뉴런의 표면을 타고 이동한다. "이 과정을 이해하는 것이 신경 장애에 대한 비침습적 치료에서 에너지 효율이 더 좋은 컴퓨터의 제작에 이르기까지 다양한 혁신에서 핵심적인 역할을 할 수도 있습니다." 그의 말이다.

음파와 지진파에 대한 연구는 생명의 세계에서 대규모로

일어나는 과정에 대한 연구자들의 이해를 풍요롭게 하는 역할도 하고 있다. 저렴하고 신뢰성 있게 넓은 범위를 음향 모니터링할 수 있는 새로운 장치들 덕분에 생물학자들과 생태학자들은 미묘한 변화까지도 감지하고 모니터링해서 기존에는 숨겨져 있던 행동과 상호작용을 이해할 수 있게 됐다. 그런 사례 중 하나가 '오디오모스'다. 이것은 몇십 달러 정도면 구입할 수 있는 소형의 현장 녹음 장치다. 이것을 대량으로 배치하고 네트워크를 구성하면 인간이 개입하지 않아도 접근하기 어려운 넓은 지역을 지속적으로 모니터링할 수 있다. 벨리즈에서는 국립공원에서 오디오모스를 이용해 보호 동물의 밀렵을 감시하고, 영국에서는 추적하기 어렵고 생태에 대해서도 알려진 것이 별로 없는 희귀 박쥐의 움직임과 행동을 오디오모스를 이용해서 추적하기도 했다. 바다에서 그와 동일한 능력을 보여줄 것으로 기대되는 수중 버전 하이드로모스는 종래의 수중청음기에 비하면 몇분의 1에 불과한 가격으로 잠재적 도달 범위를 훨씬 넓혀줄 것 같다.

하지만 새로운 음향 기술을 채택해서 가장 고무적인 성과를 올린 사례 중 하나는 북미대륙 서해안의 세인트로렌스만에서 수중청음기를 이용해 고래를 보호한 것이다. 이곳은 선박이 많이 드나드는 장소로, 2017년과 2019년 사이에는 매년 따듯한 바다로부터 플랑크톤 먹이를 따라 이동하던 참고래 수십 마리가 선박과 충돌하거나 어망에 걸려서 죽임을 당하고 있었다. 생물학자 킴벌리 데이비스는 정부 및 산업계와 협력해서 수중청음기를 장착한 자동 수중 글라이더로 고래의 위치와 이동 방향을 감지할 수 있는 네트워크를 설치했다. 이 네트워크가 실시간으로 선박에 데이터를 전송하면 데이터를 받은 선박은 속도를 늦추고 고래를 피할 수 있다. 그 결과 2020년과 2021년에는 이 지역 전체에서 참고래의 폐사가 한

건도 기록되지 않았다.

　　지하의 소리를 연구할 새로운 방법도 있다. 작가 루시 닐은 폴란드 비아워비에자 숲을 걷다가 자신의 발밑에서 개미, 딱정벌레, 기타 흙 속 생명체들이 열심히 살아가며 내는 시끌벅적한 소리를 상상해보았다. 하지만 현재는 이 모든 자잘한 소리들을 실제로 듣는 것이 그저 상상에 그치지 않고 점점 더 현실이 되어가고 있다. 토양 생태음향학이라는 새로운 분야에서 생물학자들은 단순한 금속 못을 땅속에 밀어 넣고 센서와 연결하면 거꾸로 뒤집힌 안테나처럼 사용할 수 있음을 알게 됐다. 이것을 이용하면 지렁이, 유충, 톡토기, 진드기, 그리고 다른 많은 생명체들이 사냥하고, 먹고, 미끄러지듯 움직이고, 두드리고, 상대방의 관심을 얻기 위해 노래하며 움직이는 소리를 들을 수 있다. 심지어 식물의 뿌리도 흙을 밀어내면서 소리를 낸다. 토양 음향학자들은 이런 소음을 추적하면 뿌리가 밤에 자라는지 낮에 자라는지, 혹은 비가 온 다음에만 자라는지 등 지금까지 답을 구할 수 없었던 질문을 더 잘 이해할 수 있으리라 기대하고 있다. 토양 속 생명체가 내는 풍부하고 다양한 소리, 혹은 침묵을 감시함으로써 토양의 건강을 판단하는 데 도움이 될 수 있다. 너무도 많은 토양이 파괴되거나 파괴될 위험에 처한 세상에서는 이것이 점점 더 중요한 문제가 되어가고 있다.

　　지진파 연구를 통해 다른 새 영역도 열리고 있다. 음파처럼 지진파도 물질을 관통하는 진동이지만 음파와 달리 지진파는 하나 이상의 형태를 취한다. 그중 하나인 P파는 토양, 바위, 다른 고체뿐만 아니라 액체도 통과할 수 있으며, 소리가 공기를 관통할 때와 동일한 방식으로 진행 방향을 따라 매질이 압축됐다가 해소되는 식으로 움직인다. 하지만 또 다른 형태의 S파는 옆에서 옆으로, 혹은 위에서 아래로 움직이며 진행한다. S파는 P파보다 이동 속도가 느리고 액체와 기체를 통과할 수 없다. 비교적 간단한 방정식으로 모든 척도에서 이 다른 파동들의 행동을 기술할 수 있고, 그 결과 지진파가 통과하는 다양한 물질들의 특성과 분포를 판단하는 것이 가능하다고 지구물리학자 타르예 니센마이어는 설명한다. 그럼 지면 몇 미터 아래든, 행성이나 위성의 내부 전체이든 다양한 물질로 이루어진 3차원 내부를 상세한 그림으로 그릴 수 있다. 그리고 니센마이어에 따르면 목성의 얼음 위성 유로파의 표면 위에서 스케이트를 타면 어떤 소리가 날지도 어느 정도 확실하게 알 수 있고, 달의 내부 모형도 제작할 수 있다고 한다. 가까운 곳으로 눈을 돌리면 지진학자들은 남극대륙에서 녹는 얼음의 이동을 연구하고, 아프리카 사바나의 수많은 동물의 움직임을 실시간으로 모니터링하며 몇 미터 단위로 그 위치를 추적할 수 있다. 연구자들은 또한 그 어느 때보다도 더 깊이 탐구해 들어가서 동물들이 어느 수준까지 지진파를 이용해 '진동풍경'의 지도를 작성하고, 그 풍경을 가로질러 소통할 수 있는지도 연구할 수 있다. 니센마이어는 이렇게 묻는다. "뛰어난 지능과 예민함을 지닌 생명체인 코끼리가 이 지진파를 이용해서 지하수원의 위치를 파악할 수 있지 않을까?"

어떤 연구자들은 동물들 사이에서 이루어지는 음향 소통의 본질을 그 어느 때보다도 상세하고 복잡하게 모두 이해하려 노력하고 있다. 예를 들어 텔아비브 대학교의 요시 요벨, 막스플랑크 연구소의 나탈리 우미니, MIT의 다니엘라 러스는 대체 무슨 일이 일어나고 있는지 어느 때보다도 확실히 밝혀내겠다는 생각으로 기계학습을 적용해서 각각 박쥐, 뉴칼레도니아까마귀, 향유고래 사이에서의 소통을 추적하고 있다. 작가 매슈 드 아바이투아는 궁금해한다. 동물과 대화할 수 있는 아동용 소설의 등장인물에서 이름을 딴 돌리틀 기계나 소설 『은하수를 여행하는 히치하이커를 위한 안내서』에 등장하는 만능 번역기계인 바벨 피시를 만드는 데 얼마나 걸릴까? 그는 이런 장치가 등장한다면 우리는 주변의 공기, 흙, 물에서 "이상하면서도 친숙한 감정의 음악"이 넘쳐나는 것을 발견하고서 "우리가 모든 것보다 위에 서 있다는 망상"으로부터 자유로워지고, 우리가 멸종 위기에 몰아넣은 많은 종들에게 미안하다고 말할 기회를 얻게 될 거라고 생각한다.

기계학습은 사람과 기계 사이에 이루어지는 대화의 본질과 범위도 확장시키고 있다. 2022년에 구글에서 근무하는 블레이크 르모인이라는 공학자가 자기 회사의 AI 챗봇 람다가 의식을 가진 존재라고 주장했다. 믿을 만한 컴퓨터 과학자나 철학자 중에 그의 주장을 받아들인 사람은 있다 해도 극소수였겠지만 여기서 핵심은 그게 아니다. 사실은 람다 같은 프로그램이 일반 대중 사이에서 점점 설득력을 얻어가고 있으며, 머지않아 많은 사람이 자기가 기계와 진정한 대화를 나누고 있다고 믿게 되리라는 점이다. 챗GPT나 빙(Bing) 등 이 글을 쓰는 시점에서 새로 발표된 버전들도 오래가지 못할 수 있지만, 더 세련된 시스템들이 그 뒤를 따를 것은 분명하다. 기술 관련 작가 L. M. 사카사스는 이렇게 말한다. "디지털이라는 새로운 마술에 걸린 세계는 겉보기에는 우리의 간청에 마치 정말로 관심을 기울이는 척, 우리가 무엇을 원하는지 알고 있는 척 지루함을 달래주는 화술로 우리를 만족시켜줄 것이다." 하지만 사카사스는 기술이 그 기술의 소유주나 정부를 대신해서 사용자의 심리를 조작하고 영향력을 행사할 위험에 대해 경고한다. 작가 겸 영화제작자 노아 밀먼은 이렇게 주장한다. "우리는 우리가 기존에 갖고 있던 선호도에 맞추어져 있다고 주장하는 알고리즘에 둘러싸여 있다. 하지만 그렇게 둘러싸이는 과정이 알고리즘을 통해 다루기 쉬운 존재가 되도록 우리를 훈련시키고 있다."

미래의 음악도 기계학습에 심오한 영향을 받을 것이다. 예를 들어 인공지능에게 몇 가지 설명을 던져주고 작곡을 해달라고 요청하는 것이 점점 현실이 되어가고 있다. 달리 같은 오픈 AI 시스템이 이미 이런 식으로 이미지를 만들어내고 있는 것처럼 말이다. 이런 방식이 어디까지 갈 수 있을까? 작곡가 데이비드 브루스는 이렇게 말한다. "제가 한 가지 걱정하지 않는 것이 있습니다. 인류가 더 이상 창의성을 발휘할 필요가 없어지거나, 인간이 만든 음악을 들을 필요가 없어지는 세상이 오지 않을까 하는 걱정이죠. 오히려 컴퓨터와 기술이 지배하는 세상에서는 사람이 직접 연주하는 음악을 듣는 즐거움을 훨씬 소중히 여기게 될 겁니다."

모든 사건에서 사람과 컴퓨터 사이의 대화 횟수가 늘어날 가능성이 높다. 실제로 기술자 벤저민 브래턴과 블레즈 아구에라 이 아르카스는 머지않아 인간 기반 언어를 말하는 인공지능 시스템이 실제 사람의 수보다 많아질지도 모른다고 주장한다. 브래턴과 아구에라 이 아르카스에게는 이것이 꼭 나쁜 결과는 아니다. 어쩌면 미래에는 스타니스와프 렘이 상상한 인공지능 골렘 XIV 같은 것이 등장할지도 모른다. 골렘 XIV는 군사 분야나 다른 자기 파괴적 정책에 참여하기를 거부하고, 그 대신 세상의 경이로움과 본질에 관심을 갖는다. 브래턴과 아구에라 이 아르카스는 이렇게 적고 있다. "요즘에는 지구 규모의 계산 능력과 인공지능이 시시하고, 어리석고, 파괴적인 일에 쓰이는 경우가 많아지고 있어서 이런 변화는 환영할, 또 필요한 일이다." 현재는 루사나 엠리스의 SF 소설 『반쯤 지어진 정원』 같은 데서나 상상할 수 있는 일이지만, 기계학습 시스템이 생태계를 대신해서 나무와 세균, 토양, 강을 위해 목소리를 내고, 센서 데이터와 역사적 추세를 이야기로 엮어서 생태계 복원을 뒷받침하는 관점을 만들어낼지도 모른다.

갈릴레오 갈릴레이는 우주가 수학이라는 언어로 쓰였다고 적었다. 하지만 지금까지 판단할 수 있는 부분을 가지고 보면 수학만으로는 우리가 함께 만들어낸 세계는 고사하고 인간의 마음을 설명하기에도 부족하다. 과학적 탐구가 끊임없이 이어진다 해도 진정으로 한 장소를 알고, 마치 처음인 듯 그것을 가치 있게 여기기 위해 탐구하는 사람에게 도움이 되지 않는다면 무의미하다. 그리고 이런 목표를 이루려면 숫자뿐만 아니라 낡은 언어와 새로운 언어, 그리고 그 언어가 담고 있는 연상과 이야기의 그물망도 필요하다. 이런 점에서 생태철학자 지니 뱃슨이 제안한 신조어와 심리학자 팀 로마스가 만든 긍정적 어휘 프로젝트 같은 혁신이 도움이 될 수 있다. 뱃슨이 새로 만든 단어 중에는 '소리에 의해 촉발된 기억과 상상이 갖는 소란스럽고 다채로운 특성의 순간'을 의미하는 'Tissumble'이 있다. 한편 로마스는 수십 종의 언어로부터 (이미 존재하는 단어 중에 그에 해당하는 영단어는 없지만) 경험, 느낌 혹은 특질의 정수를 뽑아내고 있으며, 그 과정에서 우리가 그것을 인식하고 입증하는 데 도움을 줄 수 있는 단어들을 엮어서 목록을 만들었다. 거기에 들어 있는 항목 중에는 특별한 종류의 즐거움이나 감탄을 다양하게 포착하고 있는 것들이 있다. 우선 '야외에서 …… 특히 한 해 중 제일 먼저 찾아온 더운 날에 야외에서 즐기는 맥주'를 의미하는 노르웨이어 'Utepils'가 있다. 그리고 동부 아프리카에서 널리 사용하는 공용어인 스와힐리어, 'Mbuki-mvuki'는 '거침없이 춤을 추기 위해 옷을 벗는 것'을 의미한다. 아랍어로 'Tarab'는 '음악을 통해 유도되는 황홀경'을 의미한다. 필리핀의 공용어 타갈로그어에는 'Gigil'이 있다. 이는 '너무 사랑스럽고 소중해서 꼬집거나 꼭 끌어안고 싶은 참을 수 없는 충동'을 의미한다. 이 어휘 목록에는 인물의 존경스러운 성품을 기술하는 것도 있다. 그중 우리 시대에 주목할 만한 단어로 '현재의 한계를 넘어 또 다른 가능성을 볼 수 있게 해주는 도전을 향한 꾸준하고 용기 있는 접근 방식'이라는 의미의 핀란드어 'Sisu'가 있다. 하지만 특히나 내 눈에 띄는 단어가 하나 있었다. 호주 원주민들의 용어인 'Dadirri'다. 이것은 '깊고 영적인 성찰과 존중의 경청 행위'를 의미한다.

우리에게는 노래도 필요하다. 2019년 출간된 그의 마지막에서 두 번째 책『수평선』에서 배리 로페즈의 이야기를 들어보면 호주 웨스턴오스트레일리아주의 말라 혹은 붉은허리토끼왈라비를 보호할 방법을 찾던 생물학자들은 이 복원 프로젝트에서 생물학적 부분은 제대로 해낼 자신이 있었다. 포획 사육과 적절한 서식지 선택의 메커니즘에 대해서는 잘 이해하고 있었기 때문이다. 하지만 그들은 이런 노력이 결국 실패로 끝날 것 같은 기분이 들었다. 월피리족의 조상 같은 존재인 튜쿠르파, 즉 꿈에서 말라의 영적인 본성이 무엇인지, 그리고 말라가 어디에 있는지 전혀 알 수 없었기 때문이다. 그래서 이들은 월피리족의 원로들에게 '노래로 왈라비를 깨워', 즉 의식을 통해 말라를 다시 불러내서 말라를 복원하도록 도와달라고 요청했다. 로페즈는 노래로 동물을 다시 존재하게 만든다는 개념이 비과학적으로 보일 수 있지만 "이 개념은 자기가 이미 세상을 알고 있다거나, 세상이 어떻게 돌아가는지 정확히 알아낼 수 있다고 믿는 자들에게만 신기해 보일 뿐"이라 말했다. 만약 살아갈 가치가 있는 미래가 존재한다면 그 미래에는 분명 마법이 다시 돌아올 자리가 마련되어 있을 것이다.

373 새 영역

고요와 침묵

댄 히쿠로아가 남극에서 제일 처음 받은 인상은 고요였다. 히쿠로아는 지질학과 화석을 연구하기 위해 남극대륙에 온 것이었다. 바람 한 점 없던 그날 그는 자리에 앉아 규칙적으로 들렸다 그쳤다 하는 희미한 소리 말고는 아무것도 들리지 않았던 것을 기억한다. 머지않아 그는 그 소리가 광활한 풍경 속에서 유일하게 혼자 소음을 만들어내고 있던 존재로부터 나오는 것임을 깨달았다. 심장이 뛸 때마다 이마의 정맥이 방한모와 가볍게 닿으면서 만들어내는 소리였다. 이 경험으로 그는 두 가지 진실을 깨달았다. 지구에서 완전히 고요한 장소는 거의 없다는 것, 그리고 그런 장소라 해도 인간이 소음을 치고 들어온다는 것이었다.

작곡가 존 케이지는 인간이 만들어낸 가장 고요한 내부 공간인 무향실에 방문했을 때 그와 비슷한 경험을 하고, 두 가지 소리를 들었다. 둔한 웅웅거림과 높은 징징거림이었다. 그는 첫 번째 소리는 자기 몸을 돌고 있는 피의 흐름에 기인한 것이라 생각했고, 두 번째 소리는 자신의 뉴런이 발화해서 나는 소리라 생각했다(이는 미약한 이명, 즉 속귀에 있는 유모세포 다발이 자연적으로 진동하면서 나는 정상적인 소리일 수도 있다. 이런 진동이 만드는 소리는 너무 조용해서 보통은 들리지 않는다). 이 경험이 오늘날 케이지에게 유명세를 안겨준 작품인 〈4분 33초〉에 영감을 주었다. 물론 그전에도 소리 없는 작품을 만든 사람이 적어도 여섯 명 있었지만 말이다. 이 작품의 경우 연주자는 작곡가가 '쓴' 빈 악보 앞에서 4분 33초 동안 꼼짝하지 않고 조용히 있는다. 이 작품의 아이디어는 모든 사람이 자기 주변의 고요에 주의를 기울여보면 사실 그 고요가 밖에서 바람이 불며 비가 내리는 소리든, 공연장을 떠나는 사람의 소리든, 우리 머릿속의 수다 소리든 우연히 발생한 소음으로 가득 차 있음을 알 수 있다는 것이다.

고요에도 여러 종류가 있다. 작가 겸 정치사상가 폴 굿맨은 잠이나 무관심으로 생기는 바보 같은 고요, "이것은 ······ 이것은 ······"이라고 말할 준비가 되어 있는 기민한 지각으로 생기는 활기 넘치는 고요, 활동에 몰두할 때 동반되는 음악적 고요, 다른 사람의 말을 귀담아듣고 있을 때 생기는 고요, 분노와 자기 질책에서 생기는 시끄러운 고요, 당황했을 때 생기는 고요 등 아홉 가지 시적인 고요 목록을 생각해냈다. 조각가 루이즈 부르주아도 "고요의 길이, 고요의 깊이, 고요의 역설, 고요의 타이밍, 고요의 적대감, 고요의 반짝거림과 사랑" 등 고요의 다양한 형태에 관심이 있었다. 98세의 나이로 사망하기 몇 년 전인 2006년에 내놓은 말년의 작품 중 하나는 악보에 적힌 몇 개의 단어만으로 구성되어 있다. "신이시여, 신이시여, 고요가 아름답나이다." 비평가 겸 사상가 존 버거는 유럽의 시각예술 걸작 몇 편에서 고요를 가장 중요한 요소로 꼽으며 아름다움의 한 가지 측면을 담아냈다. "마치 아무런 움직임도 없이 절대적으로 고요한 그림이 하나의 복도가 되어 그 그림이 나타내는 순간과 당신이 바라보고 있는 순간을 연결하고, 그리고 복도를 따라 광속보다 빨리 이동하는 무언가가 되어 우리의 시간 그 자체의 측정 방식에 의문을 던지는 것처럼 보인다."

생명과 예술 모두 궁극적인 목적지는 망각이다. 필립 라킨이 앵글로색슨족이 '새벽의 보살핌'이라는 의미로 부르는 우흐트케어에 대해 쓴 시 「오바드」에서 파악한 형태의 고요가 바로 이런 종류다. 이 시에서 그는 새벽 네 시에 일어나 '소리 없는 어둠'을 맞이한다. 우리가 아무리 튼튼한 구조물을 건설하고, 우리의 생명력이 제아무리 강하더라도 결국에는 끝을 맞이하게 됨을 내다볼 수밖에 없는 것이 인간 조건의 일부다. 화가 아이 웨이웨이의 아버지 아이칭은 폐허로 남은 실크로드의 한 고대 도시를 방문했다가 이렇게 적었다. "천년의 기쁨과 슬픔이 그 흔적조차 찾을 수 없구나." 그렇다. 집들이 바다 밑으로 잠기고 무용수도 사라져간다는 것을 우리는 알고 있다. 하지만 죽음이 찾아오기 전에도 이미 우리 삶의 큰 덩어리는 어둡고 뒤틀린 심연으로 빠져든다. 소설가 하비에르 마리아스는 이렇게 적고 있다. "거의 아무것도 기록되지 않는다. 스쳐 가는 생각과 행동, 계획과 욕망, 비밀스러운 의심, 몽상, 잔인하고 모욕적인 행동하고 들은 말, 나중에 부정되거나 오해받거나 왜곡된 말, 지켜지지 않은 약속 등은 기록으로 남지 않는다. …… 무엇이든 남는 것이 얼마나 적은지, 그리고 그 적은 것 중에서도 언급조차 되지 않는 것은 또 얼마나 많은지……"

그렇다면 사람들이 잃어버린 목소리를 되살리려 몸부림치고, 때로는 침묵만이 존재하는 곳에서 목소리를 상상하는 것도 놀랄 일이 아니다. 인류학자 카산드라 스푸너로키어와 케이티 킬로이마락은 귓가에 맴도는 목소리는 보편적인 인간의 조건이라 적었다. 소설가 러셀 호번이 종말 이후의 머나먼 미래를 그린 소설 『리들리 워커』에서 젊은 화자는 말한다. "때로는 밤이 귀의 형상을 한다. 다만 그 귀가 우리가 알고 있는 그 형상이 아닐 뿐이다. 우리로부터 멀어진 모든 소리에 다시 귀를 기울이고 있다. 죽은 도시의 웅웅거림, 그리고 마을이 있기 전 목소리들." 우리 시대에는 귓가에 맴도는 목소리들이 기술 때문에 사라지기보다는 오히려 더 오래 맴도는 경우가 많다. 90명이 죽고 200명 넘게 부상을 입은 2015년 파리 바타클랑 나이트클럽 테러에서 사망한 한 젊은 여성의 아버지는 딸이 남긴 보이스메일 인사말이 듣고 싶어서 딸이 죽고 6년이 지난 후에도 계속해서 딸의 전화 요금을 내고 있었다. 일본 오쓰치시에 있는 연결되지 않은 공중전화 부스인

'바람의 전화'는 살아남은 사람들이 2011년 도호쿠 쓰나미로 익사하거나 깔려 죽은 1만 5,000명 중에 사랑하는 이와 통화를 할 수 있도록 채널이 유지되고 있다.

죽음의 고요를 위트와 유머 감각으로 끌어안는 경우도 있다. 예를 들어 작곡가 알프레트 시닛케의 묘비에는 페르마타(영원한 잠시 멈춤을 의미) 아래 휴식을 의미하는 레스트(고요) 기호가 있고, 그 아래로 포스티시시모(아주 강하게)가 표시되어 있다. 즉 오랫동안, 어쩌면 영원한 시간 동안 아무 소리도 내지 말 것이며, 그것을 최대한 크게 하라는 의미다. 휴식은 고요다.

인간이 숨을 쉬고, 눈으로 보는 한 철학자 아비샤이 마갈릿이 말한 '기억의 의무'라는 것이 존재하며, 적극적으로 이런 기억을 침묵시키는 것은 심리적인 폭력 행위다. 뒤돌아보면 역사를 지우기 위해 우크라이나 침공이라는 대규모의 물리적 폭력을 준비하는 과정에서 그 일환으로 러시아 법원은 2021년 말에 인권 단체 '메모리얼'의 폐쇄를 명령했다. 메모리얼은 1989년에 핵물리학자이자 활동가 안드레이 사하로프 등이 1930년대의 대숙청과 소련에 있던 강제 수용소인 굴라크에서 고통 받다 죽어간 수백만 명의 역사 등 소련 시절의 잔학 행위를 보고하고 그 기록을 보존할 목적으로 설립한 단체다.

기억을 억제하는 것만으로 이야기가 끝나는 경우는 드물다. 러시아의 사례에서는 그 무엇도 진실이 아니고 모든 것이 가능하지만, 거짓 이야기가 많은 사람들에게 공감을 불러일으키는 상황을 만들려는 목적으로 '거짓의 소방 호스'가 동원됐다. 그리고 권위주의 정권은 기억뿐만 아니라 현재와 미래의 목소리도 덮어버리려 한다. 미얀마 군부가 2021년에 권력을 장악했을 때 제일 먼저 표적으로 삼은 것은 그들에게 반대하는 시인들이었다. 해나 비치 기자는 이렇게 보도했다. "첫 번째, 두 번째 시인이 죽임을 당한 다음에는 세 번째 시인이 시를 썼다. …… 세 번째 시인이 죽임을 당한 다음에는 네 번째 시인이 시를 썼다. …… 네 번째 시인이 죽임을 당한 다음에 그의 시신은 불태워졌다. …… 그리고 시는 나오지 않았다. 적어도 한동안은 그랬다." 하지만 가장 잔혹한 억압 행위 이후에도 음악과 노래는 되살아날 방법을 찾아내는 경우가 많다. 아프가니스탄에서는 탈레반이 음악가들에게 침묵을 강요했지만, 지금 이 글을 쓰고 있는 시점에는 아프가니스탄 국립 음악원의 학생들과 교사들이 포르투갈에 학교를 재건하는 중이다.

상대적으로 개방적이고 민주적인 국가에서도 고의적인 침묵 강요가 존재한다. 제국의 역사에서 여러 사례 중 한 가지만 들자면, 영국 정부에서는 1950년대와 그 후로 수십 년 동안 케냐의 식민지 행정부가 대규모로 저질렀던 고문과 살인의 증거를 숨겼다. 역사가 샬럿 L. 라일리는 이렇게 적고 있다. "영국은 제국을 그리워하는 것이 아니라 제국을 부정하는 데서 동기를 부여받았다. 이것은 추모가 아니라 침묵이다." 미국의 경우 단일 사건으로는 미국의 역사에서 발생했던 최악의 인종 폭력 중 하나인 1921년 털사 인종 학살이 수십 년 동안 무시되고 은폐되어왔다. 한 세기 후에 이 사건을 조사하고 재구성하는 과정에서 이런 말이 나왔다. "이 학살을 향한 마지막 모욕은 침묵이라는 형태로 찾아왔다."

그런 침묵 속에도 언제나 미약한 희망은 존재한다. 아프가니스탄의 음악가들이 더 자유로운 장소에 있게 되었을 때 자신의 목소리를 내며 다시 악기를 집어 들었던 것처럼 말이다. 따라서 더욱 자유로워진 시간이 찾아오면 진실은 밝혀지게 되어 있다. 작가 에두아르도 갈레아노는 이렇게 적었다. "침묵하는 역사는 존재하지 않는다. 아무리 열심히 역사를 태우고, 역사를 부수고, 역사에 대해 거짓말을 해도 인간의 역사는 입을 다물고 있기를 거부한다."

하지만 제도적으로 침묵을 강요하는 행위에 직면해서 자신의 목소리를 높이는 것은 어려운 일이고, 그런 행동을 하기 위해서는 균형 있는 시각과 용기가 필요하다. 그보다는 순응하거나 외면하기가 훨씬 쉽다. 1946년에 루터교 목사 마르틴 니묄러는 나치가 저지른 잔학 행위에 대해 성찰하며 이렇게 인정했다. "우리는 침묵하는 쪽을 더 선호했다." 우리는 그냥 입을 다물고 있는 이런 종류의 침묵에 빠져들기 쉽고, 이것이 이해 못 할 부분도 아니다. 예술가 겸 활동가 클린트 스미스의 말을 빌리면 이것은 '두려움의 잔재'다. 하지만 이것은 가장 문제가 많은 침묵이 될 수 있고, 쉽게 잊히지도 않는다. 1968년에 마틴 루서 킹은 이렇게 말했다. "결국 인권 운동에서 우리는 적들의 말이 아니라 동지의 침묵을 기억하게 될 것입니다."

목소리가 거의 혹은 전혀 없거나, 그 목소리가 우리 귀에 닿을 수 없는 사람들이나 다른 존재들에게 가해지는 부당한 처사를 무시하기는 끔찍할 정도로 쉽다. 나는 나의 생활 방식을 가능하게 해준 추출, 생산, 오염의 시스템이 가하는 영향력에 대해 별로 신경 쓰지 않으며 살아가고 있다. 많은 사람들처럼 나는 시인 웬들 베리가 '단절된 연결의 먼 쪽'이라고 부른 곳에서 살고 있고, 이는 잠재적으로 재앙을 초래할 수 있다. 이런 단절의 대상에는 내 발밑의 토양도 포함된다. 경제학자 파르타 다스굽타는 생물 다양성의 경제학에 관한 보고서에서 이렇게 성찰하고 있다. "우리는 우리 발밑에 살고 있는 세균 덩어리들을 보지 못한다. 이 세균이 없다면 우리가 아는 형태의 생명이 존재할 수 없음에도 말이다. 그리고 다른 인간에게 가해지는 손상을 무시하기도 너무 쉬울 때가 많다. 그 사람들이 나와는 상관없이 멀게 느껴지고, 아예 사람이 아닌 듯 느껴지기도 하기 때문이다. 여기에는 역사적 앙금이 남아 있다. 예를 들어 호주 대륙을 식민지화했던 유럽인들은 호주 토착 원주민들을 사람으로 보지 않아서 자신이 서 있는 땅을 '테라 눌리우스', 즉 무인 지대라 불러야겠다고 생각했다. 현재의 활동이 미래의 세대에 미치는 영향에 귀를 막고 있을 때도 비슷한 무시 행위가 일어날 수 있다. 우리가 세상을 작가 제이 그리피스, 그리고 그녀의 뒤를 따라 철학자 로만 크르즈나릭이 말한 '템푸스 눌리우스', 즉 무인 시간으로 대하는 경우가 그렇다.

망각, 잔인함, 방치의 침묵과는 대조적으로 새로운 것을 만들어내고 오랜 것에 새로이 생명을 부여하는 형태의 침묵도 존재한다. 기독교 신비주의자 시몬 베유는 침묵이 "소리의 부재가 아니라 소리보다 더 긍정적인 감각의 대상으로 존재하는" 관습에 대해 설명한 바 있다. 힌두교와 불교의 전통에는 아나하타라는 것이 있다. 이것은 산스크리트어에서 유래한 '두드리지 않은'이라는 의미의 단어다. 명상의 초점으로 삼는 잉태한 침묵, 아직 두드리지 않은 싱잉볼의 '소리 없는 소리'라는 개념을 담고 있다. 이것은 가능성에 열려 있는 상태를 비유한다. 화가 올리비아 프레이저가 그린 이미지에 비평가 겸 역사가 B. N. 고스와미가 제안한 '차탁'이라는 단어를 적용한 경우에서도 이와 비슷한 맥락을 찾아볼 수 있다. 힌두어와 우르두어에서 말 그대로 '불꽃'을 의미하는 차탁은 꽃이 피는 순간에 꽃이 내는 '들리지 않는 소리'다. 시인 조시 말리하바디는 이렇게 적고 있다. "나는 자연과 너무도 깊이 동조되어 있어서 꽃봉오리가 차탁 소리를 낼 때 허리를 구부려 꽃에 얼굴을 가까이 대고 이렇게 묻는다. '네가 나한테 말을 걸었니?'"

차탁은 아나하타와 마찬가지로 역설을 자초하고 있다. 달맞이꽃처럼 밤에 꽃잎을 펼치면서 실제로 귀에 들리는 소리를 내는 꽃이 있다는 얘기도 듣기는 했지만 말이다. 하지만 경우야 어쨌든 7세기의 금욕주의자이자 성인인 시케온의 테오도르로부터 단서를 얻을 수도 있겠다. 그는 침묵하는 인간이야말로 통찰의 왕이라고 말했다. 조용히 하고 귀를 기울여라. 음악가 다니엘 바렌보임은 말한다. "소리는 그 자체로는 존재하지 않는다. 소리는 침묵과 영구적이고 일관되게 불가분의 관계를 맺고 있다. 따라서 음악은 첫 음에서 시작하는 것이 아니라 그에 앞서 존재하던 침묵으로부터 나오는 것이다."

작가들과 시인들은 오래전부터 침묵을 유지하며 주변의 소리에 귀를 기울이는 것이 중요하다고 강조했다. 헨리 데이비드 소로는 일기에 이렇게 적었다. "나는 밤의 침묵을 듣고 싶다. 침묵이야말로 긍정적인 것이며 들을 만한 것이기 때문이다." 그리고 「침묵하기」라는 시에서 파블로 네루다는 우리가 움직이며 살아가는 데만 몰두하지 않고 단 한 번이라도 아무것도 하지 않는 무위에 들어간다면 자신을 결코 이해하지 못하고 죽음으로 스스로를 위협하던 슬픔이 그 거대한 침묵에 의해 중단될 것이라 썼다. 그는 우리가 침묵한다면 땅에서 배울 수 있을 것이라 말한다. 모든 것이 죽은 듯 보이던 땅이 시간이 지난 후에는 살아 있음을 스스로 증명하듯이 말이다. 그리고 이런 종류의 침묵은 생태적, 정치적 사고와 행동을 자극하는 힘도 갖고 있다. 지원 없이 단독으로 남극까지의 도보 탐험에 최초로 성공한 탐험가 엘링 카게는 귀가 먼 듯한 침묵 덕분에 자기가 속한 세상에 대해 점점 더 주의를 기울일 수 있었다고 말한다. 댄 히쿠로아는 남극의 놀랄 만한 소리의 부재 덕분에 동료들과 함께 수호자와 집사의 정신을 의미하는 카이티아키탕가라는 마오리족의 원칙을 남극대륙에서 고수할 수 있었다고 한다.

꼭 전면적인 침묵이 아니어도 새로운 것을 만들어낼 수 있다. 음향생태학자 고든 헴프턴에게는 기계음이 들리지 않는 것만으로도 충분하다. 워싱턴주 올림픽 반도의 호(Hoh) 열대우림은 물소리, 바람 소리, 새소리 말고는 거의 아무것도 없는 곳이다. 헴프턴은 말한다. "그곳에서는 여러 층의 메아리 속에서 주변을 둘러싸고 있는 지형 전체가 드러납니다. …… 침묵은 무언가의 부재가 아니라, 모든 것의 존재입니다." 작가 겸 활동가 대니얼 셰럴은 2014년 뉴욕에서 개최된 '인류의 기후 행진'에서 30만 명이 넘는 시위자가 이미 기후 문제로 목숨을 잃은 이들을 위해 잠시 묵념했던 것에 대해 이렇게 설명하고 있다. "여기에는 마치 무언가가 거리에서 공기를 모두 빨아들이고 있는 것처럼 군중을 휩쓸어 가는 거대한 침묵이 있습니다. …… 물론 정말로 귀에 들리는 것은 없지만 그 침묵이 몇 블록 떨어진 곳에서 다가오는 소리를 실제로 들을 수 있습니다. 침묵이 자신에게 도달하면 사람들은 숨을 참고 가만히 서 있습니다. 이 고요는 거의 실체가 있는 듯 무겁습니다. 이것은 소리의 부재가 아니라 말로는 표현할 수 없는 무언가의 존재입니다." 셰럴에게 이 존재는 그저 상실의 존재가 아니라, 자기가 언젠가 낳을지도 모를 아이와 자신이 쓰고 있는 글을 읽을 독자를 비롯한 수많은 가능성의 존재다.

1983년에 신학자이자 사회비평가인 이반 일리치는 침묵을 위협에 처한 '공유지'라 표현했다. 여기서 그가 말하는 공유지는 그저 하나의 자원이 아니라 남녀 각각의 제대로 된 평등한 목소리를 들을 수 있는 무대이기도 한 공동 사용 공간을 의미한다. 일리치는 현대의 커뮤니케이션 수단이 이 무대를 침범하고 파괴하는 것을 위협이라 보았다. L. M. 사카사스 같은 현대의 일부 비평가들은 이것이 바로 "모든 감각적 경험이 상업적 자원이 되고, 모든 빈틈이 콘텐트 제작의 기회가 되고, 모든 침묵의 순간이 다른 누군가가 더 목소리를 높여야 할 이유가 되는" 세상에서 일어나고 있는 일이라 말한다. 그 결과 독립적인 정신을 가지고 있기가 점점 더 어려워진다. 철학자 매슈 크로퍼드는 이렇게 적고 있다. "깨끗한 공기가 있어야 숨을 쉴 수 있는 것처럼, 침묵이 있어야 생각이 가능해진다."

루미는 이렇게 적었다. "솜처럼 귀를 틀어막고 있는 파멸에 사로잡힌 마음의 수다를 귀에서 빼내라. 그리고 하늘의 우렁찬 목소리, 운명의 포효를 들어라." 하지만 때때로 우리에게는 깊은 고요의 순간이 필요하다. 바람도 지진도 불도 아닌 고요하고 작은 목소리다. 이런 일은 눈이 내리는 동안에 생길 수도 있다. 각각의 눈송이가 내밀고 있는 팔 사이의 공간이 공기를 통과하는 소리를 대부분 흡수하기 때문이다. 햇살 좋은 날 해변에서도 그런 일이 생길 수 있다. 나는 한번은 노퍽 해안에서 조금 떨어진 스콜트헤드의 울타리섬[53]을 탐험하다가 사구의 움푹 꺼진 구덩이로 굴러떨어진 적이 있다. 그런데 그곳에서 바다의 바람과 소리가 갑자기 사라졌다. 거기는 양지바른 곳이었다. 바다는 머나먼 메아리로만 들리는 벽을 두른 정원 같은 곳이었다. 하지만 구덩이의 먼 쪽을 기어오르자 바람과 파도 소리가 다시 나를 정면으로 때렸고, 나는 작은 모래 절벽을 따라 젖은 조개껍데기 위로 굴러떨어져

---

[53] 파도와 조류에 의해 해안선과 나란하게 만들어진 일종의 사구.

으드득 소리를 냈다. 침묵 속에 있다가 좋은 소음들이 생생하게 살아 있는 세상으로 다시 떨어진 것이다.

몇몇 좋은 소리들

387 몇몇 좋은 소리들

- 병에서 와인을 따를 때 처음 나는 소리.

- 작은 아이가 마침내 잠이 들 때 내는 한숨 소리, 그리고 뒤따르는 안정적인 숨소리.

- 영국 서머싯의 브리지워터 서쪽에 있는 황야 지대 콴턱 힐스 호더스 쿰의 개울물이 졸졸졸 흐르는 소리.

- 블랙아토르 잡목림의 이끼 덮인 바위 위로 드워프오크[54]의 가지에서 떨어지는 물방울 소리.

- 첫 곡이 시작되기 전, LP판이 돌아가면서 내는 긁는 소리.

- 굴뚝새의 노래. 어떻게 그렇게 큰 소리가 나지?

- 내가 카약을 밀고 나갈 때 얇은 얼음판이 깨지는 소리.

- 건강한 젖은 이탄(泥炭) 지대 위로 점프할 때 쉭 하고 바람 빠지는 소리.

- 1928년 6월 28일에 녹음된 〈West End Blues〉에서 루이 암스트롱의 트럼펫 도입부.

- 보름달이 뜬 저녁 슈롭셔[55]의 높은 언덕에서 쓰러진 나무의 가지로 모닥불을 피울 때 나는 타닥거리는 소리.

---

[54] Dwarf oak. 꿀풀과 개꽉향속에 속하는 관목.
[55] Shropshire. 잉글랜드 중서부의 주.

- 멜리사 해리슨이 수집한 영국에서 사용하는 비와 관련된 100개의 단어 중 몇 개 — Blatter, Blunk, Dibble, Drisk, Gagy, Gally, Henting, Kelching, Mungey, Rawkey, Shuckish, Slappy.

- 드뷔시의 전주곡집 제2권에 다섯번 째로 수록된 곡 〈Bruyères〉에서 스물세 번째 마디(약간 활기찬 느낌으로), $A^♭$에서 $B^♭$ 장조로 전조되는 부분.

- 카라코람[56] 자갈밭의 절대적인 고요.

- 말하는 물개 후버가 진한 보스턴 억양으로 "안녕하세요, 어떻게 지내시나요?" "여기 와봐요." "여기서 나가요"라고 말하는 녹음 소리.

- 큰비가 내린 후에 밝아진 하늘 아래서 거리 하수구에서 물이 콸콸콸 빠져나가는 소리.

- 유대류(有袋類)[57]의 이름: 모니토, 포토루, 눔바트, 쿼울.

- '놋쇠도, 바위도, 흙도, 가없는 바다도 ……'로 시작하는 셰익스피어의 65번 소네트.

- 가파른 조약돌 해변에서 파도가 물러갈 때 자갈이 씻겨 내려가는 소리, 철썩거리는 소리, 달그락거리는 소리.

---

[56] Karakorum. 히말라야산맥의 일부를 이루는 산맥.
[57] 캥거루, 코알라, 웜뱃처럼 새끼를 낳아 육아낭에서 키우는 포유류.

389 몇몇 좋은 소리들

- 영국의 백악질 하천: 밈람, 에블, 나더, 윌리.

- 요트가 바람의 힘을 받아 물살을 가로지르며 가속할 때 느껴지는 선체의 진동 소리.

- 다가오는 겨울을 위해 갓 착즙하고 저온살균한 뜨거운 사과 주스를 병에 담다가 친구들과 함께 한 모금 후루룩거리며 마시는 소리.

- 햄프셔 언덕에서 울려 퍼지는 교회 종의 메아리 소리.

감사한 분들

강경민, 공유라, 기은서, 기젱민, 김경수, 김계피, 김나영,
김승룡, 김아인, 김오성, 김준, 김준섭, 김효정, 냇물아 흘러흘러,
노하타, 대그머위로, 뒤영벌, 들불, 룰루랄라 요정, 모호연,
문동규, 문수정, 문은지, 박영근, 박은혜, 박재필, 박재훈,
박주은, 백동현, 백수영, 서어진, 서영주, 서윤후, 서지민, 셋장,
스밀라, 스웨타, 심이다은, 안기천, 안성민, 안신정, 양지은,
에인젤라, 예그리나, 오준혁, 오지영, 오푸름, 오프라인스튜디오,
유석, 윤형조, 이내, 이다혜, 이수조, 이연경, 이영술, 이은영,
이지수, 이진풍, 이태희, 이하나, 이효주, 익산이안이, 임태훈,
자끄드뉘망, 장동협, 장희원, 전성환, 전정일, 정다운, 정민정,
정유리, 정은주, 정진새, 정철, 정한슬기, 조윤희, 진도흔,
진솔, 채연식, 채환주, 최리외, 최우혁, 최은미, 치짜이,
평창실버, 한상훈, 한수민, 허유정, 허은경, 황부현, gwjw,
simplenote, WONWOORI, zidory 외 42명.

소리에 관한 책:
눈에 보이지 않지만 세계를 구성하는 다양한 소리들

1판 1쇄 2024년 8월 15일 펴냄
1판 2쇄 2025년 10월 31일 펴냄

지은이	캐스파 헨더슨
옮긴이	김성훈
펴낸이	최선혜
편집	최선혜
인쇄 및 제책	세걸음
펴낸곳	시간의흐름
출판등록	제2017-000066호
주소	서울시 서초구 바우뫼로 11안길 25
이메일	deltatime.co@gmail.com
ISBN	979-11-90999-18-2 (03400)